Kohlhammer

Kohlhammer Edition Marketing

Begründet von: Prof. Dr. Dr. h.c. Richard Köhler
Universität zu Köln

Prof. Dr. Dr. h.c. mult. Heribert Meffert
Universität Münster

Herausgegeben von: Prof. Dr. Hermann Diller
Universität Erlangen-Nürnberg

Prof. Dr. Dr. h.c. Richard Köhler
Universität zu Köln

Henrik Sattler
Franziska Völckner

Markenpolitik

2., vollständig überarbeitete
und erweiterte Auflage

Verlag W. Kohlhammer

Anschrift der Verfasser:

Prof. Dr. Henrik Sattler
Universität Hamburg
Institut für Marketing und Medien
Lehrstuhl für BWL – Marketing & Branding
Von-Melle-Park 5
D-20146 Hamburg
Email: uni-hamburg@henriksattler.de

Prof. Dr. Franziska Völckner
Universität zu Köln
Seminar für Allg. BWL, Marketing
und Markenmanagement
Albertus Magnus Platz
50923 Köln
Email: franziska.voelckner@web.de

2., vollständig überarbeitete und erweiterte Auflage 2007

Alle Rechte vorbehalten
© 2001 W. Kohlhammer GmbH Stuttgart
Umschlag: Gestaltungskonzept Peter Horlacher
Gesamtherstellung:
W. Kohlhammer Druckerei GmbH + Co. KG, Stuttgart
Printed in Germany

ISBN 987-3-17-019347-5

Vorwort der Herausgeber zur zweiten Auflage

Die „Kohlhammer Edition Marketing" stellt eine Buchreihe dar, die in 25 Einzelbänden die wichtigsten Teilgebiete des Marketing behandelt. Jeder Band soll in kompakter Form (und in sich geschlossen) eine Übersicht zu den Problemstellungen seines Themenbereichs geben und wissenschaftliche sowie praktische Lösungsbeiträge aufzeigen. Als Ganzes bietet die Edition eine Gesamtdarstellung der zentralen Führungsaufgaben des Marketing-Managements. Ebenso wird auf die Bedeutung und Verantwortung des Marketing im sozialen Bezugsrahmen eingegangen.

Als Autoren dieser Reihe konnten namhafte Fachvertreter an den Hochschulen gewonnen werden. Sie gewährleisten eine problemorientierte und anwendungsbezogene Veranschaulichung des Stoffes. Angesprochen sind mit der Kohlhammer Edition Marketing zum einen die Studierenden an den Hochschulen. Ihnen werden die wesentlichen Stoffinhalte des Faches möglichst vollständig – aber pro Teilgebiet in übersichtlich komprimierter Weise – dargeboten. Zum anderen wendet sich die Reihe auch an die Institutionen, die sich der Aus- und Weiterbildung von Praktikern auf dem Spezialgebiet des Marketing widmen, und nicht zuletzt unmittelbar an Führungskräfte des Marketing. Der Aufbau und die inhaltliche Gestaltung der Edition ermöglichen es ihnen, einen raschen Überblick über die Anwendbarkeit neuer Ergebnisse aus der Forschung sowie über Praxisbeispiele aus anderen Branchen zu gewinnen.

Der Band „Markenpolitik" liegt nun in zweiter Auflage vor. Er ist in Koautorenschaft von Henrik Sattler, dem Verfasser der ersten Auflage, und Franziska Völckner entstanden. Es handelt sich um eine völlig überarbeitete, erheblich erweiterte und im Layout veränderte Neuausgabe. Alle wesentlichen Aufgabenstellungen einer wertorientierten Markenführung werden in systematischer, übersichtlicher Weise dargestellt. Dabei verstehen die Autoren unter Markenpolitik die Planung und Durchführung von Gestaltungsmaßnahmen mit dem Ziel einer langfristigen Markenwertsteigerung.

Schon im Eingangsabschnitt (*„Bedeutung von Marken erkennen"*) wird der besondere Stellenwert von Marken als Werttreiber von Unternehmen verdeutlicht. Untersuchungen von PwC/GfK/Sattler/Markenverband führen zu der Schätzung, dass der durchschnittliche Anteil von Marken am Gesamtwert von Unternehmen zwischen 1999 und 2005 von 56% auf 67% gestiegen ist.

Der 2. Abschnitt des Buches (*„Markenschutz erlangen"*) stellt den rechtlichen Rahmen für die Markenpolitik bewusst an den Anfang des Werkes, da die wirksame Erlangung von Schutzrechten eine notwendige Voraussetzung für markenpolitische Entscheidungen ist. Über das deutsche Markengesetz hinaus werden die internationalen Regelungen in der Europäischen Union und weltweit skizziert. Die Autoren beschreiben Schutzhindernisse, die Weiterverwertbarkeit von Markenrechten, Ansprüche bei Markenrechtsverletzungen sowie besondere markenrechtliche Probleme bei der Nutzung des Internets zur Kommunikation und Geschäftsabwicklung. Neu aufgenommen ist an dieser Stelle ein Kapitel über die Markenpiraterie.

Ebenfalls neu konzipiert ist der Abschnitt 3 („*Marken verankern*"). Als Grundlagen für die schon in der ersten Auflage behandelten Wissensstrukturen von Marken (Markenbekanntheit und Markenimage) werden nun die Schaffung einer klaren Markenidentität und die darauf aufbauende Markenpositionierung vorgestellt. Die Markenidentität (als Selbstbild der Marke aus interner Unternehmenssicht) besagt, für welche wesentlichen Eigenschaften eine Marke stehen soll. Die Markenpositionierung versucht dies im Hinblick auf Nachfragerbedürfnisse und in Abgrenzung zu Wettbewerbsmarken so umzusetzen, dass die subjektive Wahrnehmung der Nachfrager dem Identitätskonzept entspricht. Angestrebt wird also die Übereinstimmung zwischen Selbstbild und Fremdbild der Marke, wobei das Fremdbild bei hinreichender Markenbekanntheit als Markenimage in den Köpfen der Zielgruppen entsteht.

Sehr ausführlich angelegt ist der wichtige Abschnitt 4 („*Markenstrategien gestalten*"). Unter dem Stichwort „Markenbezogene Integrationsstrategien" erörtern die Verfasser Alternativen bezüglich der Anzahl und Art von Produkten, die unter demselben Markenzeichen angeboten werden. Hier wird vertieft auf Strategien des Markentransfers eingegangen. Es folgt ein Kapitel über die möglichen Vor- und Nachteile von Mehrmarkenstrategien, bei denen auf einem bestimmten Produktmarkt vom selben Unternehmen gleichzeitig mehrere Marken angeboten werden, womit auch die Gestaltung des gesamten Markenportfolios angesprochen ist.

Unter dem Begriff „Markenkombinationsstrategien" wird anschließend die Verwendung mehrerer Markennamen für ein Produkt diskutiert. Dabei geht es sowohl um die Verknüpfung von Markenbezeichnungen aus Sicht des einzelnen Unternehmens (z. B. Seat Leon), also um die Gestaltung der so genannten Markenarchitektur, als auch um die Kombination von Marken verschiedener Hersteller. Zum letztgenannten Fall gehören das Co-Branding (Markenallianzen im engeren Sinne) und das Ingredient Branding (z. B. Intel und IBM).

In weiteren Kapiteln werden international ausgerichtete, unterschiedlich stark standardisierte Markenstrategien sowie Handelsmarkenstrategien vorgestellt. Die Autoren beschränken sich nicht auf die Perspektive von Sachgüter- und Dienstleistungsproduzenten, sondern zeigen auch Möglichkeiten einer eigenständigen Markenpolitik des Handels auf, mit Ansatzpunkten für das Beziehungsmanagement zwischen Hersteller- und Handelsunternehmen.

Neu ist das Kapitel über Markenevolutionsstrategien, in dem die Markenelimination, die Markenmigration (Ersetzung bisheriger Brandingelemente durch eine neue Markierung), die Markenexpansion zur Ausschöpfung zusätzlicher Erfolgspotenziale und die Markenrevitalisierung angesprochen werden.

Der Abschnitt 5 („*Marken wertorientiert führen*") schlägt den Bogen zurück zum Anfangsabschnitt des Buches, in dem der hohe Stellenwert von Marken als Vermögensgegenstand von Unternehmen betont worden ist. Hier findet der Leser einen systematischen Überblick zu den Anwendungszwecken und Hauptproblemen der Markenbewertung. Die Verfasser erläutern methodische Ansätze zur Isolierung markenspezifischer Ein- und Auszahlungsströme, zur langfristigen Prognose markenspezifischer Zahlungen und zur Berücksichtigung künftiger markenstrategischer Optionen. Die Aktualität der Markenbewertung, die sich unter anderem auch aus neueren internationalen Rechnungslegungsvorschriften ergibt, wird betont. Es werden aber auch die Grenzen der Bewertungsgenauigkeit aufgezeigt, die sich aus den unsicheren Erwartungen ergeben.

Hilfreich sind die empirisch gestützten Hinweise auf „Brand Value Driver" (Markenwertindikatoren), das heißt auf nichtmonetäre Größen, die den in Geldeinheiten ausgedrückten Markenwert beeinflussen, wie zum Beispiel das Markenimage. Dabei werden die Schwierigkeiten, diesen Einfluss gültig zu quantifizieren, nicht verkannt.

Drei *Fallbeispiele* zur Markenrechtsverletzung, zum Markenkauf und zu einer Markentransferentscheidung vervollständigen im Abschnitt 6 die vorangegangenen Ausführungen und stellen eine gelungene Abrundung dar.

Mit der zweiten Auflage der „Markenpolitik" legen Sattler und Völckner ein umfassendes und dennoch kompakt gehaltenes Werk vor, das sich durch konzeptionelle Klarheit, Praxisnähe und eine anschauliche Aufbereitung des Stoffes auszeichnet. Die theoretischen und methodischen Grundlagen werden stets durch Beispiele, Ergebnisse empirischer Untersuchungen, zahlreiche Abbildungen und didaktische Hilfen ergänzt. Deshalb ist das Buch gleichermaßen als Lernhilfe für Studierende und als Orientierung für Praktiker geeignet.

Dem Band ist in der zweiten Auflage auch künftig eine weite Verbreitung bei beiden Zielgruppen zu wünschen.

Nürnberg und Köln, Februar 2007

Hermann Diller
Richard Köhler

Vorwort der Herausgeber zur ersten Auflage

Mit dem vorliegenden Werk wird die „Kohlhammer Edition Marketing" fortgesetzt, eine Buchreihe, die – einschließlich der gegenwärtig nicht mehr verfügbaren Bände „Marketing-Kontrolle", „Markt- und Absatzprognosen" und „Verkaufsmanagement" – in 24 Einzelbänden den wichtigsten Teilgebieten des Marketing gewidmet ist. Jeder Band soll in kompakter Form (und in sich abgeschlossen) eine Übersicht zu den Problemstellungen seines Themenbereiches geben und wissenschaftliche sowie praktische Lösungsbeiträge aufzeigen.

Als Ganzes bietet die Edition eine Gesamtdarstellung der zentralen Führungsaufgaben des Marketing-Management. Ebenso wird auf die Bedeutung und Verantwortung des Marketing im sozialen Bezugsrahmen eingegangen.

Für diese Reihe konnten namhafte Autoren gewonnen werden. Sie gewährleisten eine problemorientierte und anwendungsbezogene Veranschaulichung des Stoffes. Angesprochen sind mit der Kohlhammer Edition Marketing zum einen die Studierenden an den Hochschulen. Ihnen werden die wesentlichen Stoffinhalte des Faches möglichst vollständig – aber pro Teilgebiet in übersichtlich komprimierter Weise – dargeboten.

Zum anderen wendet sich die Reihe auch an Institutionen, die sich der Aus- beziehungsweise Weiterbildung von Praktikern auf dem Spezialgebiet des Marketing widmen, und nicht zuletzt unmittelbar an Führungskräfte des Marketing. Der Aufbau und die inhaltliche Gestaltung der Edition ermöglichen es ihnen, einen raschen Überblick über die Anwendbarkeit neuerer Ergebnisse aus der Forschung sowie über Praxisbeispiele aus anderen Branchen zu gewinnen.

Was das äußere Format und die inhaltliche Ausführlichkeit betrifft, so ist mit der Kohlhammer Edition Marketing bewusst ein Mittelweg zwischen Taschenbuchausgaben und sehr ins einzelne gehenden Monographien beschritten worden. Bei aller vom Zweck her gebotenen Begrenzung des Umfangs erlaubt das gewählte Format ein übersichtliches und durch manche didaktische Hilfen ergänztes Darstellungsbild.

Über die Titel und Autoren der Gesamtreihe informiert ein Programmüberblick am Ende dieses Bandes. Hier sollen nur die fünf Schwerpunktgebiete genannt werden: Grundlagen des Marketing, Informationen für Marketing-Entscheidungen, Instrumente des Marketing-Mix, Institutionelle Bereiche des Marketing, Umwelt und Marketing.

Der vorliegende Band befasst sich in systematischer Form und unter Konzentration auf die wesentlichen Gesichtspunkte mit der *Markenpolitik* als wichtigem Teilgebiet der wertorientierten Unternehmensführung. In der deutschsprachigen Lehrbuchliteratur füllt er damit eine Lücke. Ausgehend von der Feststellung, dass Markenwerte oft weit mehr als die Hälfte des Gesamtunternehmenswertes ausmachen, wird der zielgerichteten Gestaltung von Marken und Markenportfolios besonderes Gewicht beigemessen.

Der Verfasser geht zunächst auf mehrere veränderte Rahmenbedingungen der Markenpolitik ein, zu denen auch neuere rechtliche Regelungen gehören. Diesen *rechtlichen Aspekten der Markenpolitik* ist ein eigenes Kapitel gewidmet, das sich mit dem heutigen Rechtsrahmen in Deutschland, der Europäischen Union und weltweit beschäftigt. Besonders zu begrüßen ist es, dass dabei auch zum Teil noch strittige Rechtsfragen des Markenauftritts im Internet aufgegriffen werden.

Im Mittelpunkt des Buches steht der relativ umfangreiche Abschnitt über *Markenstrategien*, die „als langfristige, in eine gegebene Unternehmensstrategie eingebettete Grundsatzpläne der Markenpolitik mit dem Ziel der langfristigen Markenwertsteigerung definiert werden" (S. 66). Es werden sechs Strategietypen unterschieden. Der Autor nennt sie *Markenbezogene Integrationsstrategien* (Anzahl von Produkten unter einer Marke), *Markenpositionierungsstrategien* (nach Merkmalsdimensionen und deren Entwicklung im Zeitablauf), *Mehrmarkenstrategien* (Anzahl von Marken pro Produktmarkt), *Markenkombinationsstrategien* (Anzahl von Markennamen pro Produkt, wozu auch das Zusammenwirken mehrerer Markenanbieter z. B. durch Co-Branding oder durch Ingredient Branding gehören kann), *Internationale Markenstrategien* (bis hin zu Global Brands) und *Handelsmarkenstrategien* (die auch das duale Vorgehen solcher Hersteller einschließen, aus deren Produktion Hersteller- und Handelsmarken hervorgehen).

Neben einer ausführlichen Darstellung der jeweiligen Gestaltungsoptionen bei diesen sechs Strategietypen werden deren Chancen und Risiken ausführlich gewürdigt. Hierdurch ergibt sich eine umfassende Übersicht und Beurteilung markenpolitischer Grundsatzentscheidungen.

Im anschließenden Kapitel wird die Bedeutung von *Wissensstrukturen über Marken* hervorgehoben, weil hierin ein wesentlicher Einflussfaktor für das letztendliche Entstehen finanzieller Markenwerte gesehen wird. Der Verfasser untersucht Markenbekanntheit und Markenimage (bzw. markenbezogene Einstellungen) als Quellen für die Entwicklung des Markenwerts. Damit ist bereits eine Hinführung zu dem folgenden, wiederum breit angelegten Abschnitt „*Wertorientierte Markenführung*" geschaffen. In diesem Teil des Buches setzt sich der Autor eingehend mit den verschiedenen Zwecken der Markenbewertung und mit methodischen Ansätzen zur Wertermittlung auseinander. Ein Hauptproblem besteht dabei in der Isolierung der Einzahlungsüberschüsse, die speziell auf die Verwendung der Marke – im Vergleich zu einem nicht markierten Produkt – zurückzuführen sind (Brand Specific Earnings). Ebenso schwierig ist die längerfristige Prognose markenspezifischer Zahlungen, die zudem in Abhängigkeit vom geplanten Typ der Markenstrategie vorzunehmen ist.

Das Buch zeigt den gegenwärtigen Stand der methodischen Möglichkeiten und der vorliegenden, zum Teil in Zusammenarbeit mit bekannten Markforschungsinstituten durchgeführten Studien. Dies wird im Schlusskapitel durch drei ausführliche Fallbeispiele ergänzt, die sich mit Aufgaben der Markenbewertung im Zusammenhang mit Markenrechtsverletzungen, Markenkauf und geplantem Markentransfer beschäftigen.

Insgesamt zeichnet sich das Buch durch eine gelungene Verbindung konzeptioneller und methodischer Grundlagen, anschaulicher Praxisbeispiele und vertiefender Fallstudien aus. Die vielfältigen Facetten der Markenpolitik werden in eingängiger Weise dargestellt, woraus sich für Studierende eine klare Lernhilfe und für Praktiker entscheidungsrelevante Anregungen ergeben. Bei beiden Zielgruppen ist dem Werk eine weite Verbreitung zu wünschen.

Köln und Münster im Februar 2001　　　　　　　　　　**Richard Köhler**
　　　　　　　　　　　　　　　　　　　　　　　　　　Heribert Meffert

Vorwort zur zweiten Auflage

Es gibt viele „neu bearbeitete und erweiterte" Neuauflagen von Büchern – die vorliegende ist wirklich neu. Neu sind nicht nur das Layout und der noch stärkere Praxisbezug, sondern auch der Inhalt in Form diverser Erweiterungen. Hierzu zählen unter anderem ein neues Kapitel zur Markenverankerung mit einer Diskussion von Markenidentität, Markenpositionierung, Markenbekanntheit und Markenimage, eine Diskussion von Markenevolutionsstrategien mit Fokus auf die Themen Markenelimination, -migration und -revitalisierung im Kapitel „Markenstrategien gestalten" sowie die Erörterung zentraler Brand Value Driver im Kapitel „Marken wertorientiert führen". Darüber hinaus wurden sämtliche Inhalte aktualisiert und zum Teil erheblich erweitert, zum Beispiel in den Bereichen Markenrechtsverletzungen, Markenstrategien (insbesondere bei den Themen Markentransfers, Markenkombinationen, internationale Markenstrategien und Handelsmarkenstrategien) und Markenbewertung.

Neu ist auch eine Koautorin: Franziska Völckner. Ihr Name bürgt für Qualität. Das hat sich schon weit herumgesprochen und wird sich verstärken mit ihrer Übernahme des Lehrstuhls für Marketing und Markenmanagement an der Universität zu Köln.

Geblieben ist das Grundkonzept: Das Buch gibt einen kompakten, gut lesbaren Überblick zu zentralen Aspekten der Markenpolitik, in dem die neuesten Erkenntnisse der Forschung integriert sind. Vor dem Hintergrund der außerordentlich hohen Bedeutung von Marken nimmt die Perspektive einer wertorientierten Gestaltung von Marken beziehungsweise wertorientierten Markenpolitik einen besonderen Stellenwert ein.

Auch bei der Erstellung der zweiten Auflagen haben wir sehr wertvolle Unterstützung erhalten. Hierfür bedanken wir uns ganz herzlich bei Melanie Arnold, Dipl.-Kfm. Mario Farsky, Sabine Meyer, Dipl.-Kffr. Claudia Riediger und Björn Lubbe.

Hamburg im April 2007
Henrik Sattler
Franziska Völckner

Vorwort zur ersten Auflage

Dem Thema Markenpolitik ist in den vergangenen zehn Jahren eine ständig steigende Aufmerksamkeit zugekommen. Immer mehr Unternehmen erkennen, dass Marken ihr wichtigster Vermögensgegenstand sind. Nach einer Untersuchung des Autors in Zusammenarbeit mit PricewaterhouseCoopers aus dem Jahre 1999 beträgt der Markenwert bei deutschen Markenartikelherstellern durchschnittlich mehr als 50% des Gesamtunternehmenswerts. Trotz dieser außerordentlich hohen Werte fehlt es bislang weitgehend an einem systematischen Management des Vermögensgegenstands Marke.

Das vorliegende Buch greift diese Problematik auf und legt – auch vor dem Hintergrund der weiten Verbreitung von Shareholder-Value-Ansätzen – ein besonderes Gewicht auf eine wertorientierte Markenpolitik. Hierbei werden verhaltenswissenschaftliche und quantitative Ansätze integriert und anhand von Fallbeispielen illustriert. Weitere Schwerpunkte bilden aktuelle Entwicklungen der Markenpolitik, rechtliche Grundlagen der Markenführung sowie eine Diskussion der Vorteilhaftigkeit von Markenstrategiealternativen.

Zunächst werden in Abschnitt 1 grundlegende Begriffe der Markenpolitik und Ursachen der besonderen Bedeutung von Marken dargestellt. Anschließend werden aktuelle Rahmenbedingungen der Markenpolitik erörtert. Abschnitt 2 behandelt rechtliche Grundlagen der Markenpolitik. Diskutiert werden die Entstehung eines Markenschutzes, mögliche Markenrechtsverletzungen und die Weiterverwertung von Markenrechten. Die Ausführungen beziehen sich sowohl auf nationale als auch internationale Regelungen. Zusätzlich werden auch markenrechtliche Besonderheiten des Internets herausgearbeitet.

In Abschnitt 3 erfolgt eine umfassende Systematisierung und Beurteilung alternativer Markenstrategien. Unter anderem werden die Fragen diskutiert, wie viele Produkte unter dem Dach einer Marke geführt, welche Markenpositionierungsstrategien verfolgt werden sollten, mit wie vielen Marken ein Unternehmen auf einem Markt agieren sollte, welche Chancen und Risiken Co-Branding-Strategien bieten, welche internationalen Markenstrategiealternativen zur Verfügung stehen und welche Handelsmarkenstrategien sich anbieten.

Im Mittelpunkt von Abschnitt 4 steht eine Diskussion der Ursachen für die Entstehung von Markenwerten. Als primäre Ursachen werden Wissensstrukturen über Marken in Form von Markenbekanntheit und -image herausgearbeitet. Sie stellen die Basis für eine wertorientierte Markenpolitik dar. Vor dem Hintergrund der außerordentlich hohen wertmäßigen Bedeutung von Marken werden in Abschnitt 5 Möglichkeiten einer wertorientierten Markenführung dargestellt. Es wird ein ausführlicher Überblick zu Grundproblemen, Anwendungszwecken und Instrumenten einer Markenwertmessung gegeben. Breiten

Raum nehmen in Abschnitt 6 drei Fallbeispiele ein, in denen unterschiedlichste Facetten einer wertorientierten Markenführung illustriert werden.

Bei der Erstellung des Buchs habe ich vielfältige Unterstützung erfahren. Mein ganz besonderer Dank gilt Frau Dr. Grit Zatloukal für zahlreiche Hilfestellungen, insbesondere bei der Behandlung markenrechtlicher Fragestellungen. Für eine kritische Durchsicht des Manuskripts und viele nützliche Hinweise danke ich den Herausgebern und dem Verlag W. Kohlhammer sowie meinen Mitarbeitern Dipl.-Math. Adriane Krapp, Dipl.-Kffr. Imke Wessel, Dipl.-Kfm. Lars-Gunnar Frahm und Frau Jutta Hävecker. Besonders hervorheben möchte ich die große Hilfe von Frau Constanze Neukirch bei der Erstellung der Abbildungen.

Mein herzlichster Dank gilt schließlich meiner Familie, die mir ein beträchtliches Kontingent der ohnehin knapp bemessenen gemeinsamen Freizeit zur Verfügung gestellt und mich liebevoll unterstützt hat. Ich widme dieses Buch meinem Sohn Johannes.

Hamburg im Februar 2001 **Henrik Sattler**

Inhaltsverzeichnis

Abkürzungsverzeichnis 17

Abbildungsverzeichnis 18

1 Bedeutung von Marken erkennen 23

2 Markenschutz erlangen 28

    2.1 Rechtsgrundlagen 28
        2.1.1 Regelungen in Deutschland (MarkenG) 28
        2.1.2 Regelungen in der Europäischen Union 33
        2.1.3 Regelungen weltweit 34

    2.2 Entstehen des Markenschutzes 36

    2.3 Schutzhindernisse 37
        2.3.1 Absolute Schutzhindernisse 38
        2.3.2 Relative Schutzhindernisse 40

    2.4 Weiterverwertung von Markenrechten 44

    2.5 Markenrechtsverletzungen 45
        2.5.1 Bedeutung der Markenpiraterie 45
        2.5.2 Ansprüche bei Markenrechtsverletzungen 48

    2.6 Markenrechtliche Probleme des Internets 50

3 Marken verankern 53

    3.1 Markenidentität 54

    3.2 Markenpositionierung 58

    3.3 Markenbekanntheit 68

    3.4 Markenimage 73

4 Markenstrategien gestalten 84

    4.1 Markenbezogene Integrationsstrategien 86

    4.2 Mehrmarkenstrategien 117

    4.3 Markenkombinationsstrategien 126

    4.4 Internationale Markenstrategien 139

    4.5 Markenevolutionsstrategien 150

    4.6 Handelsmarkenstrategien 156

5 Marken wertorientiert führen 179

    5.1 Anwendungszwecke 181

    5.2 Zentrale Markenbewertungsprobleme 183

    5.3 Identifikation und Quantifizierung von Brand Value Drivern 186

    5.4 Isolierung markenspezifischer Zahlungen.................... 189

    5.5 Langfristige Prognose markenspezifischer Zahlungen 196

    5.6 Bewertung markenstrategischer Optionen 201

6 Fallbeispiele 203

    6.1 Fall 1: Markenrechtsverletzung 203

    6.2 Fall 2: Markenkauf 216

    6.3 Fall 3: Markentransferentscheidung 225

Literatur 237

Stichwortverzeichnis 251

Abkürzungsverzeichnis

Art.:	Artikel
Abs.:	Absatz
BB:	Der Betriebsberater
BGB:	Bürgerliches Gesetzbuch
BGH:	Bundesgerichtshof
BPatG:	Bundespatentgericht
BPatGE:	Sammlung der Entscheidungen des Bundespatentgerichts
BSE:	Brand Specific Earnings
EuGH:	Europäischer Gerichtshof
GfK:	Gesellschaft für Konsumforschung
GMarkenV:	Gemeinschaftsmarkenverordnung
GRUR:	Gewerblicher Rechtsschutz und Urheberrecht (Zeitschrift)
HGB:	Handelsgesetzbuch
K&R:	Kommunikation & Recht (Zeitschrift)
LG:	Landesgericht
MarkenG:	Markengesetz
MDS:	Multidimensionale Skalierung
MMA:	Madrider Markenabkommen
MMR:	Multimedia und Recht (Zeitschrift)
OLG:	Oberlandesgericht
OMPI:	Organisation Mondiale de la Propriété Intellectuelle (Weltorganisation für geistiges Eigentum)
PatKostG:	Patentkostengesetz
PMMA:	Protokoll zum Madrider Markenabkommen
PVÜ:	Pariser Verbandsübereinkunft zum Schutz des gewerblichen Eigentums
UWG:	Gesetz gegen den unlauteren Wettbewerb
URL:	Uniform Resource Locator
WRP:	Wettbewerb in Recht und Praxis (Zeitschrift)

Abbildungsverzeichnis

Abbildung 1:	Markenwerte international bedeutender Marken laut Interbrand für das Jahr 2006	23
Abbildung 2:	Mittlere Anteile der Marke am Gesamtwert des Unternehmens	24
Abbildung 3:	Vase mit dem Markenzeichen Amasis (530 v. Chr.)	26
Abbildung 4:	Entwicklung der Markenanmeldungen in Deutschland	29
Abbildung 5:	Beispiele für bedeutende Darstellungsformen von Waren- und Dienstleistungsmarken	30
Abbildung 6:	Beispiele für Unternehmenskennzeichen und Werktitel	31
Abbildung 7:	Geographische Herkunftsangaben	32
Abbildung 8:	Beispiele der Rechtsprechung zur Unterscheidungskraft von Markenzeichen	39
Abbildung 9:	Beispiele zur Rechtsprechung bezüglich des Freihaltebedürfnisses von Zeichen	39
Abbildung 10:	Beispiele der Rechtsprechung zur Verwechslungsgefahr	42
Abbildung 11:	Beispiele der Rechtsprechung zur Rufausbeutung, Rufschädigung und Verwässerungsgefahr bekannter bzw. berühmter Marken	44
Abbildung 12:	Markenfälschungen	46
Abbildung 13:	Herkunftsländer gefälschter Markenprodukte 2005	47
Abbildung 14:	Negativpreis „Plagiarius"	48
Abbildung 15:	Beispiele zur Rechtsprechung markenrechtlicher Probleme im Internet	51
Abbildung 16:	Marken verankern, um Markenwert zu generieren	53
Abbildung 17:	Elemente der Markenkommunikation von Jever	54
Abbildung 18:	Beispiele für Unternehmensvisionen	55
Abbildung 19:	Zusammenspiel von Markenidentität und Markenimage	56
Abbildung 20:	Verfahren zur Bestimmung der Markenidentität	57
Abbildung 21:	Markenpositionierung in einem Imageraum auf dem deutschen Premium-Pilsbiermarkt	59
Abbildung 22:	Luxusorientierung von Marken	60
Abbildung 23:	Typen von Erlebnissen	61
Abbildung 24:	Chiquita Bananen	62
Abbildung 25:	Vorteilhaftigkeit von Markenpositionierungsstrategien in Abhängigkeit vom kognitiven und emotionalen Involvement	63
Abbildung 26:	Extravagantes Lebensgefühl und Rolex Uhren	63
Abbildung 27:	Alternativen der Markenpositionierungsentwicklung	65
Abbildung 28:	Repositionierung der Marke Poly Kur im Haarkurenmarkt 1988 bis 1994	66

Abbildungsverzeichnis — 19

Abbildung 29:	Audi-Kampagnen im Vergleich	67
Abbildung 30:	Beispiele für erinnerte Markenbestandteile	70
Abbildung 31:	Semantisches Netzwerk am Beispiel der Marke Freixenet	73
Abbildung 32:	Dimensionen des Markenimages nach Keller	75
Abbildung 33:	Dimensionen der Markenpersönlichkeit (USA)	76
Abbildung 34:	Dimensionen der Markenpersönlichkeit (Deutschland)	76
Abbildung 35:	Verfahrensklassen zur Messung des Markenimages	78
Abbildung 36:	Imagedifferenzial für Biermarken	80
Abbildung 37:	Multidimensionale Skalierung für Tafelschokolade	82
Abbildung 38:	Beispieltriade Repertory Grid	83
Abbildung 39:	Systematisierung von Markenstrategiealternativen	85
Abbildung 40:	Monomarken des Unternehmens Ferrero	87
Abbildung 41:	Beispiele für Markentransfers	87
Abbildung 42:	Dachmarken-, Markenfamilien- und Monomarkenstrategie	89
Abbildung 43:	Horizontale versus vertikale Markentransfers	90
Abbildung 44:	Beispiele für Line, Franchise und Concept Extensions	91
Abbildung 45:	Beispiele für interne und externe Markentransfers	92
Abbildung 46:	Coca-Cola in US-amerikanischen Kinofilmen	93
Abbildung 47:	Chancen markenbezogener Integrationsstrategien	94
Abbildung 48:	Werbeeffizienz von Markentransfer- und Neumarkenstrategien	96
Abbildung 49:	Geschätztes Marketingbudget (Millionen Euro) zur Einführung einer neuen Marke bzw. eines Markentransfers in Deutschland innerhalb der ersten fünf Jahre	97
Abbildung 50:	Intensivierung von Verbundeffekten bei Gillette	98
Abbildung 51:	Umgehung von Werbebeschränkungen	99
Abbildung 52:	Entkopplung von Marken- und Produktlebenszyklus bei Persil	100
Abbildung 53:	Risiken markenbezogener Integrationsstrategien	101
Abbildung 54:	Expertenschätzungen hinsichtlich der Erfolgschancen spezifischer, bisher nicht realisierter Markentransfers	102
Abbildung 55:	Markenimageeffekte durch Markentransfers	103
Abbildung 56:	Beispiele für Markentransfers bei Völckner/Sattler (2006)	104
Abbildung 57:	Einflussfaktoren des Markentransfererfolges	105
Abbildung 58:	Beziehungsgeflecht der Erfolgsfaktoren	106
Abbildung 59:	Relative Bedeutung der Markentransfererfolgsfaktoren	107
Abbildung 60:	Markentransfers der Studie von Völckner et al. (2007)	109
Abbildung 61:	Wirkungen zwischen Muttermarke und Transfer	110
Abbildung 62:	Rückwirkungseffekte	111
Abbildung 63:	Wechsel von einer Dach- zu einer Markenfamilienstrategie bei Melitta	111
Abbildung 64:	Expertenschätzungen hinsichtlich des Auftretens negativer Rückwirkungen spezifischer, bisher nicht realisierter Markentransfers auf die Muttermarke	112
Abbildung 65:	Empirisch gemessene Imageeffekte von neun realen Markentransfers (Experimentalgruppe)	115

Abbildung 66:	Einflussfaktoren auf Image-Rückwirkungen	116
Abbildung 67:	Ablaufschritte des Extension Evaluator	117
Abbildung 68:	Beispiele für Mehrmarkenstrategien	118
Abbildung 69:	Mehrmarkenstrategien in der Automobilindustrie	119
Abbildung 70:	Chancen von Mehrmarkenstrategien	120
Abbildung 71:	Beispiele für Marken mit Schutzschildfunktion	121
Abbildung 72:	Risiken von Mehrmarkenstrategien	122
Abbildung 73:	Strategische Markenrollen	125
Abbildung 74:	Prägnanz und Diskriminationsfähigkeit des Markenauftritts von Henkel im Waschmittelmarkt	125
Abbildung 75:	Dimensionen von Markenkombinationsstrategien	127
Abbildung 76:	Hierarchisch strukturierte interne Markenkombinationsstrategie am Beispiel Seat Leon Torro aus der VW-Gruppe	128
Abbildung 77:	Spektrum der Markenarchitekturen nach Aaker/Joachimsthaler	130
Abbildung 78:	Zusammenhang zwischen Marken- und Unternehmenshierarchie	131
Abbildung 79:	Beispiel für eine Mega-Brand: Star Alliance	132
Abbildung 80:	Beispiele für Markenallianzen im engeren Sinne	133
Abbildung 81:	Chancen von Neuprodukteinführungen unter Verwendung von Markenallianzen im engeren Sinne	134
Abbildung 82:	Risiken von Neuprodukteinführungen unter Verwendung von Markenallianzen im engeren Sinne	135
Abbildung 83:	Beispiele für Ingredient Branding	137
Abbildung 84:	Chancen des Ingredient Brandings	138
Abbildung 85:	Risiken des Ingredient Brandings	139
Abbildung 86:	Beispiele für globale Marken	139
Abbildung 87:	Planungsprozess der internationalen Markenführung	142
Abbildung 88:	Optionen der internationalen Markenauswahl	143
Abbildung 89:	Globale versus lokale Marken	144
Abbildung 90:	Beispiele für international unterschiedlich standardisierte Markenstrategien	145
Abbildung 91:	Kulturdimensionen nach Hofstede beispielhaft für Deutschland und China	148
Abbildung 92:	Bereinigung des Markenportfolios bei Unilever	151
Abbildung 93:	Beispiele für Markenmigrationsstrategien	152
Abbildung 94:	Beispiele für eine schrittweise Markensubstitution	153
Abbildung 95:	Beispiele für revitalisierte Marken	155
Abbildung 96:	Relevanz von Marken für Handelsunternehmen am Beispiel der Metro AG	157
Abbildung 97:	Beispiele für Store Brands	158
Abbildung 98:	Kommunikation klarer Gedächtnisvorstellungen	158
Abbildung 99:	Die Top 10 Werbetreibenden 2004 in den klassischen Mediangattungen	159
Abbildung 100:	Handelsmarke angeboten von Pick 'n Pay	160
Abbildung 101:	Motive für ein Angebot von Handelsmarken aus Hersteller- und Handelssicht	161

Abbildungsverzeichnis ───────────────────────────── 21

Abbildung 102: Marktanteile und Preise von Handelsmarken in
Deutschland für den Foodbereich 162
Abbildung 103: Marktanteile und Preise von Handelsmarken in
Deutschland für den Non-Foodbereich 162
Abbildung 104: Marktanteile von Handelsmarken nach Betriebstypen
(2003) 163
Abbildung 105: Erfolgsfaktoren von Handelsmarken 164
Abbildung 106: Argumente für einen Handelsmarkenkauf 166
Abbildung 107: Bevorzugte Produktgruppen beim Handelsmarkenkauf . 166
Abbildung 108: Varianten von Handelsmarken nach übernommenen
Funktionen 167
Abbildung 109: Beispiel eines Schemas zur Prüfung der Vorteilhaftigkeit
alternativer Varianten von Handelsmarken 168
Abbildung 110: Alternativen von Handelsmarkenstrategien 169
Abbildung 111: Handelsmarken-Awareness 170
Abbildung 112: Auslandsaktivitäten der größten deutschen Einzelhändler im Jahr 2005 172
Abbildung 113: Profitabilität von Handels- und Herstellermarken in
Kanada 173
Abbildung 114: Ansatzpunkte für ein Beziehungsmanagement zwischen
Herstellern und Handel 175
Abbildung 115: Chancen und Risiken einer dualen Markenstrategie 176
Abbildung 116: Möglichkeiten der Differenzierung von Handels- und
Herstellermarken bei einer dualen Markenstrategie 177
Abbildung 117: Zielgruppenspezifische Wertbeiträge 180
Abbildung 118: Verwendungszwecke von Markenbewertungen und
deren Bedeutung aus Unternehmenssicht 182
Abbildung 119: Marken mit über 100 Jahren Erfolg 185
Abbildung 120: Grundprobleme einer Markenwertmessung 186
Abbildung 121: Relative Bedeutung von Brand Value Drivern gemäß
dem Indikatorenmodell von Sattler (1997) 188
Abbildung 122: Anteil des Werbebudgets am Umsatz ausgewählter
Warengruppen (USA) 189
Abbildung 123: Preis- und Mengenpremium VW Sharan versus Ford
Galaxy....................................... 191
Abbildung 124: Alternative Konstellationen für ein Preis- und Mengenpremium 192
Abbildung 125: Marktanteilsveränderungen bei mittlerer (statt realer)
Promotion-Intensität von 16% für alle Marken 194
Abbildung 126: Wichtige markenstrategische Optionen 201
Abbildung 127: Fragebogen zur Erfassung eines Preispremiums für die
Marke X 205
Abbildung 128: Preispremien der Marke X....................... 206
Abbildung 129: Prognostizierte Marktanteile und Umsätze der untersuchten Biermarken 207
Abbildung 130: Beispiel zur Berechnung von Nutzenwerten in Form von
Rating-Punkten bei alternativen Preiskonstellationen... 208

Abbildung 131:	Indikatoren zur Beurteilung des langfristigen Werts einer Marke	209
Abbildung 132:	Rahmendaten zur Bewertung der Marke X	211
Abbildung 133:	Wahrscheinlichkeitsverteilung des Gewichtungsparameters für den Markenwertindikator Image	213
Abbildung 134:	Wahrscheinlichkeitsverteilungen für unsichere Inputgrößen zur Berechnung einer Verteilungsfunktion für den langfristigen Wert der Marke X	214
Abbildung 135:	Wahrscheinlichkeiten für den langfristigen Wert der Marke X	215
Abbildung 136:	Earnings-Multiples bei Akquisitionen bedeutender Markenartikelhersteller	216
Abbildung 137:	Risikoprofil des BSE-Multipliers einer starken Konsumgütermarke (Marktführer)	218
Abbildung 138:	Risikoprofil des BSE-Multipliers einer mittelstarken Konsumgütermarke (Marktfolger)	218
Abbildung 139:	Beispiel eines zeitlichen Verlaufs der BSE [in 100 Mio. Euro] der Marke Y (Gesamtzinssatz 10%, Value-Growth-Duration fünf Jahre, BSE-Multiple 21,5)	220
Abbildung 140:	Szenarien mit BSE-Multiples von näherungsweise 25	222
Abbildung 141:	Szenario eines Wachstumsverlaufs der BSE der Marke Y für ein BSE-Multiple von 25 (obere Kurve nominale, untere Kurve diskontierte BSE in Mio. Euro, Wachstumsrate 0,66, Gesamtzinssatz 15%, Value-Growth-Duration 10 Jahre)	222
Abbildung 142:	Szenarien für die Marke Y mit BSE-Multiples von näherungsweise 25 unter Einbeziehung von Markentransferpotenzialen (Value-Growth-Duration 10 Jahre)	223
Abbildung 143:	Bausteine eines Konzepts zur Beurteilung der Erfolgschancen von Markentransfers der Marke Z	227
Abbildung 144:	Erfolgsfaktorenanalyse potenzieller Markentransfers (MT) der Marke Z	228
Abbildung 145:	Beispiel eines Choice-Sets im Rahmen einer Choice-Based-Conjoint-Analyse	230
Abbildung 146:	Untersuchte Items im Rahmen der Imageanalyse	231
Abbildung 147:	Ergebnisse der Imageanalyse mittels Korrespondenzanalyse	231
Abbildung 148:	Preispremiums der Marke Z für zwei Nachfragersegmente	233
Abbildung 149:	Durchschnittliche Beurteilung von Image-Items der Marke Z in Testgruppe (mit Markentransfer) und Kontrollgruppe (ohne Markentransfer)	234
Abbildung 150:	Die fünf meistgenannten Assoziationen hinsichtlich Transfers der Marke Z (n = 300)	235

1 Bedeutung von Marken erkennen

Marken zählen ohne Zweifel zu den wichtigsten Werttreibern von Unternehmen. Häufig sind sie der wichtigste Vermögensgegenstand.

Die Bedeutung von Marken zeigt sich zum Beispiel in den geschätzten finanziellen **Markenwerten** von Unternehmen (Abbildung 1). Auch wenn die Schätzungen mit nicht unerheblichen Validitätsproblemen behaftet sind, so ist es unzweifelhaft, dass Marken einen Wert in Höhe von zweistelligen Euro-Milliardenbeträgen annehmen können. Auffallend ist, dass solche Werte nicht nur bei kurzlebigen Konsumgütermarken wie Coca-Cola oder Marlboro erreicht werden, sondern auch bei Dienstleistungen wie Disney oder McDonald's und industriellen Zulieferern wie zum Beispiel Intel.

Nr.	Marke	Markenwert*	Land	Nr.	Marke	Markenwert*	Land
1	Coca-Cola	51,44	USA	8	Disney	21,38	USA
2	Microsoft	43,71	USA	7	McDonald's ich liebe es	21,12	USA
3	IBM	43,15	USA	10	Mercedes-Benz	16,72	Deutschland
4	GE	37,55	USA	11	citibank	16,48	USA
5	intel Leap ahead	24,81	USA	12	Marlboro	16,39	USA
6	NOKIA	23,13	Finnland	13	hp invent	15,71	USA
7	TOYOTA	21,45	Japan	14	AMERICAN EXPRESS	15,08	USA

* Mrd. Euro

Abbildung 1: Markenwerte international bedeutender Marken laut Interbrand für das Jahr 2006
Quelle: www.interbrand.com/surveys.asp (Abruf 2.1.2007).

Der erhebliche finanzielle Wert von Marken wird auch durch eine Umfrage von PwC/GfK/Sattler/Markenverband (2006) unter den 100 größten deutschen Unternehmen sowie den Mitgliedern des Deutschen Markenverbands deutlich

(Abbildung 2). Nach den Schätzungen der befragten Führungskräfte entfielen im Jahr 2005 direkt oder indirekt im Durchschnitt circa zwei Drittel des Gesamtunternehmenswerts auf Marken. Dies ist eine deutliche Steigerung gegenüber der Vergleichsstudie aus dem Jahr 1999. Zukünftig wird der Wert nach Ansicht der meisten befragten Unternehmen sogar noch weiter steigen. Ähnlich angelegte Studien können diesen Trend bestätigen (Schimansky 2004). Auch aus **volkswirtschaftlicher Sicht** sind Marken von herausragender Relevanz. So stieg der Umsatz der Markenartikelindustrie seit 1998 um jährlich 3,6% auf 361 Milliarden Euro im Jahr 2005 (Tochtermann/Perrey 2006).

Vor dem Hintergrund der außerordentlich hohen Bedeutung von Marken nimmt die Perspektive einer wertorientierten Gestaltung von Marken beziehungsweise **wertorientierten Markenpolitik** in diesem Buch einen besonderen Stellenwert ein. Im Sinne von Value-Based-Planning- beziehungsweise Shareholder-Value-Ansätzen gilt es, den immateriellen Vermögensgegenstand Marke mit dem Ziel einer langfristigen Markenwertsteigerung zu führen.

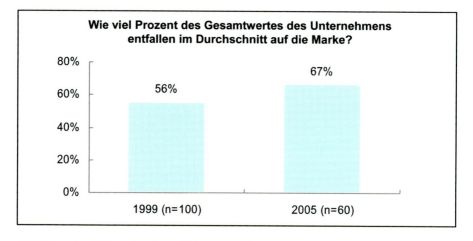

Abbildung 2: Mittlere Anteile der Marke am Gesamtwert des Unternehmens
Quelle: PwC/GfK/Sattler/Markenverband 2006.

Der Wert von **Marken** ist wesentlich darauf zurückzuführen, dass sie in der Lage sind, zukünftige **Cash-Flows eines Unternehmens zu beschleunigen, auszuweiten und das Risiko zukünftiger Cash-Flows zu reduzieren** (Srivastava/Shervani/Fahey 1998, S. 9 ff.). Eine Beschleunigung von Cash-Flows kann zum Beispiel dadurch erreicht werden, dass Konsumenten infolge eines starken Markenimages schneller auf Neuprodukteinführungen reagieren. Beispielsweise zeigt sich bei Personalcomputern, dass imagestarke Marken wie IBM, Compaq und Hewlett-Packard typischerweise eine drei bis fünf Monate frühere Adaptierung neuer Computergenerationen bewirken als imageschwache Marken (Zandan 1992, zitiert nach Srivastava/Shervani/Fahey 1998, S. 10 ff., auch Sattler/Schirm 1999, S. 78 ff.). Eine Ausweitung zukünftiger Cash-Flows kann zum Beispiel durch den Transfer einer etablierten Marke auf neue Produktbereiche erfolgen (d. h. durch einen Markentransfer). Das Paradebeispiel ist hier die ursprünglich für den Hautcrememarkt entwickelte Marke Nivea mit Markentransfers auf neue Produkte wie Deodorant, Duschgel, Gesichtscreme, Körperlotion, Seife, Shampoo und dekorative Kosmetik. Schließlich kann eine Risikoreduktion zukünftiger Cash-Flows beispielsweise dadurch erreicht werden, dass Markenloyalität und Wechselkosten durch den Einsatz einer starken Marke erhöht werden (Srivastava/Shervani/Fahey 1998, S. 11).

Markenpolitik umfasst die Gestaltung von Marken durch einen Markenartikelhersteller (inklusive Dienstleister) oder ein Handelsunternehmen zur Erreichung von Hersteller- oder Handelszielen. Zur Markengestaltung sind Investitionen in Marken notwendig, die einen Markenwert erzeugen beziehungsweise verändern. Aus Sicht einer wertorientierten Markenpolitik besteht ein primäres Ziel in der langfristigen Markenwertsteigerung.

Der Markenwert hängt entscheidend davon ab, wie Marken von Nachfragern und anderen Zielgruppen wahrgenommen werden. Die Wahrnehmung bezieht sich auf die Kenntnis von und Vertrautheit mit einer Marke (Markenbekanntheit) sowie die Stärke, Einzigartigkeit und Präferenz von Markenassoziationen (Markenimage). **Markenbekanntheit und -image bilden zusammen die Wissensstruktur einer Marke** (Keller 1993, S. 2 f.). Diese Wissensstrukturen werden unter anderem durch das Marketing-Mix von Markenanbietern, Erfahrungen von Konsumenten (entweder direkt oder über Dritte) oder andere Institutionen (z. B. Warentestinstitute, Medienberichte) ermittelt beziehungsweise erworben und unterliegen einem ständigen Wandel.

Marken und Markenpolitik sind keine neuen Phänomene. Bereits in der Antike haben Hersteller ihre Produkte mit Markenzeichen versehen. Ein Beispiel aus dem Jahr 530 v. Chr. findet sich in Abbildung 3. Die abgebildete Vase wurde in Griechenland vom Amasis-Maler gefertigt und ist mit dem Markenzeichen „Amasis" versehen (s. Mitte oben in Abbildung 3). Diese und ähnliche Marken waren in weiten Teilen der damals bekannten Welt erhältlich (Arias/Hirmer 1960, S. 7 ff.). Sie standen häufig für hochqualitative Gebrauchskeramik (Qualitätsassoziationen als zentrale Wissenskomponente) und erzielten vermutlich überdurchschnittliche Preise und damit einen finanziellen Markenwert.

Abbildung 3: Vase mit dem Markenzeichen Amasis (530 v. Chr.)
Quelle: Arias/Hirmer 1960, Tafel 56.

Das 1995 in Kraft getretene Markengesetz definiert in § 3 Abs. 1 eine **Marke** wie folgt: „Als Marke können alle Zeichen, insbesondere Wörter einschließlich Personennamen, Abbildungen, Buchstaben, Zahlen, Hörzeichen, dreidimensionale Gestaltungen einschließlich der Form einer Ware oder ihrer Verpackung sowie sonstige Aufmachungen einschließlich Farben und Farbzusammenstellungen geschützt werden, die geeignet sind, Waren oder Dienstleistungen eines Unternehmens von denjenigen anderer Unternehmen zu unterscheiden." Eine ähnliche Definition von Marke („Brand") nimmt die American Marketing Association vor: „A name, term, sign, symbol, or design, or a combination of them intended to identify the goods or services of one seller or a group of sellers and to differentiate them from those of competition" (Keller 2003, S. 3).

> Im Kern stellen Marken schutzfähige Zeichen zur Unterscheidung von Produkten dar.

Marken können von Herstellern – inklusive Dienstleistern – oder Handelsunternehmen angeboten werden. Letztere bieten **Handelsmarken** (synonym: **Eigenmarken**) an. Hersteller- und Handelsmarken unterscheiden sich in erster Linie durch die Markeneignerschaft. Darüber hinaus werden Handelsmarken nur eingeschränkt distribuiert, das heißt ausschließlich innerhalb der Handelsgruppe. Herstellermarken streben hingegen typischerweise nach einer Überallerhältlichkeit oder Ubiquität. Weiterhin werden Handelsmarken üblicherweise zu über die Zeit einheitlichen Preisen angeboten, Markenhersteller variieren ihre Preise hingegen, insbesondere durch den Einsatz von Sonderangeboten. Darüber hinaus werden zumindest klassische Handelsmarken in einem im Vergleich zu Herstellermarken unteren Preis-Qualitäts-Segment angeboten.

2 Markenschutz erlangen

Zwingende Voraussetzung für markenpolitische Entscheidungen ist ein **wirksamer Markenrechtsschutz**. Die Erlangung dieses Schutzes kann sich sehr komplex gestalten. Dies wird schon an der Zahl der **Markenneuanmeldungen** deutlich, die 2005 allein in Deutschland 70.926 betrug (Deutsches Patent- und Markenamt 2005). Hiervon wird ein erheblicher Teil zurückgewiesen, zurückgenommen oder in **Widerspruchsverfahren** verwickelt. Die Zahl der Widerspruchsverfahren betrug 2005 in Deutschland 6.873. Derzeit sind insgesamt weit mehr als 700.000 Marken in Deutschland eingetragen. Bis 2000 waren erhebliche Wachstumsraten bei den Markenneuanmeldungen zu verzeichnen (siehe hierzu Abbildung 4). Besonders auffällig ist die überproportionale Zunahme von Dienstleistungsmarken. Nach 2000 erfolgt erstmals ein Rückgang aller Neuanmeldungen, was vermutlich in Zusammenhang mit dem Börsencrash am Neuen Markt steht. Der zu beobachtende relative Rückgang ausländischer Markenanmeldungen ist darauf zurückzuführen, dass ein Schutz von Marken in Deutschland nicht mehr zwingend über das Deutsche Patent- und Markenamt erfolgen muss, sondern seit 1994 auch EU-weit über das Harmonisierungsamt in Alicante (Spanien) erfolgen kann, wo mit einer europäischen Anmeldung auch Markenschutz für Deutschland erteilt wird.

2.1 Rechtsgrundlagen

2.1.1 Regelungen in Deutschland (MarkenG)

Nationale Rechtsgrundlage des Markenschutzes ist das im Jahr 1995 in Kraft getretene **Markengesetz** (MarkenG). Es bündelt die bis dahin in verschiedenen Gesetzen (Warenzeichengesetz, Gesetz gegen den unlauteren Wettbewerb (UWG), BGB und HGB) geregelten Vorschriften zum Markenschutz. Neben dem Markengesetz bestehen weitere Schutzmöglichkeiten zum Beispiel durch Patent-, Geschmacks- und Gebrauchsmusterschutz, Urheber- und Wettbewerbsrecht (§ 1 und § 3 UWG), BGB (Namensrecht § 12 BGB; Recht am eingerichteten und ausgeübten Gewerbebetrieb § 823 Abs. 1 BGB) sowie HGB (formeller Firmenschutz § 37 Abs. 2 HGB).

2.1 Rechtsgrundlagen

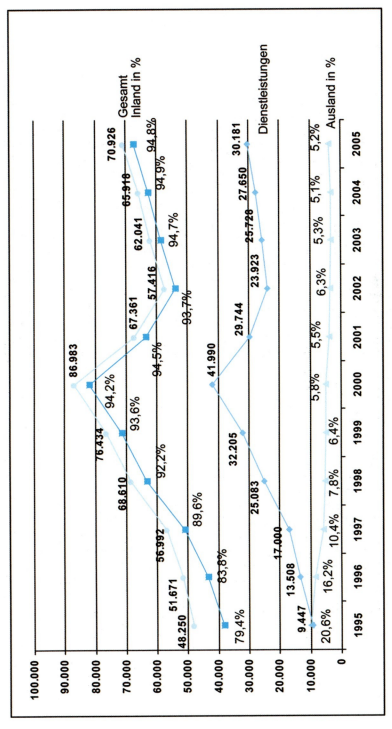

Abbildung 4: Entwicklung der Markenanmeldungen in Deutschland
Quelle: www.dpma.de/veroeffentlichungen/jahresberichte.html (Abruf: 10.1.2007).

Das **Markengesetz** regelt in §1 (in Abschnitt 2 sind sämtliche §§ ohne Angabe des Gesetzes als §§ des Markengesetzes zu verstehen) unter dem Oberbegriff „**Kennzeichen**" den Schutz von
- Marken (Waren- und Dienstleistungsmarken),
- geschäftlichen Bezeichnungen (Unternehmenskennzeichen und Werktitel) und
- geographischen Herkunftsangaben.

Im Folgenden sollen – getrennt nach diesen drei Typen – zunächst die Schutzgegenstände nach dem Markengesetz dargestellt werden. Daran anschließend werden die durch das Markengesetz geschützten Funktionen erörtert.

Waren- und Dienstleistungsmarken

Für Waren- und Dienstleistungsmarken im Sinne des Markengesetzes eröffnet §3 die Möglichkeit des Markenschutzes für jede denkbare Form von Zeichen, wobei die in Abbildung 5 aufgeführten sieben Darstellungsformen als die praktisch bedeutendsten Fälle gelten (Fezer 2001, S. 219 ff.; Ingerl/Rohnke 2003, S. 55 ff.):

Wort- marke	Buchstaben & Zeichen	Abbil- dungen	Hör- zeichen	Dreidimen- sionale Gestaltung	Farbe	Misch- formen
Coca-Cola	8x4 / 84	Apple	intel inside	TOBLERONE	T	T · · · T Deutsche Telekom

Abbildung 5: Beispiele für bedeutende Darstellungsformen von Waren- und Dienstleistungsmarken

(1) Wortmarke: Eine Wortmarke kann entweder aus einem oder mehreren Wörtern (z. B. Persil, Nimm zwei oder Toys "R" Us), aus zusammenhängenden Texten (z. B. Werbeslogan „Nicht immer, aber immer öfter") oder aus Vor- und/oder Familiennamen von Personen, einschließlich Phantasienamen (z. B. Jil Sander oder Dr. Oetker) bestehen.

(2) Buchstaben und Zahlen: Grundsätzlich schutzfähig sind auch Buchstaben- und Zahlenmarken (z. B. GTI, ·T· oder 8x4), wobei aufgrund der Rechtsprechung zur erforderlichen Unterscheidungskraft von Kennzeichen insbesondere einer graphisch hervorgehobenen Schreibweise (z. B. C&A) Bedeutung zukommt (Giefers/May 2003, S. 21).

(3) Abbildungen: Zu den markenfähigen Abbildungen zählen sämtliche graphische Gestaltungselemente, wie zum Beispiel Logos, Etiketten und Verpackungen. Allerdings wird einer ausschließlich naturgetreuen Abbildung der Ware zumeist keine Unterscheidungskraft zugesprochen.

(4) Hörzeichen: Hörzeichen sind akustische Kennzeichen (Töne, Tonfolgen, Geräusche) zur Markierung von Produkten. Hierzu zählen zum Beispiel Werbejingles, gesprochene Slogans oder Naturtöne (z. B. Wasserfall). Voraussetzung für die Markenfähigkeit ist dabei die graphische Darstellbarkeit (Notenschrift oder Sonagramm) sowie die klangliche Wiedergabe (Tonträger) der Hörmarke.

(5) Dreidimensionale Gestaltungen (einschließlich Warenform und Verpackung): Als dreidimensionale Marke (Formmarke) können sowohl produktunabhängige Formen (wie z. B. lila Kuh: Milka-Schokolade) als auch Warenformen (Dreiecksform der Toblerone-Schokolade) oder Verpackungsformen (Flasche für DimpleSpirituosen) geschützt werden.

(6) Farben und Farbzusammenstellungen: Prinzipiell schutzfähig sind ebenfalls Farben und Farbzusammenstellungen (Farbmarken), wobei diese kein funktionell notwendiges Produktmerkmal darstellen dürfen.

(7) Sonstige Aufmachungen: Neben den unter (1)-(6) angeführten Arten von Markenzeichen sind auch sämtliche Mischformen (z. B. Wort-Bild-Marke oder Farb-Form-Marke) sowie neuere Formen, die durch zukünftige technische Entwicklungen entstehen können (z. B. Geschmacksmarken oder virtuelle Marken), zugelassen.

Neben **Individualmarken** können nach § 97 auch **Kollektivmarken** geschützt werden, wie zum Beispiel Verbandsmarken oder geographische Herkunftsangaben (§ 99).

Unternehmenskennzeichen und Werktitel

Mit dem Ziel, alle Kennzeichenrechte in einer gesetzlichen Regelung zu vereinen, wurden im Markengesetz als zweiter Schutzgegenstand **Unternehmenskennzeichen und Werktitel (geschäftliche Bezeichnungen)** integriert (Berlit 2005, S. 34).

Unternehmenskennzeichen (Abbildung 6) sind Zeichen, die im geschäftlichen Verkehr als Name, Firma oder besondere Bezeichnung eines Geschäftsbetriebes benutzt werden (§ 5 Abs. 2 S. 1). Dies sind zum Beispiel Handelsnamen von Unternehmen, Firmen oder Firmenschlagworte. Ist das gekennzeichnete Unternehmen nur in einer begrenzten Wirtschaftsregion tätig, so ist auch dessen Schutzbereich räumlich begrenzt. In diesem Fall ist ein überregionaler Schutz nur möglich, wenn das Unternehmen von vornherein darauf angelegt ist, zum Beispiel mittels Filialbetrieben, bundesweit tätig zu sein (Berlit 2005, S. 41; Ingerl/Rohnke 2003, S. 98 f.).

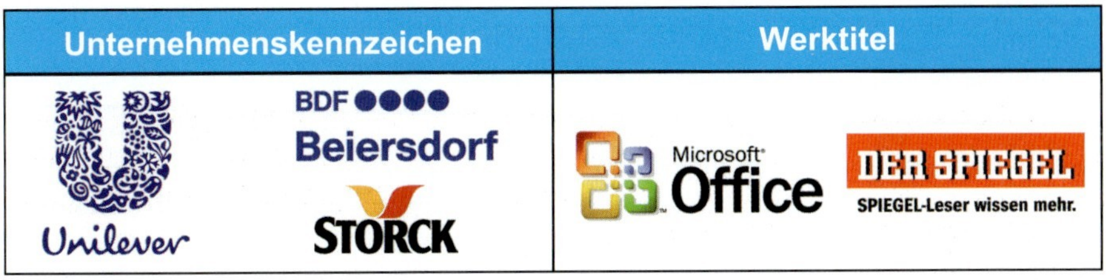

Abbildung 6: Beispiele für Unternehmenskennzeichen und Werktitel

Das Markengesetz gewährt zudem **Werktiteln** Kennzeichenschutz (vgl. Abbildung 6). Nach der Legaldefinition in § 5 Abs. 3 umfasst dies insbesondere den Schutz der Bezeichnungen von Druckschriften (z. B. Bücher, Zeitungen, Zeitschriften, Kalender), Filmwerken (z. B. Kinofilme, Fernsehsendungen, Nachrichtenmagazine), Bühnenwerken (z. B. Theaterstücke, Musicals, Festivals) oder Computerprogrammen (z. B. Anwendersoftware) (Berlit 2005, S. 43).

Geographische Herkunftsangaben

Ein dritter Schutzgegenstand des Markengesetzes sind **geographische Herkunftsangaben**, welche Produkte nach ihrer geographischen Herkunft kennzeichnen (Abbildung 7). Hier wird jedoch kein individueller Kennzeichenschutz für einzelne Verwender gewährt. Geographische Herkunftsangaben können vielmehr von sämtlichen Unternehmen genutzt werden, die Produkte in dem entsprechenden geographischen Gebiet produzieren (Berlit 2005, S. 263 ff.). Schutzfähig sind dabei sowohl unmittelbare als auch mittelbare Herkunftsangaben (§ 126 Abs. 1). Unmittelbare geographische Herkunftsangaben sind geographische Bezeichnungen, wie Namen von Orten (Dörfer, Stadtteile oder Städte, z. B. Lübecker Marzipan), Gegenden (Wälder, Flüsse oder Landschaften, z. B. Champagner), Gebieten oder Ländern (z. B. Landesteile oder länderübergreifende Regionen wie Made in Germany, Fezer 2001, S. 1786 ff.). Gegenüber unmittelbaren Herkunftsangaben enthält eine mittelbare geographische Herkunftsangabe keinen ausdrücklichen Hinweis auf die geographische Herkunft eines Produkts. Sie wird vielmehr vom Verkehr mit einem bestimmten geographischen Gebiet beziehungsweise Ort assoziiert. Angaben zur mittelbaren Kennzeichnung der geographischen Herkunft sind unter anderem Warenaufmachungen (z. B. Bocksbeutel), Wahrzeichen (z. B. der Kölner Dom) oder Landesfarben.

Abbildung 7: Geographische Herkunftsangaben

Nicht schutzfähig sind hingegen Herkunftsangaben, die von den angesprochenen Verkehrskreisen als **Gattungsnamen** angesehen werden, wie Bezeichnungen der Art, der Sorte oder sonstiger Eigenschaften (§ 126 Abs. 2). Dies liegt darin begründet, dass die entsprechenden Angaben vom überwiegenden Teil der beteiligten Verbraucherkreise nicht (mehr) als geographischer Herkunftshinweis der Ware beziehungsweise Dienstleistung aufgefasst werden. Als Gattungsnamen gelten beispielsweise die Bezeichnungen „Dresdner Stollen" oder „Kölnisch Wasser" (Fezer 2001, S. 1789 ff.).

Geschützte Markenfunktionen

> Wichtig für die Anwendung und Auslegung der einzelnen Vorschriften des Markengesetzes sind die im Gesetz geregelten Unterscheidungs-, Herkunfts-, Werbe- und Qualitätsfunktion einer Marke.

(1) Unterscheidungsfunktion: Eine wesentliche Funktion von Marken besteht in der Differenzierung der Produkte eines Unternehmens von denjenigen anderer Unternehmen (z. B. Schork 2006, S. 61). Die rechtliche Schutzfähigkeit der Unterscheidungsfunktion ist in § 3 Abs. 1 verankert worden.

(2) Herkunftsfunktion: Eine aus der Unterscheidungsfunktion abgeleitete Markenfunktion ist die Kennzeichnung der Produktherkunft. Da eine Marke jedoch nicht nur zur Abgrenzung von Produkten verschiedener Unternehmen genutzt wird, sondern zunehmend auch zur Differenzierung von Produkten eines Herstellers (z. B. im Rahmen einer Markenfamilienstrategie), wird nach heutiger Rechtsauffassung unter der Herkunftsfunktion neben konkreten und abstrakten Hinweisen auf den Markeninhaber (Unternehmen) auch dessen Produktverantwortung verstanden (Fezer 2001, S. 72 f.).

(3) Werbefunktion: Die wirtschaftliche Funktion der Marke zur Individualisierung von Produkten weist zudem über die zwei eher ordnenden Funktionen (Unterscheidungs- und Herkunftsfunktion) hinaus, da durch das Markenzeichen zumeist auch ein bestimmtes **Image** kommuniziert wird. Der Markenschutz dieses Werbewerts wird durch entsprechende Auslegung der Rechtsvorschriften gewährleistet. Beispielsweise ist die Markenkommunikation Teil des Verwechslungsschutzes der Marke (§ 14 Abs. 2; Fezer 2001, S. 74).

(4) Qualitätsfunktion (Garantiefunktion): Eine weitere durch entsprechende Rechtsauslegung geschützte ökonomische Markenfunktion ist die Qualitätsfunktion. Sie beinhaltet die Gewährleistung einer annähernd gleich bleibenden Qualität der Produkte, die mit einem bestimmten Markennamen gekennzeichnet sind. Der Anreiz hierfür ergibt sich für den Markeninhaber aufgrund der potenziellen Gefahr einer Schädigung des Markenimages bei variierender Produktqualität. Ähnlich der Werbefunktion basiert auch der Schutz der Qualitätsfunktion nicht auf einer direkten gesetzlichen Regelung, sondern auf einer entsprechenden Auslegung der einzelnen Vorschriften des Markengesetzes (Fezer 2001, S. 73 f.).

2.1.2 Regelungen in der Europäischen Union

Im Rahmen der Harmonisierung nationaler Markenrechtsvorschriften trat auf europäischer Ebene 1994 die **Gemeinschaftsmarkenverordnung** (GMarkenV) in Kraft. Mit dieser Verordnung wurde eine Rechtsgrundlage für ein einheitliches Markenrecht in der Europäischen Union (EU) geschaffen, die es den in der Gemeinschaft tätigen Unternehmen ermöglicht, ihre Marken ohne Rücksicht auf innergemeinschaftliche Grenzen zu schützen. Die Gemeinschaftsmarkenverordnung ermöglicht somit einen über die nationalen Grenzen hinausgehenden Markenrechtsschutz. Dieser erstreckt sich auf das gesamte Gebiet der EU (Schork 2006, S. 118 f.). Mit Eintragung einer Marke als Gemeinschaftsmarke beim Harmonisierungsamt für den Binnenmarkt (in Alicante, Spanien) erlangt diese folglich eine einheitliche Schutzwirkung in allen EU-Ländern (Art. 1 Abs. 2 GMarkenV). Damit entfällt bei angestrebtem Markenrechtsschutz in mehreren EU-Ländern die bisher erforderliche zeit- und kostenintensive Einzelanmeldung der Marke in den jeweiligen Mitgliedsstaaten. Zudem treten dem Markenanmelder nicht mehr die zum Teil sehr unterschiedlichen Markenrechtssysteme der einzelnen Länder entgegen. Hinsichtlich der nationalen Regelungen gilt dabei der Grundsatz der Koexistenz. Danach bestehen die nationalen Markenrechte gleichwertig neben der Gemeinschaftsmarkenverordnung, wobei im Kollisionsfall das Prioritätsprinzip greift, das heißt der Inhaber des prioritätsälteren Kennzeichens kann gegen die Eintragung einer prioritätsjüngeren Marke vorgehen. Gleichzeitig kann bei einer Anmeldung einer Gemeinschaftsmarke die Priorität einer früheren nationalen Anmeldung derselben Marke beansprucht werden (Schork 2006, S. 123).

Aufgrund der mit dem Markengesetz erfolgten Anpassung des deutschen Rechts an die europäischen Richtlinien gelten für die Europäische Gemeinschaftsmarke weitestgehend analoge Vorschriften. So ist als Gemeinschaftsmarke – wie im deutschen Markenrecht – jede Darstellungsform schutzfähig, soweit ihr Unterscheidungskraft zukommt (Art. 7 GMarkenV). Auch die absoluten (Art. 7 GMarkenV) und relativen (Art. 13 GMarkenV) Eintragungshindernisse entsprechen denen des deutschen Rechts, wobei ein Vorliegen absoluter Hindernisgründe in nur wenigen EU-Staaten ausreicht (Art. 8 GMarkenV).

Vom deutschen Markenrecht abweichend ist allerdings die Entstehung der Schutzfähigkeit einer Marke geregelt (vgl. Abschnitt 2.2). So kann eine Gemeinschaftsmarke ausschließlich durch Eintragung, nicht aber durch Benutzung oder Verkehrsgeltung erworben werden (Art. 1 Abs. 1 und 6 GMarkenV).

> Durch Eintragung einer **Gemeinschaftsmarke** beim Harmonisierungsamt in Alicante erlangt diese eine einheitliche Schutzwirkung in allen EU-Ländern. Einzelanmeldungen in den jeweiligen Mitgliedsstaaten sind nicht mehr erforderlich.

2.1.3 Regelungen weltweit

Neben dem rein nationalen beziehungsweise dem EU-weiten Markenrechtsschutz gewinnt aufgrund zunehmender Internationalisierung auch die Schutz-

2.1 Rechtsgrundlagen

fähigkeit von Marken über den Bereich der EU hinaus an Bedeutung. Die internationale Registrierung einer Marke beruht auf dem Madrider Markenabkommen (MMA) und auf dem Protokoll zum MMA (PMMA). Grundlage des MMA ist wiederum die Pariser Verbandsübereinkunft zum Schutz des gewerblichen Eigentums (PVÜ), welche als das zentrale Abkommen auf dem Gebiet des gewerblichen Rechtsschutzes gilt (Fezer 2001, S. 1948). Mit den in der PVÜ festgelegten kennzeichenrechtlichen Normen wurden Minimalstandards hinsichtlich der nationalen Kennzeichenrechte gesetzt.

> Die Schutzerstreckung nach dem **MMA** ermöglicht, den Schutz der in einem Mitgliedsstaat hinterlegten Marke auf sämtliche oder einzelne Mitgliedsstaaten des Abkommens zu erstrecken (Art. 3 MMA). Voraussetzung hierfür ist die Hinterlegung der betreffenden Marke im Ursprungsland, die Registrierung der Marke beim Internationalen Büro der Weltorganisation für geistiges Eigentum (OMPI) in Genf sowie die Entrichtung der nationalen und internationalen Gebühr.

Fünf Jahre nach der internationalen Registrierung ist der internationale Markenrechtsschutz unabhängig von einer Hinterlegung der Marke im Ursprungsland (Berlit 2005, S. 259). Eine nach dem MMA registrierte Marke ist dabei so geschützt, als wäre sie in den betreffenden Mitgliedsstaaten unmittelbar hinterlegt worden (Art. 4 MMA). Inhalt und Umfang des Markenschutzes richten sich folglich nach den jeweiligen nationalen Regeln der Verbandsstaaten für die der Markenschutz beantragt wurde. Ein einheitliches internationales Markenrecht wird – anders als bei der Gemeinschaftsmarkenschutzverordnung innerhalb der EU – nicht gewährt. Der Vorteil der internationalen Markenregistrierung gegenüber einer Einzelanmeldung in den betreffenden Staaten liegt dabei insbesondere in den deutlich geringeren Kosten der Markenanmeldung (Fezer 2001, S. 2025). Die Schutzdauer beträgt zunächst 20 Jahre (Art. 6 Abs. 1 MMA) und ist beliebig oft für weitere 20 Jahre erneuerbar (Art. 7 MMA). Dem MMA gehören heute 55 Staaten an, die alle auch Mitgliedsstaaten der PVÜ sind (www.transpatent.com/archiv/mma194.html, Abruf: 10.1.2007).

Neben dem MMA kann die internationale Registrierung einer Marke auch auf dem **Protokoll zum MMA** (PMMA) basieren. Hierdurch wird auch Staaten, die bisher nicht Mitgliedsstaaten des MMA sind, die Möglichkeit gegeben, Markenschutz durch eine internationale Registrierung zu erlangen. Ziel dieser Regelung war es, eine höhere Anzahl an MMA-Mitgliedsstaaten zu gewinnen (Berlit 2005, S. 259 f.). So sind seit Inkrafttreten des PMMA (1989) diesem insgesamt 68 Staaten beigetreten (www.transpatent.com/archiv/mma194.html, Abruf 10.1.2007). Inhaltlich ist das PMMA stark den Bestimmungen des MMA angenähert (vgl. im Einzelnen Berlit 2005, S. 259 f.; Fezer 2001, S. 2028 f.).

2.2 Entstehen des Markenschutzes

Die Entstehung des Markenschutzes kann in Deutschland auf drei Wegen erfolgen: durch **Eintragung** des Zeichens in das Markenregister (Registermarke, § 4 Nr. 1), durch Erwerb von **Verkehrsgeltung** aufgrund der **Benutzung** eines Zeichens (Benutzungsmarke, § 4 Nr. 2) oder durch die **notorische Bekanntheit** einer Marke (Notorietätsmarke, § 4 Nr. 3).

Alle drei Markenkategorien stehen gleichberechtigt nebeneinander und können kumulativ vorliegen (Fezer 2001, S. 281).

Eintragung im Markenregister (§ 4 Nr. 1)

Das übliche Entstehen eines Markenschutzes erfolgt durch die Eintragung der Marke für eine oder mehrere Warenklassen in das vom Deutschen Patent- und Markenamt geführte Markenregister (**Registermarke**). Dieses förmliche Recht ist von der tatsächlichen Benutzungsabsicht unabhängig (Ingerl/Rohnke 2003, S. 77). Die Schutzdauer einer solchen Registermarke beträgt 10 Jahre und kann nach Ablauf der Frist durch Zahlung einer Verlängerungsgebühr beliebig oft für weitere 10 Jahre verlängert werden (§ 47). Die Kosten der Eintragung differieren dabei in Abhängigkeit von der Anzahl der Warenklassen, für die Markenschutz beantragt wird. Derzeitig beträgt die Anmeldegebühr 300 Euro für die ersten drei Klassen und 100 Euro für jede weitere Klasse (Nr. 331000 des Gebührenverzeichnisses zum PatKostG). Insgesamt existieren 45 verschiedene Warenklassen.

Zur Eintragung der Marke in das Markenregister ist kein Bestehen eines Gewerbebetriebes erforderlich. Jedoch darf davon ausgegangen werden, dass ein potenzieller Markeninhaber zumindest einen kaufmännischen, das heißt gewerblichen Bezug aufweist (Schork 2006, S. 104 f.). Der Eintragung stehen absolute und relative Schutzhindernisse gegenüber (vgl. Abschnitt 2.3).

Verkehrsgeltung

Neben der Registrierung eines zu schützenden Kennzeichens kann Markenschutz auch dann entstehen, wenn ein Zeichen im geschäftlichen Verkehr benutzt wird und innerhalb beteiligter Verkehrskreise (u. a. Endabnehmer, Händler) als Marke Verkehrsgeltung erworben hat (**Benutzungsmarke**, Fezer 2001, S. 309 ff.). Nach Schork (2006, S. 57 ff.) sind die folgenden Kriterien zur Feststellung von Verkehrsgeltung zu berücksichtigen. Erstens müssen die beteiligten Verkehrskreise eine nichtregistrierte Marke einem bestimmten Markenverwender (Hersteller, Händler) zuordnen können. Zweitens wird die Verkehrsgeltung durch einen prozentualen Durchsetzungsgrad (Bekanntheitsgrad) ermittelt. Eine einheitliche gesetzliche Regelung für die Höhe der erforderlichen Verkehrsgeltung existiert nicht. Der erforderliche Grad muss je nach Art des Zeichens im Einzelfall festgestellt werden (Ingerl/Rohnke 2003,

S. 84 ff.; Schork 2006, S. 58). In der Rechtsprechung wurde bei nicht freihaltebedürftigen Zeichen (siehe hierzu auch Abschnitt 2.3.1) Markenschutz schon ab 20% Bekanntheit gewährt. Bei freihaltebedürftigen Zeichen hingegen reichten selbst Durchsetzungsgrade von 50% nicht aus (Berlit 2005, S. 21). Zur Feststellung von Herkunft (d. h. Zuordnung der Marke zu einem bestimmten Markenverwender) und Bekanntheit werden regelmäßige Meinungsbefragungen der beteiligten Verkehrskreise durchgeführt (Schork 2006, S. 58).

Register- und Benutzungsmarke stehen bezüglich des erworbenen Markenschutzes gleichberechtigt nebeneinander. Unterschiede können sich ausschließlich im Hinblick auf die geographische Reichweite und die Dauer des erworbenen Markenschutzes ergeben. Ersteres ist der Fall, wenn die Verkehrsgeltung eines nichtregistrierten Markenzeichens regional begrenzt ist. Hier gilt zumeist auch der Markenschutz ausschließlich für die jeweilige Region und nicht – wie bei einer eingetragenen Marke – für das gesamte Hoheitsgebiet Deutschlands (Berlit 2005, S. 20). Unterschiede in der Schutzdauer ergeben sich dadurch, dass der Schutz der Registermarke bei nicht erfolgter Verlängerung nach Ablauf von 10 Jahren erlischt. Eine solche Frist existiert für eine Benutzungsmarke nicht. Ihr Schutz geht verloren, wenn die Verkehrsgeltung im Zeitverlauf unter den erforderlichen Grad sinkt, zum Beispiel aufgrund verringerter Werbeintensität oder nachlassender Benutzungsintensität (Schork 2006, S. 57).

Notorische Bekanntheit der Marke

Die dritte Möglichkeit – Erwerb von Markenschutz aufgrund der notorischen Bekanntheit einer Marke – resultiert aus der Harmonisierung des internationalen Markenschutzes (insbesondere Art. 6 PVÜ). Sie beinhaltet den Schutz eines bekannten, aber im Inland nicht eingetragenen und nicht genutzten Zeichens aus anderen Ländern gegenüber Zeichen gleicher beziehungsweise gleichartiger Produkte (Berlit 2005, S. 22; Schork 2006, S. 59). Voraussetzung ist jedoch ein Bekanntheitsgrad, der regelmäßig über dem Bekanntheitsgrad des mit Verkehrsdurchsetzung erworbenen Markenschutzes liegt. Von der Rechtsprechung wird zumeist eine Markenbekanntheit von mindestens 70% vorausgesetzt (BGH Urteil FABERGÉ vom 12.7.2001 – I ZR 100/99).

2.3 Schutzhindernisse

Der Markenrechtsschutz ist durch verschiedene absolute (§§ 8, 3 Abs. 2) und relative Schutzhindernisse (§§ 9, 10, 12, 13, 49) begrenzt. Sämtliche absolute Schutzhindernisse sowie das relative Eintragungshindernis nach § 10 (notorisch bekannte, prioritätsältere Marke) werden vor einer Eintragung der Marke in das Markenregister vom Deutschen Patent- und Markenamt von Amts wegen überprüft. Die relativen Schutzhindernisse können hingegen erst mittels Widerspruchsverfahren oder Nichtigkeitsklagen der jeweiligen Markenrechtsinhaber geltend gemacht werden (Ingerl/Rohnke 2003, S. 169).

> Vor einer Markeneintragung überprüft das Deutsche Patent- und Markenamt das Vorliegen absoluter **Schutzhindernisse**. Relative Schutzhindernisse müssen von Seiten der jeweils Betroffenen mittels Widerspruch oder Klage geltend gemacht werden.

2.3.1 Absolute Schutzhindernisse

Grundvoraussetzung zur Erlangung von Markenschutz ist die **Markenfähigkeit** des Zeichens (§ 3 Abs. 1). Markenfähigkeit bedeutet, dass die gewählte Markierung im Markt zur Identifikation von Produkten fungieren kann (Fezer 2001, S. 206). Nicht markenfähig sind hingegen Kennzeichen, die ausschließlich aus einer Form bestehen, welche durch die Art der Ware selbst bedingt ist oder zur Erreichung einer technischen Wirkung zwingend erforderlich ist beziehungsweise der Ware einen wesentlichen Wert verleiht (§ 3 Abs. 2). Ein markenfähiges Zeichen muss somit ein Mindestmaß an gestalterischer Eigenständigkeit aufweisen. Bisher gibt es keine Entscheidung, in der Markenschutz aufgrund mangelnder Markenfähigkeit im Sinne des § 3 Abs. 1 versagt wurde.

Nicht schutzfähig sind Markierungen, denen keine **Unterscheidungskraft** zukommt (§ 8 Abs. 2 Nr. 1), da sich auf der Unterscheidungsfunktion (im Sinne der Herkunft eines Produkts aus einem bestimmten Unternehmen) der Zweck des Markenschutzes gründet.

> Eine Marke muss geeignet sein, das Angebot eines Unternehmens aus seiner Anonymität herauszuheben und damit vom Angebot eines anderen Herstellers zu **differenzieren**.

Dabei reicht bereits ein geringer Grad an Unterscheidungskraft zur Überwindung des Schutzhindernisses aus (Berlit 2005, S. 53; Schork 2006, S. 62). Der Unterschied zur Markenfähigkeit liegt darin, dass die Unterscheidungskraft konkret auf die zu kennzeichnenden Produkte abstellt, während die Prüfung auf Markenfähigkeit abstrakt erfolgt. Die Unterscheidungskraft eines Zeichens ist somit abhängig von der Art des zu kennzeichnenden Produkts (Schork 2006, S. 62). Einige Beispiele aus der Rechtsprechung können Abbildung 8 entnommen werden.

Fehlt es an Unterscheidungskraft eines Zeichens, wird diesem die Eintragung in das Markenregister verwehrt. Das Schutzhindernis ist jedoch dadurch begrenzt, dass die fehlende Unterscheidungskraft durch Verkehrsgeltung der Marke überwunden werden kann (§ 8 Abs. 3, auch Ingerl/Rohnke 2003, S. 221 f.).

2.3 Schutzhindernisse

Schutzfähigkeit bejaht (Unterscheidungskraft bejaht)	Schutzfähigkeit verneint (Unterscheidungskraft verneint)
• BONUS für chemische Erzeugnisse (unterscheidungskräftig, da es sich nicht um ein Warenmerkmal handelt, WRP 2002, S. 1073 ff.) • Bildmarke Jeans-Hosentasche für Bekleidung (da nur ein Teil der Ware dargestellt wird, WRP 2001, S. 690 ff.)	• Eventmarke FUSSBALL WM 2006 (da lediglich Bezugnahme auf Sportereignis nicht auf Anbieter, WRP 2006, S. 1121 ff.) • Farbmarke gelb für Puffreis mit Schokolade (GRUR 2005, S. 585 ff.)

Abbildung 8: Beispiele der Rechtsprechung zur Unterscheidungskraft von Markenzeichen

Außer mangelnder Unterscheidungskraft kann einer Markenanmeldung auch ein vorhandenes **Freihaltebedürfnis** entgegenstehen (§ 8 Abs. 2 Nr. 2).

Ein **Freihaltebedürfnis** liegt vor, wenn ein Allgemeininteresse (insbesondere der Wettbewerber) an der Freihaltung für bestimmte Zeichen oder Angaben besteht (Ingerl/Rohnke 2003, S. 264).

Dies ist zum Beispiel bei Angaben der Fall, die zur Konkretisierung der gekennzeichneten Waren nach ihrer Art, Beschaffenheit, Menge, geographischen Herkunft oder Zeit der Herstellung dienen. Ein Freihaltebedürfnis besteht ebenfalls für Angaben, die im allgemeinen Sprachgebrauch zur Bezeichnung des Produkts üblich geworden sind (Berlit 2005, S. 72 f.). Nicht erfasst werden jedoch Abwandlungen eines freihaltebedürftigen Begriffs (Ingerl/Rohnke 2003, S. 267). In Abbildung 9 sind beispielhaft einige Entscheidungen der Rechtsprechung zur Problematik des Freihaltebedürfnisses angeführt.

Schutzfähigkeit bejaht (Freihaltebedürfnis verneint)	Schutzfähigkeit verneint (Freihaltebedürfnis bejaht)
• AGILITY für Drähte (da hauptsächlich personenbezogene Verwendung des englischen Worts, BPatG, Az 28 W (pat) 384/03) • „à la Carte" für Bücher und Zeitschriften (Zeichen liefert keinen eindeutig beschreibenden Inhalt des Druckereierzeugnisses, WRP 1997, S. 739 ff.)	• BIOMILD (da die einzelnen Wortbestandteile Merkmale der Ware sind, GRUR 2004, S. 410 ff.) • CHARME für die Warengruppe Seifen und Parfümerien (Berlit 2005, S. 72)

Abbildung 9: Beispiele zur Rechtsprechung bezüglich des Freihaltebedürfnisses von Zeichen

Analog zur fehlenden Unterscheidungskraft kann ein Markenzeichen trotz bestehenden Freihaltebedürfnisses registriert werden, wenn sich die Marke durch Benutzung in den beteiligten Verkehrskreisen durchgesetzt hat (§ 8 Abs. 3).

Beide oben beschriebenen absoluten Eintragungshindernisse – Freihaltebedürfnis und fehlende Unterscheidungskraft – weisen in der Praxis eine sehr hohe Relevanz auf. Daneben sind in § 8 Abs. 2 Nr. 4–9 eine Reihe weiterer absoluter Schutzhindernisse geregelt, die auf **allgemeinen Gründen des öffentlichen Interesses** beruhen und selbst bei Vorliegen entsprechend hoher Verkehrsdurchsetzung nicht eingetragen werden können. Ihre praktische Bedeutung dürfte jedoch deutlich geringer sein. Ein allgemeiner Grund des öffentlichen Interesses liegt zum Beispiel bei einem Verstoß gegen die öffentliche Ordnung oder gegen die guten Sitten vor (§ 8 Abs. 2 Nr. 5). Sämtliche ordnungs- und sittenwidrige Zeichen können folglich keinen Markenschutz erlangen. Hierzu zählen Markierungen, die eine Verletzung des Schamgefühls (z. B. grob sexuelle Motive) oder religiöser Gefühle (z. B. religiöse Begriffe und Bilder) bewirken beziehungsweise rassistische Darstellungen, Negativwerbungen (z. B. Name einer Verbrecherorganisation) oder verfassungsfeindliche Zeichen beinhalten (Ingerl/Rohnke 2003, S. 305 f.). Darüber hinaus sind Markenzeichen nicht eintragungsfähig, die irreführende Angaben (§ 8 Abs. 2 Nr. 4) insbesondere hinsichtlich der Produktbeschaffenheit, der geographischen Herkunft sowie des Markenschutzes beinhalten (Ingerl/Rohnke 2003, S. 297 ff.). Demgegenüber sind fremde Personen- oder Firmennamen grundsätzlich kein absolutes Schutzhindernis, sondern werden nur im Fall einer notorisch bekannten Marke von Amts wegen berücksichtigt. Anderenfalls stellen sie ein relatives Schutzhindernis dar und können erst mittels Widerspruch oder Löschungsklage geltend gemacht werden (Ingerl/Rohnke 2003, S. 301). Zudem sind prinzipiell sämtliche Hoheitszeichen (z. B. staatliche Wappen, Flaggen, Nationalhymnen), amtliche Prüf- und Gewährzeichen sowie Zeichen zwischenstaatlicher Organisationen (§ 8 Abs. 2 Nr. 6–9) von einer Registrierung als Marke ausgeschlossen. Dieses Verbot kommt selbst dann zum Tragen, wenn der Anwendungsbereich der betreffenden Ware oder Dienstleistung sehr weit vom originären Anwendungsbereich obiger Zeichen entfernt ist (z. B. Posthorn für Sensen) und erstreckt sich auch auf Abwandlungen der Hoheitszeichen. Das Eintragungshindernis umfasst jedoch nicht historische Hoheitszeichen (Ingerl/Rohnke 2003, S. 307).

> Markenschutz wird nicht erlangt, wenn mangelnde Unterscheidungskraft des Zeichens, ein allgemeines Freihaltebedürfnis in der Warenklasse oder absolute Schutzhindernisse, die auf allgemeinen Gründen des öffentlichen Interesses (moralisch-ethische und religiöse Gründe) beruhen, vorliegen.

2.3.2 Relative Schutzhindernisse

Neben den absoluten Schutzhindernissen, die ausschließlich die Eintragung des Kennzeichens in das Markenregister einschränken, existieren weiterhin verschiedene relative Schutzhindernisse. Diese beziehen sich zumeist auf sämtliche Markenformen, werden jedoch – bis auf eine Ausnahme – nicht von Amts wegen überprüft, sondern müssen vom Markenrechtsinhaber mittels Widerspruchsverfahren oder Nichtigkeitsklagen geltend gemacht werden.

2.3 Schutzhindernisse

Die **Existenz fremder, prioritätsälterer Schutzrechte** stellt ein wesentliches relatives Schutzhindernis dar.

Unabhängig von der Art der Entstehung des Markenschutzes (Eintragung im Markenregister, Marke mit Verkehrsgeltung oder notorisch bekannte Marke) gilt im Markenrecht das Grundprinzip der **Priorität**. Dies bedeutet, dass im Kollisionsfall zweier oder mehrerer Marken ältere Kennzeichen Schutz vor jüngeren Zeichen genießen.

Demnach kann der Inhaber des prioritätsälteren Zeichens dem Inhaber des prioritätsjüngeren Rechts die Benutzung des Zeichens verbieten (Berlit 2005, S. 24 f.). Im Fall eines zeitgleichen Entstehens des Markenschutzes (z. B. Eintragung im Markenregister am selben Tag) besteht bei Kollision nach § 6 Abs. 4 eine Gleichrangigkeit der Kennzeichen (Fezer 2001, S. 345 f.).

Der **Benutzungszwang** einer eingetragenen Marke stellt ein zweites relatives Schutzhindernis dar, welches das ausschließliche Recht des Inhabers der Marke am geschützten Zeichen begrenzt.

Ansprüche aus dem Markenrechtsschutz scheitern stets dann, wenn der Markenrechtsinhaber die Marke nicht innerhalb der letzten fünf Jahre vor Geltendmachung des Anspruchs benutzt hatte (§ 25).

Zudem ist nur eine Benutzung rechtserhaltend, die nicht wesentlich von der eingetragenen Form abweicht. Hierbei muss vor allem darauf geachtet werden, dass die Marke tatsächlich für die Produkte oder Dienstleistungen genutzt wird, für die sie per Eintragung Schutz beansprucht. Dies hat zum Beispiel das Unternehmen OTTO-Versand nicht beherzigt und musste als Konsequenz eine Löschung von 27 OTTO-Marken durch ein Urteil des Bundesgerichtshof hinnehmen (Heurung 2006, S. 26 ff.). Ziel dieser Regelung ist, das Entstehen so genannter **Vorratsmarken** (d. h. Markenanmeldungen ohne Gebrauchsabsicht) zu vermindern und gleichzeitig den Markenschutz grundsätzlich zu begrenzen (Berlit 1998, S. 424; Schork 2006).

Eine weitere Grenze des Markenrechtsschutzes wird durch den in § 23 geregelten **zulässigen Drittgebrauch** der Marke begründet.

Ein Dritter bleibt berechtigt, das Markenzeichen zum Beispiel im Zubehör- oder Ersatzteilgeschäft zu verwenden oder ein identisches beziehungsweise ähnliches Zeichen als Angabe über Eigenschaften des Produkts (z. B. Beschaffenheit, geographische Herkunft) beispielsweise im Rahmen von Handelswerbung zu benutzen.

Der zulässige Drittgebrauch endet, wenn die Benutzung des Dritten gegen die guten Sitten verstößt (Berlit 2005, S. 207 f.). Die Grenze kommt zudem nicht zum Tragen, wenn ein berechtigter Widerspruch des Markeninhabers gegen den Weitervertrieb der Waren besteht. Dies ist unter anderem der Fall, wenn der Zustand der Ware vom Dritten verändert, insbesondere verschlechtert wird (§ 24 Abs. 2; Berlit 2005, S. 218 f).

Kollisionsfälle von Markenzeichen entstehen insbesondere bei Identität, Verwechslungsgefahr und Ausnutzung beziehungsweise Beeinträchtigung bekannter Marken. Aufgrund der erheblichen praktischen Bedeutung der beiden zuletzt genannten Kollisionsfälle soll hierauf im Folgenden ausführlicher eingegangen werden.

> Liegt **Verwechslungsgefahr** (§ 9 Abs. 1 Nr. 2) zwischen zwei identischen oder ähnlichen Marken vor, so hat der Inhaber des prioritätsälteren Zeichens das Recht auf Löschung des prioritätsjüngeren Markenzeichens.

Verwechslungsgefahr umfasst sowohl die **unmittelbare Verwechslungsgefahr im engeren Sinne** (Gefahr der Zeichenverwechslung) als auch die **unmittelbare Verwechslungsgefahr im weiteren Sinne** (Gefahr der Inhaberverwechslung) sowie die **mittelbare Verwechslungsgefahr im weiteren Sinne** (Vorliegen von assoziativen Verwechslungen). Während bei einer Zeichenverwechslung die kollidierenden Markenzeichen selbst miteinander verwechselt werden, ist eine Inhaberverwechslung dadurch charakterisiert, dass Marken verschiedener Hersteller demselben Unternehmen zugeordnet werden. Assoziative Verwechslungsgefahr entsteht hingegen durch das gedankliche miteinander Inverbindungbringen. So kann in den beteiligten Verkehrskreisen der Eindruck entstehen, dass die Unternehmen vertraglich oder organisatorisch miteinander verbunden sind, obwohl derartige Vertragsbindungen nicht vorliegen. Im Kollisionsfall erfolgt daher eine Prüfung aller drei Ähnlichkeitsstufen. In Abbildung 10 sind diesbezügliche Beispiele zusammengestellt (Ingerl/Rohnke 2003, S. 586 f.).

Zeichenverwechslung (unmittelbare Verwechslung im engeren Sinne)	
Bejaht	Verneint
• Farbmarkenverletzung II (Farbe Magenta wurde von einem Anbieter von Telefondienstleistungen als werbliches Gestaltungsmittel unberechtigt verwendet, BGH in WRP 2004, S. 232 ff.)	• JUWEL für Strumpfwaren/JUWEL von KLINGEL für Bekleidung (JUWEL nicht wesentlich prägender Bestandteil, da der Zusatz von KLINGEL vom Verkehr als Herkunftshinweis erachtet wird, BGH in GRUR 1996, S. 406)
Inhaberverwechslung (unmittelbare Verwechslung im weiteren Sinne)	
Bejaht	Verneint
• Bull-cap/RED BULL (gleiche Warengruppen, Verwechslungsgefahr im weiteren Sinne, BpatG 2004, Az 29 W (pat) 286/0)	• Börsengang gleichnamiger branchenverschiedener Unternehmen (OLG Frankfurt a. M. in BB 2000, S. 320 ff.)
Assoziative Verwechslung (mittelbare Verwechslungsgefahr im weiteren Sinne)	
Bejaht	Verneint
• REBE-FREUND/TRAUBEN-FREUND für Weine, Schaumweine (gemeinsamer Wortstammbestandteil assoziiert gleiche	• Zwilling/ZWEIBRÜDER (nur allgemeine Assoziation, BGH, WRP 2004, S. 1046 ff.)

2.3 Schutzhindernisse

betriebliche Herkunft, BpatGE in GRUR 1998, S. 640)	Sabèl/PUMA (springende Raubkatze ist der Natur entnommen, scherenschnittartige Darstellung von PUMA wurde nicht übernommen, EuGH in WRP 1998, S. 39 ff.)

Abbildung 10: Beispiele der Rechtsprechung zur Verwechslungsgefahr

Die **Ermittlung der Produktähnlichkeit** im Rahmen der Prüfung der Verwechslungsgefahr basiert auf der jeweiligen Verkehrsauffassung, wobei insbesondere die folgenden Grundsätze berücksichtigt werden. Ohne Bedeutung für die Ähnlichkeit ist die Verkaufs- oder Angebotsstätte der zu vergleichenden Produkte. Ein Angebot in derselben Handelskette ist demzufolge kein Hinweis auf eine mögliche Gleichartigkeit der Waren. Ebenfalls keine Bedeutung für die Beurteilung der Ähnlichkeit beziehungsweise Unähnlichkeit weist die amtliche Klasseneinteilung der betrachteten Waren auf. Selbst bei Zuordnung in verschiedene Warenklassen können die betrachteten Produkte von den beteiligten Verkehrskreisen als sehr ähnlich wahrgenommen werden. Indizien für das Vorliegen von Ähnlichkeit sind nahezu identische Abnehmerkreise, Verwendungszwecke oder Herstellungsstätten der zu vergleichenden Waren oder Dienstleistungen (Berlit 2005, S. 111 ff.).

Die Beurteilung der Ähnlichkeit von Kennzeichen einschließlich der assoziativen Verwechslungsgefahr muss stets auf dem Gesamteindruck der identischen oder ähnlichen Marken basieren (Fezer 2001, S. 677 f.). Insbesondere ist die wahrgenommene Übereinstimmung in Klang, Bild oder Sinn der Marken zu berücksichtigen (Berlit 2005, S. 130 ff.).

Für **bekannte und berühmte Marken** bestehen auch ohne konkrete Verwechslungsgefahr und über den Bereich ähnlicher Produkte hinaus Verbietungs- und Löschungsansprüche. Entsprechend den Vorschriften der § 9 Abs. 1 Nr. 3, 14 Abs. 2 Nr. 3 ist dies bei bekannten Marken der Fall, wenn

- ihre Wertschätzung ohne gerechtfertigten Grund in unlauterer Weise ausgenutzt (**Rufausbeutung**) wird,
- ihre Wertschätzung in unlauterer Weise beeinträchtigt (**Rufschädigung**) wird
- oder wenn ihre Unterscheidungskraft beeinträchtigt wird (**Verwässerungsgefahr**).

Für berühmte Marken (laut Rechtsprechung bei einem Bekanntheitsgrad von 90%, Berlit 2005, S. 151 f.) entfällt darüber hinaus die Voraussetzung der Unlauterbarkeit. Ausgewählte Beispiele finden sich in Abbildung 11.

Unzulässige Rufausbeutung	
Bejaht	**Verneint**
CHAMPAGNER als Wortbestandteil einer besonderen Birnensorte (Champagnerbratbirne) für Birnenschaumwein (BGH in WRP 2005, S. 1530 ff.) Tchibo/Rolex (BGH, WRP 1985, S. 397 ff.)	McShirt von Schnellrestaurants auf T-Shirts (OLG München Mitteilungen 1996, S. 92) I PLUS von Telefondienstleistung auf den Bau von Eigenheimen (GRUR-RR 2005, S. 344 ff.)
Rufschädigung	
Bejaht	**Verneint**
MAC Dog für Hundefutter (negative Assoziationen zu den Produkten von McDonald's, BGH, GRUR 1999, S. 161 ff.) MARS Kondome (Markenverunglimpfung, BGH, GRUR 1994, S. 808 ff.)	
Verwässerungsgefahr	
Bejaht	**Verneint**
Telefonnummer 4711 eines Taxiunternehmers (Verwässerungsgefahr der Kosmetikmarke 4711, BGH, GRUR 1990, S. 711 ff.) MICROSHELL für Schutzhelme (Verwässerungsgefahr der Marke Shell, LG München, WRP 1995, S. 883 ff.)	kinder.at als Domain für einen EDV-Dienstleister (die charakteristische Schreibweise und das schwarz gefärbten k wird nicht übernommen, OLG Wien, WRP 2003, S. 109 ff.)

Abbildung 11: Beispiele der Rechtsprechung zur Rufausbeutung, Rufschädigung und Verwässerungsgefahr bekannter bzw. berühmter Marken

2.4 Weiterverwertung von Markenrechten

Da Marken für den Markeninhaber selbständige, an kein anderes Rechtsgut gebundene Vermögensgegenstände sind, gilt für sie der Grundsatz der freien Übertragungsmöglichkeit. Hieraus resultiert, dass vorhandene Markenrechte – unabhängig von einem zugrunde liegenden Geschäftsbetrieb – weiterverwertet werden können (§ 27). Eine Marke ist daher frei verfügbar für Übertragung (z. B. Verkauf), Übergang (z. B. Vererbung), Pfändung und Zwangsvollstreckung.

Von großer Bedeutung ist die Verwertungsform der **Lizenzerteilung** (vgl. auch Abschnitt 4.1). Eine Lizenz ist im juristischen Sinne eine Form der Gebrauchsüberlassung. Die Vergabe einer Markenlizenz berechtigt daher den Lizenznehmer, die Marke zur Markierung seiner eigenen Produkte zu verwenden. Er wird auf diesem Wege rechtmäßiger Benutzer nach §§ 14, 15. Lizenzfähig sind alle eingetragenen und notorisch bekannten Marken (nach § 30 Abs. 1). Dabei sind inhaltlich sehr unterschiedliche Ausgestaltungen der Lizenz im Hinblick auf den personellen, sachlichen, zeitlichen, räumlichen und qualitativen

Umfang sowie die Lizenzentgelte möglich (§ 30 Abs. 2; Braitmayer 1998, S. 102 ff.).

Markenrechtliche Probleme ergeben sich insbesondere im Rahmen von Verstößen gegen den Lizenzvertrag. Bei Verstößen des Lizenznehmers steht dem Lizenzgeber – neben den zwischen beiden Vertragsparteien vereinbarten Vertragsstrafen – nach § 30 Abs. 2 zusätzlich die Möglichkeit zur Markenverletzungsklage zu. Darüber hinaus verliert der Lizenzgeber nicht das Recht gegen Dritte vorzugehen, die seine Markenrechte verletzen (Berlit 2005, S. 236).

Eine weitere bedeutende Verwertungsform von Marken ist der **Markenverkauf**. Nach § 27 ist auch die Veräußerung einer Marke unabhängig von einer Bindung an das Unternehmen des Markeninhabers beziehungsweise an Unternehmensteile möglich. Der Verkauf der Marke kann alle Produkte umfassen, für die sie registriert ist, oder auf einen Teil der Waren begrenzt bleiben (Berlit 2005, S. 234). Eine Marke kann folglich als eigenständiger immaterieller Vermögensgegenstand weiterveräußert beziehungsweise erworben werden. Gleiches gilt für **Pfändung und Zwangsvollstreckung** (§ 29 Abs. 1).

2.5 Markenrechtsverletzungen

2.5.1 Bedeutung der Markenpiraterie

Der Begriff der Markenpiraterie ist in jüngster Zeit immer häufiger in die Schlagzeilen geraten. So hat 2006 beispielsweise der Zoll im Hamburger Hafen über einen Zeitraum von nur dreieinhalb Monaten 117 Container mit Plagiaten im Wert von rund 383 Millionen Euro beschlagnahmt – hauptsächlich Sportschuhe, Uhren, Textilien und Spielzeug (www.spiegel.de/wirtschaft/ 0,1518,448326,00.html, Abruf: 10.1.07). Dieser in der Presse als „weltgrößter Coup gegen Markenpiraterie" bezeichnete Rekordfund verdeutlicht das Ausmaß der Markenpiraterie. Die Deutsche Industrie- und Handelskammer schätzt den jährlichen Schaden, der durch Markenfälscher entsteht, weltweit auf 500 Milliarden Euro pro Jahr. Abbildung 12 zeigt Fälschungen diverser Markenprodukte. Die beschlagnahmte Ware wird schließlich vernichtet und endet auf diese Weise zum Beispiel in Schredder- und Müllverbrennungsanlagen oder – bewusst inszeniert – unter Dampfwalzen.

Abbildung 12: Markenfälschungen

Markenpiraterie ist vom Begriff der Produktpiraterie abzugrenzen. Bei der Produktpiraterie werden die Produkte als solche nachgeahmt (z. B. Weihnachtspyramiden). Unter Markenpiraterie versteht man hingegen die illegale Verwendung von geschützten Logos, Namen und Kennzeichen; es geht also um die äußere Aufmachung von Produkten. Die Hauptursache der zunehmenden Markenpiraterie ist in der Globalisierung zu sehen. So kommen ein Drittel aller Markenfälschungen aus dem Billiglohnland China (Abbildung 13), das durch niedrige Produktionskosten auf finanzstarken Märkten hohe Gewinnmargen erzielen kann (Pothmann 2006, S. 267).

Die negativen Auswirkungen von Markenpiraterie sind nicht zu unterschätzen. Neben finanziellen Verlusten können auch immaterielle Schäden durch Vertrauensverluste in die Marke entstehen. Plagiate sind oftmals von minderer Qualität, was enttäuschte Qualitätserwartungen bei Kunden sowie Produkthaftungs- und Garantiestreitigkeiten zur Folge haben kann. Selbst gesundheitliche Schäden können durch gefälschte, minderwertige Produkte entstehen (z. B. fehlende Wirkstoffe in Medikamenten, minderwertige Bremsscheiben für Pkws). Verlorenes Vertrauen in Marken kann zudem einen Investitionsrückgang und damit einen Verlust von Arbeitsplätzen zur Folge haben, wenn enttäuschte Verbraucher in großem Maße von zukünftigen Markenkäufen Abstand nehmen. Markenpiraterie kann damit volkswirtschaftliche Schäden verursachen (Pothmann 2006, S. 268 f.; Zentralstelle Gewerblicher Rechtsschutz 2005, S. 6).

2.5 Markenrechtsverletzungen

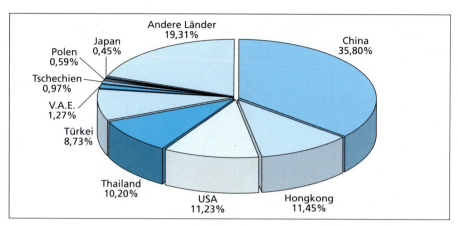

Abbildung 13: Herkunftsländer gefälschter Markenprodukte 2005
Quelle: Zentralstelle Gewerblicher Rechtsschutz 2005, S. 33.

Die Verbraucher scheinen dem Thema Markenpiraterie uneinheitlich gegenüber zu stehen. Einerseits ist es mehr als 55% aller Befragten einer TNS Infratest Online-Studie im Februar 2006 nicht egal, ob sie eine Original-Marke oder eine Fälschung kaufen. Dies sind knapp 10 Prozentpunkte mehr als im Vorjahr. Zwei Drittel der Befragten sind außerdem der Meinung, dass Fälschungen hohen wirtschaftlichen Schaden anrichten und Arbeitsplätze gefährden (Käckenhoff 2006, S. 16 ff.). Andererseits hat jeder Zweite laut einer weiteren Studie von TNS Infratest im Dezember 2006 bereits bewusst eine Fälschung gekauft, hauptsächlich aus dem Motiv heraus, Geld zu sparen (www.ntv.de/740544.html, Abruf 10.1.2007).

Eine Vielzahl von Vereinigungen bemüht sich darum, die Öffentlichkeit über das Problem der Markenpiraterie aufzuklären. So betreibt beispielsweise der 1997 gegründete Aktionskreis Deutsche Wirtschaft gegen Produkt- und Markenpiraterie e. V. (APM) offensive Öffentlichkeitsarbeit zum Thema (www.markenpiraterie-apm.de, Abruf: 10.1.2007). Die Aktion Plagiarius e. V. verleiht, ebenfalls medienwirksam, jährlich einen Negativpreis (den „Plagiarius", Abbildung 14) für besondere Dreistigkeit und Einfallslosigkeit von Marken- beziehungsweise Produktfälschern (s. auch www.plagiarius.com, Abruf: 10.1.2007).

Abbildung 14: Negativpreis „Plagiarius"

2.5.2 Ansprüche bei Markenrechtsverletzungen

Mit Eintragung der Marke in das Markenregister oder als nichtregistrierte Marke mit Verkehrsgeltung oder notorischer Bekanntheit erwirbt der Markeninhaber das alleinige Recht zur Benutzung des geschützten Zeichens (§ 14 Abs. 1).

> Wird ein Markenzeichen widerrechtlich durch Dritte verwendet, kann der Markeninhaber gegenüber dem widerrechtlichen Verwender **Unterlassungs-, Löschungs- oder Schadensersatzansprüche** geltend machen, die widerrechtlich gekennzeichneten Gegenstände **beschlagnahmen** beziehungsweise deren **Vernichtung** verlangen (Ingerl/Rohnke 2003, S. 359 ff.).

Das unbefugte Benutzen der Marke (§ 14 Abs. 2 und 3) berechtigt den Markeninhaber dazu, jeden Verletzer auf **Unterlassung** zu verpflichten, falls die Gefahr besteht, dass die Verletzung wiederholt wird (§ 14 Abs. 5, § 15 Abs. 4). Es kann dabei jede Art der Benutzung des kollidierenden Zeichens – auch eine nicht markenmäßige – untersagt werden, sofern dies nicht dem zulässigen Drittgebrauch der Marke nach § 23 entgegensteht. Die Durchsetzung des Unterlassungsanspruchs ist unabhängig von einem Verschulden des Markenrechtsverletzers (Berlit 2005, S. 171 f.; Ingerl/Rohnke 2003, S. 378 f.). Der Verletzer hat in einer ausdrücklich schriftlichen Erklärung eine Unterlassungsverpflichtung zu übernehmen (Giefers/May 2003, S. 230 f.). Der Unterlassungsanspruch wird verwirkt, sofern der Inhaber die Nutzung seiner Marke

2.5 Markenrechtsverletzungen

durch einen Dritten während eines Zeitraums von fünf aufeinander folgenden Jahren geduldet hat, obwohl er von der Benutzung Kenntnis hatte (§ 21).

Ein **Löschungsanspruch** kann für prioritätsjüngere eingetragene Marken durch den Inhaber des älteren Rechts in Form einer Vorrangklage geltend gemacht werden.

Bei Vorliegen einer schuldhaften Handlung des Verletzers (d. h. bei Fahrlässigkeit oder Vorsatz) steht dem Inhaber des prioritätsälteren Rechts ein **Schadensersatzanspruch** zu (§ 14 Abs. 6; § 15 Abs. 5). Diesen kann er nicht nur gegen das verletzende Unternehmen, sondern auch gegen den Geschäftsinhaber selbst geltend machen (§ 14 Abs. 7; § 15 Abs. 6). Von Fahrlässigkeit ist bereits dann auszugehen, wenn der Verletzer die Marke hätte kennen müssen beziehungsweise ausfindig machen können (Wahlert 1994, S. 1772). Da das Markengesetz zwar regelt, wann einem Markeninhaber bei Verletzung seiner Markenrechte ein Schadensersatzanspruch zusteht, nicht jedoch die Art der Schadensberechnung, wird hierfür auf die Rechtsprechung zum Warenzeichengesetz zurückgegriffen. Danach stehen dem Berechtigten drei mögliche Berechnungsarten zur Verfügung, wobei er jederzeit die für ihn günstigste Berechnungsart wählen kann (Berlit 2005, S. 184 f.; Ingerl/Rohnke 2003, S. 410):

- **Konkrete Schadensberechnung** nach §§ 249 ff. BGB. Diese beinhaltet die Ermittlung der aufgrund der Verletzungshandlung entstandenen tatsächlichen Vermögenseinbuße einschließlich des entgangenen Gewinns (§ 252 BGB).
- **Lizenzanalogie**, das heißt Schadensersatzzahlung in Höhe einer angemessenen Lizenzgebühr.
- **Herausgabe des vom Verletzer erzielten Gewinns** aufgrund der widerrechtlichen Markennutzung.

Für die Durchführung der erforderlichen Berechnungen ist der Verletzer zur ausführlichen Auskunft verpflichtet (§ 19).

Neben Unterlassungs- und Schadensersatzansprüchen hat der Markeninhaber zudem einen verschuldensunabhängigen **Vernichtungsanspruch** (§ 18). Dieser bezieht sich nicht nur auf die unrechtmäßig gekennzeichnete Ware, sondern umfasst auch die zur Kennzeichnung dienenden Vorrichtungen (§ 18 Abs. 2). Zudem besteht nach § 19 ein umfassender Auskunftsanspruch über Menge, Herkunft und Vertriebswege der widerrechtlich markierten Produkte, um dem Markeninhaber eine vollständige Vernichtung zu ermöglichen (Berlit 2005, S. 189 f.). Ein Vernichtungsanspruch ist ausgeschlossen, wenn die Vernichtung für den Verletzer unverhältnismäßig ist oder der durch die Verletzung entstandene Zustand anderweitig behoben werden kann (Berlit 2005, S. 187).

Neben obigen zivilrechtlichen Ansprüchen hat der Markeninhaber gemäß § 143 ebenfalls die Möglichkeit, strafrechtliche Schritte gegen den Verletzer einzuleiten, sofern dieser seine im geschäftlichen Verkehr erfolgten Handlungen vorsätzlich und widerrechtlich begangen hat. Bei Vorliegen der Strafbarkeitsvoraussetzung kann der Verletzer entweder mit einer Geldbuße oder mit einer Freiheitsstrafe von bis zu drei Jahren bestraft werden.

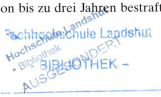

2.6 Markenrechtliche Probleme des Internets

Die Nutzung von Online-Diensten und des Internets gewinnt zunehmend an Bedeutung. Für einen effektiven Einsatz dieser Medien, zum Beispiel als Werbe- und Darstellungsplattform oder zur unmittelbaren Geschäftsabwicklung online, ist die Wahl der **Internet-Adresse (URL**, Uniform Resource Locator) ein nicht zu unterschätzender Einflussfaktor. Beispielsweise geben viele Internet-Nutzer zunächst den Unternehmens- bzw. Markennamen (in Verbindung mit einer Erweiterung wie zum Beispiel „.de", „.com" oder neuerdings auch „.info", „.biz", „.name", „.pro" oder „.coop") bei ihrer Recherche als Internet-Adresse ein (Kloos 1998, S. 50). Eine gute Domain hat Ähnlichkeiten mit einer guten Geschäftslage (Pütz-Poulalion 2006, S. 301). Daher ist es für ein Unternehmen wichtig, dass seine eigene Darstellung und nicht die eines anderen Anbieters unter dieser Adresse gefunden wird.

Eine zielentsprechende Internet-Adresse wird von Unternehmen so hoch eingeschätzt, dass hierfür mitunter sechsstellige Euro-Beträge gezahlt werden (www.sedo.de). Eine Handelsplattform für URLs bietet sedo.de.

Eine erste markenrechtliche Besonderheit im Internet entsteht bei der Verwendung von **Gattungsnamen, nicht unterscheidungskräftiger Bezeichnungen oder beschreibender Angaben**. Die Rechtsprechung stimmt in diesen Fällen abweichend von der markenrechtlichen Vorschrift in § 8 Abs. 2 einer Registrierung als Internet-Domain (z. B. wirtschaft-online.de) generell zu (Fezer 2001, S. 265).

Entsprechend der markenrechtlichen Regelung in § 14 Abs. 2 besteht ein relatives Schutzhindernis für **identische oder ähnliche Markenzeichen**, wenn zwischen den Marken Verwechslungsgefahr besteht (vgl. Abschnitt 2.3.2). Ist Verwechslungsgefahr hingegen auszuschließen, so können auch zwei identische Markenzeichen nebeneinander existieren. Dies ist bei Domain-Namen aufgrund technischer Restriktionen allerdings nicht möglich. Im Konfliktfall muss deshalb stets eine sorgsame Interessenabwägung erfolgen, da hier Entscheidungen auf Basis des Prioritätsgrundsatzes nicht gerecht wären. Eine Lösungsmöglichkeit besteht beispielsweise in einer zumutbaren Veränderung der Internet-Domain einer Partei. Die Interessenabwägung entfällt jedoch für bekannte beziehungsweise berühmte Marken (Pütz-Poulalion 2006, S. 355).

Zeitweise sehr große Bedeutung hat das Problem des so genannten **Domain-Grabbing** erhalten. Dies beinhaltet die Registrierung von Marken- oder Firmennamen beziehungsweise Namensbestandteilen bekannter Unternehmen als Internet-Domain durch Dritte mit dem Ziel, die Nutzung der Domain durch den Markeninhaber zu verhindern beziehungsweise die Adresse an den Markeninhaber mit erheblichem Gewinn zu veräußern (Biermann 1999, S. 998; Kloos 1998, S. 50). Der Markeninhaber kann gegen ein solches Domain-Grabbing rechtlich vorgehen und markenrechtliche Ansprüche, insbesondere Unterlassungs- und Beseitigungsansprüche, geltend machen (Kloos 1998, S. 50). Voraussetzung hierfür ist das Vorliegen der Markeninhaberschaft (§§ 4,

2.6 Markenrechtliche Probleme des Internets

14 Abs. 2). Zudem gilt auch im Fall der Nutzung eines Markennamens für Internet-Adressen der Prioritätsgrundsatz, das heißt der Inhaber der prioritätsälteren Marke kann gegen den Inhaber des prioritätsjüngeren Rechts vorgehen. Es ergeben sich allerdings nur dann markenrechtliche Ansprüche, wenn der Dritte die Marke im geschäftlichen Verkehr verwendet. Bei rein privaten Handlungen entfällt diese Anspruchsgrundlage. Hier entsteht ausschließlich für berühmte Marken ein Anspruch nach § 823 Abs. 1 BGB beziehungsweise im Fall einer sittenwidrigen Schädigung gemäß § 826 BGB (Biermann 1999, S. 998). Beispiele zur Rechtsprechung finden sich in Abbildung 15. Durch zahlreiche Gerichtsurteile ist das Problem des Domain-Grabbing mittlerweile zurückgegangen, da sich Unternehmen meist erfolgreich auf Kennzeichenrechte berufen können.[1]

Verletzung von Markenrechten durch Domain-Namen	
Bejaht	**Verneint**
• AHD.de delegiert für einen Domain-Grabber (1997 Registrierung der Domain durch die Beklagte, seit 2001 Führung des Firmenkennzeichens AHD durch die Klägerin; Registrierung begründet keine Kennzeichenrechte, OLG Hamburg, MMR 2006, S. 608 ff.) • ELTERN.DE für einen Internet-Dienstleister zum Thema Eltern gegenüber der Zeitschrift Eltern (LG Hamburg, K&R 1998, S. 365 f.)	• VERSICHERUNGSRECHT.DE für eine Informationsseite für Versicherungsrecht gegenüber einer gleichnamigen Zeitschrift (OLG Düsseldorf, MMR 2003, S. 177 f.)
Verwechslungsgefahr bei Domain-Namen	
Bejaht	**Verneint**
• INTER-SOFT.DE für EDV-Dienstleister gegenüber Intersoft für Software wg. Warenähnlichkeit (LG Hamburg, Magazindienst 2006, S. 253 ff.) • DIE-NEUE-POST.DE gegenüber POST wg. Dienstleistungsidentität (OLG Sachsen-Anhalt, GRUR-RR 2006, S. 256 ff.)	• COMPUTER-PARTNER.DE von einem Internetforum vs. COMPUTERPARTNER als Zeitschriftentitel (LG Düsseldorf, MMR 2006, S. 121 ff.)

Abbildung 15: Beispiele zur Rechtsprechung markenrechtlicher Probleme im Internet

Ein spezieller markenrechtlicher Aspekt ist die Verwendung fremder Kennzeichen in **Meta-Tags** (Pütz-Poulalion 2006, S. 369). Damit wird versucht, Suchmaschinenbenutzer, die das Kennzeichen eines anderen als Suchbegriff eingeben, auf die eigene Domain zu locken. Dies erfolgt durch Verwendung des

---

[1] Teilweise analog kann der Schutz von so genannten **Vanity-Rufnummern** betrachtet werden. Eine Vanity-Nummer ist beispielsweise die Nummer 0800-TELEKOM, also 0800–835356, der Deutschen Telekom. Gegen Mißbrauch besteht weitestgehend Rechtsschutz, allerdings kann wegen der Mehrdeutigkeit bei der Nummern-Buchstaben-Zuordnung die Freigabe der Rufnummer, die einer Buchstabenkombination entspricht, nicht gesichert werden (Jonas/Schmitz 2000).

Kennzeichens als Meta-Tag auf der eigenen Internet-Site. Die meisten Suchmaschinen orientieren sich an den Meta-Tags bei der Ermittlung von Treffern zu einem Suchbegriff. Daher wird bei der Suche nach dem Kennzeichen die entsprechende Site als Suchergebnis ausgegeben. Im Fall ARWIS, bei dem ein Wettbewerber ARWIS als Meta-Tag der eigenen Site verwendet hatte, hat das LG Mannheim (MMR 1998, S. 217 ff.) zugunsten des Kennzeicheninhabers entschieden. Aufgrund von Irreführung und Anlockung ist die Verwendung von Meta-Tags bei mangelndem inhaltlichen Bezug generell als wettbewerbswidrig einzustufen (Pütz-Poulalion 2006, S. 370).

Ein weiterer Spezialfall im Internet entsteht dadurch, dass Marken, die durch **Sonderzeichen** wie „&" wesentlich beschrieben werden, keine Domains mit diesem Zeichen anmelden können. Beispielsweise findet man die Firma C&A unter www.c-and-a.com. Dass sich diese Domain-Namen nicht unmittelbar erschließen, stellt einen potenziellen Nachteil für Marken mit bestimmten Sonderzeichen dar.

3 Marken verankern

Die wesentliche Ursache dafür, dass Marken einen (finanziellen) Wert für Markenanbieter haben, liegt in der Wahrnehmung von Marken durch Nachfrager begründet. Wie bereits in Abschnitt 1 skizziert, bezieht sich die Wahrnehmung im Wesentlichen auf die beiden Konstrukte **Markenbekanntheit und -image** (vgl. die Abschnitte 3.3 und 3.4), die zusammen die **Wissensstruktur einer Marke** bilden (Keller 1993, S. 2 f.). Zentrale Aufgabe einer wertorientierten Markenführung ist es, diese Wissensstruktur mit dem Ziel der Markenwertsteigerung zu gestalten. Den Ausgangspunkt der Gestaltung von Markenbekanntheit und -image bildet die Konzeption der **Markenidentität** (vgl. Abschnitt 3.1). Die Markenidentität reflektiert die strategischen Vorstellungen eines Unternehmens zur grundsätzlichen inhaltlichen Ausrichtung der Marke.

> Die **Markenidentität** ist das **Selbstbild der Marke** aus Sicht interner Zielgruppen (z. B. Führungskräfte oder Eigentümer). **Markenbekanntheit und Markenimage** determinieren das **Fremdbild**, bei dem die Marke aus den Augen externer Zielgruppen betrachtet wird.

Die Festlegung der Markenidentität dient als Basis für die **Positionierung** einer Marke. Wesentliches Ziel der Markenpositionierung ist es, die Identität der Marke unter Berücksichtigung relevanter Markt- und Kommunikationsbedin-

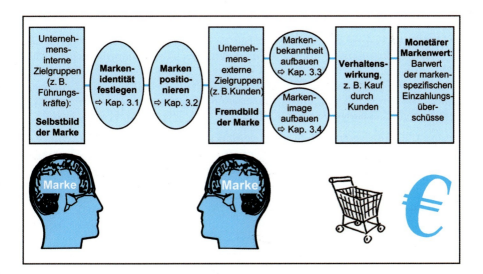

Abbildung 16: Marken verankern, um Markenwert zu generieren

gungen in eine Marktstellung umzusetzen, die von den Konsumenten im Vergleich zu Wettbewerbern als vorteilhaft angesehen wird. Durch die Markenpositionierung gilt es, die zentralen Bestandteile der Markenidentität in den Köpfen der Zielgruppen zu verankern. **Markenbekanntheit und -image** sind schließlich die Maßgrößen, inwiefern die Markenidentität durch die Positionierung der Marke im Markt erfolgreich umgesetzt wurde (Abbildung 16).

Der Zusammenhang zwischen Markenidentität, -positionierung und -image lässt sich anhand der Biermarke Jever illustrieren. Die friesisch-herbe Herkunft wird nicht nur unternehmensintern gelebt und gepflegt, sondern konnte auch erfolgreich auf das Fremdbild der Marke, das Markenimage, übertragen werden. Mit Slogans wie „Wie das Land, so das Jever" sowie der konstanten Symbolik von Wattenmeer, Leuchtturm und Dünenlandschaft konnte die traditionell regional verankerte Herkunft als Teil des Selbstbildes auf die Konsumentenwahrnehmung erfolgreich übertragen werden (Abbildung 17).

Abbildung 17: Elemente der Markenkommunikation von Jever

Ein Misfit zwischen Marktauftitt und Markenidentität kann hingegen erhebliche negative Folgen haben, wie das Beispiel Camel zeigt. Die Marke vermittelte über Jahre hinweg konstant ein prägnantes Abenteuererlebnis. Im Jahr 1990 erfolgte ein Wechsel auf eine neue Kampagne mit humorigen Geschichten rund um ein Plüschkamel. Der neue Marktauftritt kollidierte mit dem bestehenden kauftreibenden Identitätsbestandteil Abenteuer und führte zu einem drastischen Rückgang der Marktanteile (Esch/Langner/Rempel 2005, S. 107).

In den folgenden vier Abschnitten werden die zentralen Konstrukte zur Verankerung von Marken – Markenidentität, Markenpositionierung, Markenbekanntheit und Markenimage – eingehend erörtert (Abbildung 16).

3.1 Markenidentität

Die **Markenidentität** bildet die **strategische Vorgabe der Markenführung**, an der alle markenpolitischen Entscheidungen auszurichten sind. Sie ist das Fundament der Markenführung und reflektiert die strategischen Vorstellungen eines Unternehmens zur grundsätzlichen inhaltlichen Ausrichtung der Marke. Den Rahmen zur Entwicklung der Markenidentität stellen die **Unternehmensphilosophie** (Unternehmenszweck und -grundsätze) und die **Vision des Unternehmens** dar. Die Unternehmensphilosophie gibt in Verbindung mit einer Vision dem Unternehmen einen bestimmten Handlungsrahmen und eine bestimmte Handlungsrichtung vor (Abbildung 18; Dowling 2002, S. 69 ff.; Esch 2005a, S. 84 ff.). Eine ganzheitliche Markenführung muss in diesen Handlungsrahmen eingebunden werden, um ein kongruentes Markenbild nach innen wie nach außen kommunizieren zu können. Nur eine hohe Übereinstimmung zwischen Unternehmensphilosophie beziehungsweise -vision und der zu konzipierenden Markenidentität macht eine glaubwürdige Darstellung der Marke möglich (Burmann/Blinda/Nitschke 2003, S. 11).

> Die Markenidentität ist in die Unternehmensphilosophie und die Vision des Unternehmens einzubinden.

Abbildung 18: Beispiele für Unternehmensvisionen

Die Markenidentität beschreibt folglich die nach den strategischen Vorstellungen im Unternehmen wesensprägenden Merkmale einer Marke. Sie legt fest, wofür die Marke steht beziehungsweise stehen soll und bildet die Basis zur Etablierung einer Markenbedeutung bei den Konsumenten (Keller 2003, S. 75 ff.). Die Markenidentität kann somit als Wurzel der Marke interpretiert werden, die den Ausgangspunkt jeder markenpolitischen Überlegung darstellen sollte (Esch/Langner/Rempel 2005, S. 106).

> Die **Markenidentität** umfasst alle charakteristischen **Wesensmerkmale**, für die eine Marke stehen soll.

Trotz der Beschreibung der **Markenidentität als Selbstbild** der Marke entsteht diese erst im wechselseitigen Zusammenspiel mit der Markenwahrnehmung externer Bezugsgruppen (z. B. Kunden). Die Stärke der Identität wird im Wesentlichen von dem Grad der Übereinstimmung zwischen Selbst- und Fremdbild determiniert (Meffert 2004, S. 300; Kapferer 2000, S. 94). Es kann also erst dann von einer starken Markenidentität gesprochen werden, wenn die kommunizierten Identitätsmerkmale auch wie gewollt von den Kunden (und anderen Zielgruppen) wahrgenommen werden (Abbildung 19).

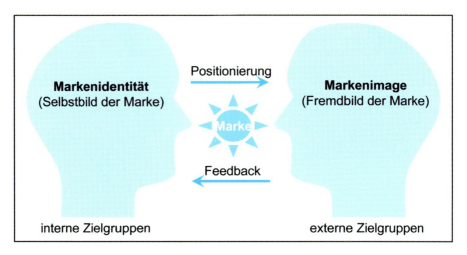

Abbildung 19: Zusammenspiel von Markenidentität und Markenimage
Quelle: Burmann/Blinda/Nitschke 2003, S. 5.

Über die grundlegende Definition der Markenidentität als Selbstbild der Marke hinaus kann diese in mehrere Komponenten zerlegt werden, welche die **wesentlichen Facetten des Identitätskonzepts** im Detail beschreiben (Burmann/Blinda/Nitschke 2003, S. 26 ff.; Burmann/Meffert 2005a, S. 79):

- **Markenherkunft:** Regionale, kulturelle und institutionelle Herkunft der Marke. Die Aspekte der Markenherkunft sind nur langfristig durch das Markenmanagement steuerbar (z. B. Mercedes als traditionsreiche Automobilmarke aus Deutschland).
- **Markenkompetenz:** Handlungspotenzial einer Organisation zur wettbewerbsgerechten Ausrichtung der Marke (z. B. Miele, die mit dem Slogan „Immer besser" das aktuell überragende Qualitätsniveau sowie eine Zielrichtung für die Zukunft vorgibt).
- **Markenleistung:** Basiert unmittelbar auf der Markenkompetenz und beschreibt, wie eine Marke vom Konsumenten genutzt werden kann. Sie beschreibt den Nutzen, den die Marke für den Verwender stiftet (z. B. Virgin, die Qualität und Innovation in Verbindung mit Flair und Humor in jeder Branche anbieten).
- **Markenvision:** Langfristige Ausrichtung der Markenentwicklung. Mit einem zugrunde liegenden Zeithorizont von 5 bis 10 Jahren ist durch die Markenvision eine Koordination der kurz- bis mittelfristigen Markenziele gewährleistet (z. B. Siemens, die mit „Understanding you better – serving you best" ausdrücken, dass Kundennähe und hoher Qualitätsstandard die Grundpfeiler jeder Fortentwicklung sind).
- **Markengrundüberzeugung:** Stellen die Grundüberzeugungen der internen Zielgruppen (Management, Mitarbeiter etc.) dar (z. B. Body Shop, die sich

3.1 Markenidentität

klar gegen Tierversuche stellen und sich für aktiven Umweltschutz aussprechen).
- **Markenpersönlichkeit:** Persönlichkeitsmerkmale der Marke, welche die Art der Markenkommunikation determinieren (z. B. Apple, die als einen wesentlichen Baustein der Markenpersönlichkeit die kreative Innovationsfähigkeit positionieren).

Es stellt sich die grundsätzliche Frage, wie die Identität einer Marke erfasst und somit gesteuert werden kann. Dabei muss zwischen bereits etablierten Marken und neu zu konzipierenden Marken unterschieden werden. Neu zu entwickelnde Marken bieten einen großen gestalterischen Spielraum zur Festlegung des Selbstbildes, da abgesehen von der Markenherkunft, die nur bedingt beeinflusst werden kann, weitere Elemente der Markenidentität noch nicht vorhanden sind. Die Identität kann also in der Regel hinsichtlich der oben erwähnten identitätsbildenden Komponenten frei gestaltet werden. Bereits etablierte Marken erfordern hingegen in regelmäßig Abständen eine Erfassung der vorhandenen Identitätsmerkmale zur exakten Bestimmung der Ist-Identität, die es im Sinne der Unternehmensvision beziehungsweise der langfristig übergeordneten Ziele der Markenführung anzupassen oder, im Falle hoher Kongruenz, zu stärken gilt. Zur Beschreibung und Erfassung der Markenidentität existiert eine Reihe von Verfahren aus Wissenschaft und Praxis (Abbildung 20). Aufgrund des hohen Detaillierungsgrades der jeweiligen Modelle wird an dieser Stelle auf eine tiefer gehende Vorstellung verzichtet.

Verfahren	Kernelemente der Markenidentität	Quelle
Brand Identity Planning Model	• Markenessenz • Kernidentität • Erweiterte Markenidentität	Aaker (1996) Aaker/Joachimsthaler (2000)
Markenidentitätsprisma	• Außen-Orientierung • Innen-Orientierung • Bild des Senders • Bild des Empfängers	Kapferer (2000)
Markenidentität nach Meffert/Burmann	• Markenphilosophie • Marke als Symbol • Marke als Produkt • Marke als Person • Marke als Organisation • Markenimage	Burmann/Meffert (2005b)
Markendiamant (McKinsey)	• Emotionaler Nutzen • Rationaler Nutzen • Intangible Assoziationen • Tangible Assoziationen	Riesenbeck/Perrey (2004)
Markenidentität nach Esch	• Markennutzen • Markentonalität • Markenbild • Markenattribute	Esch/Langner/Rempel (2005)

Abbildung 20: Verfahren zur Bestimmung der Markenidentität

3.2 Markenpositionierung

Ausgangspunkt der Markenpositionierung ist die festgelegte Markenidentität. Diese soll unter Berücksichtigung der aktuellen und zukünftigen Positionen relevanter Wettbewerbsmarken sowie der aktuellen und zukünftigen Bedürfnisse der Anspruchsgruppen **wirksam umgesetzt werden**. Dabei steht die Ableitung einer konkreten Positionierungsstrategie im Mittelpunkt, mit deren Hilfe die Markenidentität den Konsumenten möglichst gut vermittelt werden kann.

> Die **Markenpositionierung** kann als eine aktive und zielgerichtete Gestaltung der Stellung einer Marke im Markt im Hinblick auf (von Nachfragern subjektiv wahrgenommene) zentrale Dimensionen (Positionierungsdimensionen) durch Markenanbieter definiert werden (vgl. auch Brockhoff 1999, S. 136).

Hinsichtlich der Markenpositionierungsstrategien lassen sich unterschiedliche **Möglichkeiten der Positionierung auf alternativen Dimensionen** unterscheiden. Darüber hinaus können unterschiedliche Positionierungsstrategien im Hinblick auf die **zeitliche Entwicklung einer Marke** verfolgt werden. In diesem Abschnitt sollen alternative Formen von Positionierungsdimensionen sowie der zeitlichen Positionierungsentwicklungen charakterisiert und hinsichtlich ihrer Vorteilhaftigkeit beurteilt werden.

Positionierungsdimensionen

Positionierungsdimensionen stellen bei Markenpositionierungen typischerweise **Markenimagedimensionen** dar. Diese Dimensionen können in einem **Imageraum** abgebildet werden (Abbildung 21 sowie Abschnitt 3.4).

Ein solcher Imageraum zeigt die **subjektiv wahrgenommene Stellung** der eigenen Marke und der Wettbewerbsmarken sowie die Idealvorstellungen einzelner Nachfrager oder Nachfragersegmente in Bezug auf die relevanten Positionierungseigenschaften. Die räumliche Nähe zwischen einzelnen Marken ist ein Indikator für deren Austauschbarkeit aus Sicht der Nachfrager. Die räumliche Nähe zu der Idealposition gibt den Grad der Übereinstimmung der Markeneigenschaften mit den Idealvorstellungen der Nachfrager an. Auf Basis eines Imageraums lassen sich bei Kenntnis von Idealpositionen sowie Produktionskosten gewinnoptimale Positionierungen ableiten (Albers 1989, S. 134 ff.; Brockhoff 1999).

Typischerweise können nicht alle Positionierungsdimensionen in einem Imageraum abgebildet werden. Eine Positionierung erfordert eine **klare Fokussierung** auf wenige relevante Dimensionen.

> Grundsätzlich lassen sich Points-of-Difference- und Points-of-Parity-Positionierungen unterscheiden (Keller 2003, S. 131 ff.)

3.2 Markenpositionierung 59

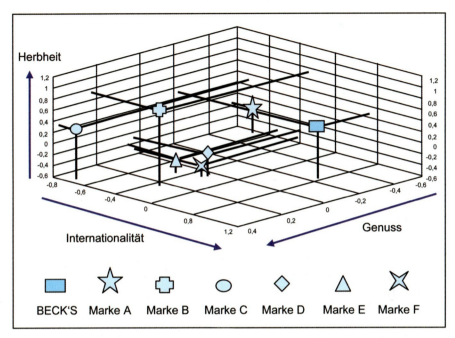

Abbildung 21: Markenpositionierung in einem Imageraum auf dem deutschen Premium-Pilsbiermarkt
Quelle: Trommsdorff/Paulssen 2005, S. 1371.

Points-of-Difference-Positionierungen erfolgen mit dem Ziel, eine Differenzierung hinsichtlich zentraler Positionierungsdimensionen gegenüber Wettbewerbern zu erreichen. Aus Abbildung 21 wird deutlich, dass sich die Marke Beck's insbesondere hinsichtlich der Dimension Internationalität von den übrigen Marken differenziert. Bei **Points-of-Parity-Positionierungen** wird die Positionierung so vorgenommen, dass Imagedimensionen die gleichen Ausprägungen wie konkurrierende Marken erhalten. Die Imagedimensionen sind entweder für sämtliche Marken einer Produktgruppe gleich (z.B. Sicherheitsaspekte bei der Geldanlage durch Banken) oder lediglich für speziell konkurrierende Marken (z.B. für Beck's und die Marke A näherungsweise die Imagedimension Genuss, Abbildung 21). Im ersten Fall handelt es sich um einen Mindeststandard für die Akzeptanz von Marken aus der Sicht von Nachfragern. Der zweite Fall wird häufig in der Weise realisiert, dass Imagedimensionen, die einen zentralen Vorteil einer konkurrierenden Marke darstellen, von der eigenen Marke ebenfalls erreicht werden und zusätzlich die eigene Marke einen Vorteil hinsichtlich anderer Dimensionen realisiert.

Eine häufig eingesetzte **spezifische Positionierungsdimension** stellt der **Preis** dar. Ein betont niedriges Preisimage wird unter anderem bei Discount-Handelsunternehmensmarken (z.B. Aldi), vielen Handelsmarken (z.B. Ja! von Rewe) und bei **Zweitmarkenstrategien** angewandt. Letztere sind dadurch gekennzeichnet, dass ein Hersteller in einem Produktbereich mehrere Marken anbietet, wobei die Zweitmarke eine vereinfachte Variante hinsichtlich Preis (und ggf. auch Qualität) gegenüber der oder den anderen im Produktbereich angebotenen Marke(n) ist (Höhl-Seibel 1994; vgl. auch Abschnitt 4.2). So bietet die zur Oetker-Gruppe gehörende Sektkellerei Söhnlein die Erstmarke Fürst von Metternich und die Zweitmarke Söhnlein Brillant an. Ein hohes Preisimage wird bei **Luxus- und Premiummarkenstrategien** realisiert (Kapferer 2001, S. 347. ff). Eine idealtypische Charakterisierung dieser Strategien in unterschiedlichen Abstufungen findet sich in Abbildung 22. Aus der Abbildung wird deutlich, dass neben dem Preis weitere, insbesondere durch die Kommunikationspolitik geschaffene Qualitätsdimensionen eine Rolle spielen.

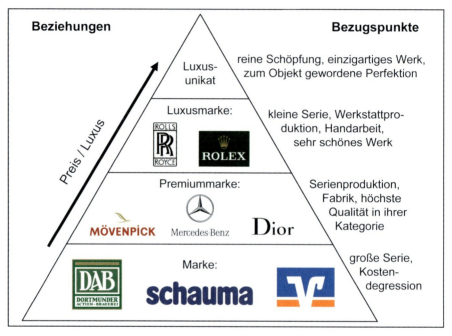

Abbildung 22: Luxusorientierung von Marken
Quelle: In teilweiser Anlehnung an Kapferer 2001, S. 352.

Qualitätspositionierungen können sich entweder auf **allgemeine Qualitätsvorstellungen** (wie im Fall der Luxus- und Premiummarkenstrategien) oder auf **spezifische Produkteigenschaften** beziehen. Spezifische Produkteigenschaften können zum Beispiel Sicherheit (Volvo), Fruchtgehalt (Schwartau-Konfitüre) oder Schnelligkeit (Federal Express) darstellen. Hierbei ist zu beachten, dass typischerweise eine Diskrepanz zwischen objektiv gemessenen und subjektiv wahrgenommenen Eigenschaften besteht. Insbesondere mithilfe der Kommunikationspolitik wird der Wahrnehmungsprozess von Produkteigenschaften systematisch beeinflusst. Eine wesentliche Komponente des Werts von Marken besteht in der Erzeugung einer (positiven) Diskrepanz zwischen objektiv gemessenen und subjektiv wahrgenommenen Eigenschaften. Beispielsweise

3.2 Markenpositionierung

wird der Fruchtgehalt von Konfitürenmarken deutlich unterschiedlich wahrgenommen, obwohl er objektiv gemessen bei den meisten Konfitüren (aufgrund gesetzlicher Vorschriften in Deutschland) gleich ist. So werden Konfitüren der Marke Schwartau infolge einer spezifischen Positionierung als überdurchschnittlich fruchtig wahrgenommen, was unter anderem zu einer überdurchschnittlichen Zahlungsbereitschaft und damit zu einem höheren Markenwert für Schwartau führt (Sattler 1991, S. 174 ff.).

> Von den dargestellten produkteigenschaftsbasierten Positionierungen sind **nicht produkteigenschaftsbasierte Positionierungen** in Form von **Markenpersönlichkeitspositionierungen** abzugrenzen (Park/Srinivasan 1994, S. 272).

Letztere sind dadurch gekennzeichnet, dass die Positionierung nicht oder nicht unmittelbar in Verbindung zu technisch-physikalischen Produkteigenschaften steht. So kann die Abenteuerwelt der Marke Marlboro nicht auf spezifische Produkteigenschaften zurückgeführt werden, wohingegen die Positionierung der Marke Roth-Händle als „starke" Zigarette in unmittelbarer Verbindung zum Teer- und Nikotingehalt steht. Nicht produkteigenschaftsbasierte Positionierungen können insbesondere in Form von **Markenerlebnispositionierungen** realisiert werden (Weinberg/Diehl 2005, S. 267 ff.). Hierdurch sollen sinnliche Erlebnisse in der Gefühls- und Erfahrungswelt von Nachfragern verankert werden. Markenerlebnispositionierungen eignen sich vor allem bei hohem emotionalen Involvement von Nachfragern. In Abbildung 23 findet sich ein Überblick zu Typen von Erlebnissen, die für eine erlebnisorientierte Markenpositionierung genutzt werden können.

Typ	Ausprägung	Beispiel	
Kulturübergreifende Erlebnisse	• Archetypen • Emotionale Schlüsselreize • Länderspezifika	• Anima, die alte Weise • **Kindchenschema** • Mittelmeerschema	
Kulturspezifische Erlebnisse	• Märchen, Mythen, Fabeln • Spezifische Emotionen • Kulturspezifische Feste	• **Reineke Fuchs** • Nostalgie, Tradition • Münchner Oktoberfest	
Subkulturelle/ zielgruppenspezifische Erlebnisse	• Lifestyles • Trends • Hobbys	• Der Romantiker • 70er Jahre • **Free-Climbing**	

Abbildung 23: Typen von Erlebnissen
Quelle: In Anlehnung an Weinberg/Diehl 2005, S. 269.

Neben produkteigenschaftsbasierten und nicht produkteigenschaftsbasierten Positionierungen existieren **Markenaktualisierungspositionierungen** (Esch/Levermann 1995, S. 9). Hierbei werden weder spezifische Eigenschaften noch Markenpersönlichkeiten vermittelt, sondern es erfolgt eine reine Thematisierung der Marke, ohne dass eine Fokussierung auf inhaltliche Dimensionen vorgenommen wird. Im Mittelpunkt steht die Vermittlung der Markenbekanntheit, die unter bestimmten Bedingungen die Markenwahl zentral determinieren kann (z. B. Chiquita-Bananen, Abbildung 24).

Abbildung 24: Chiquita Bananen

Bei der Beurteilung der **Vorteilhaftigkeit** von Markenpositionierungsalternativen spielen das **kognitive und emotionale Involvement** von Nachfragern eine zentrale Rolle (Esch/Levermann 1995, S. 9).

Bei hohem kognitiven und geringem emotionalen Involvement eignen sich in erster Linie produkteigenschaftsbasierte Positionierungen, da Nachfrager in dieser Konstellation Informationen über Produkteigenschaften aktiv und mit relativ hohem Aufwand sammeln und verarbeiten, zum Beispiel bei Angeboten aus dem Bereich der Unterhaltungselektronik (Abbildung 25).

Im umgekehrten Fall, das heißt bei geringem kognitiven und hohem emotionalen Involvement, sind Markenpersönlichkeitspositionierungen und/oder preis-/qualitätsorientierte Positionierungen prinzipiell vorteilhaft. Insbesondere Markenpersönlichkeitspositionierungen in Form von Erlebnisvermittlungen eignen sich besonders, da Erlebnispositionierungen zentral mit Emotionen verbunden sind (Kroeber-Riel/Weinberg 2003, S. 100 ff.). Ein Beispiel stellt die Marke Beck's Bier dar, die ein Frischeerlebnis durch die Darstellung einer maritimen Welt mit einem grünen Segelschiff kommuniziert (Esch 2005b, S. 141). Allgemein ist ein geringes kognitives und hohes emotionales Involvement in Produktgruppen zu finden, bei denen sich Marken nicht oder nur marginal hinsichtlich spezifischer Produkteigenschaften unterscheiden. Neben einer Markenpersönlichkeitspositionierung kommen in dieser Konstellation auch preis-/qualitätsorientierte Positionierungen zur Anwendung, beispielsweise durch Demonstration eines bestimmten Lebensstils über Luxusmarken wie zum Beispiel Rolex Uhren (Abbildung 26).

3.2 Markenpositionierung

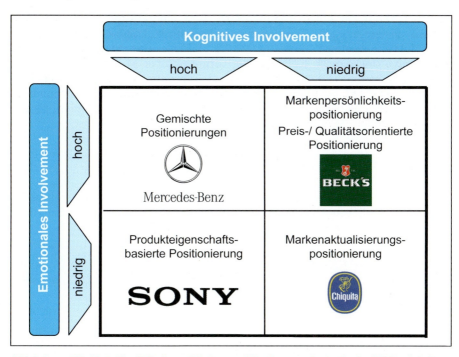

Abbildung 25: Vorteilhaftigkeit von Markenpositionierungsstrategien in Abhängigkeit vom kognitiven und emotionalen Involvement
Quelle: In teilweiser Anlehnung an Esch/Levermann 1995, S. 9.

Abbildung 26: Extravagantes Lebensgefühl und Rolex Uhren

Besteht sowohl ein hohes kognitives als auch emotionales Involvement, so können die aufgezeigten Positionierungsalternativen kombiniert werden (gemischte Positionierung). So ist die Marke Mercedes-Benz sowohl in Hinblick auf Prestige (emotionale Komponente, vermittelt über Markenpersönlichkeit) als auch Sicherheit (kognitive Komponente, vermittelt über spezifische Produkteigenschaften) positioniert. Ist schließlich weder ein hohes kognitives noch ein hohes emotionales Involvement bei Nachfragern vorhanden, so eignen sich vor allem Markenaktualisierungspositionierungen (s. o.).

Zeitliche Positionierungsentwicklung

Hinsichtlich der zweiten zentralen Dimension von Markenpositionierungsstrategien, der zeitlichen **Positionierungsentwicklung**, können drei grundsätzliche Strategiealternativen unterschieden werden:

> Im Zeitablauf gibt es aus Sicht der Markenführung die Option der Markenfortführung, der Repositionierung sowie der gänzlichen Neupositionierung einer Marke.

Bei einer **Markenfortführungsstrategie** werden die Positionierungsdimensionen und deren wahrgenommene Ausprägungen im Laufe der Zeit weitgehend konstant gehalten. Ein bekanntes Beispiel für eine sehr erfolgreiche Markenfortführungsstrategie ist Persil. Eine stabile Fortführung der Marke über Jahrzehnte hat sich in diesem Fall in der festen Verankerung der Markenposition von Persil in den Köpfen der Verbraucher ausgezahlt.

Demgegenüber erfolgt bei **Markenrepositionierungsstrategien** eine bewusste Änderung der Position. Diese kann verschiedene Zielrichtungen aufweisen (Abbildung 27). So kann versucht werden, im Laufe der Zeit **neue Imagedimensionen** aufzubauen. Zum Beispiel wurde die Zigarettenmarke West ursprünglich in den 80er Jahren mit wenig Erfolg sehr ähnlich zu Marlboro positioniert (u. a. mit dem Slogan „Let's go West"), dann jedoch in den 90er Jahren unter anderem durch die „Test the West" Kampagne mit neuen Imagedimensionen versehen. Eine weitere Möglichkeit besteht darin, **bei gegebenen Imagedimensionen deren Ausprägungen zu verändern**. Ein Beispiel stellt die Repositionierung der Haarpflegemarke Poly Kur von Ende der 80er bis Mitte der 90er Jahre dar (Büttgen/Kepper/Köhler 1996 sowie Abbildung 28). Durch die Repositionierung im Jahre 1992 wurde die Ausprägung der Imagedimension Pflegeleistung von Natürlichkeit hin zu High-Tech-Pflege geändert. Aufgrund des geringen Erfolgs wurde bereits 1994 eine erneute Repositionierung zurück zur ursprünglichen Position vorgenommen. Im gleichen Zeitraum sind die Imagedimensionsausprägungen der Marke Schauma hingegen weitgehend konstant geblieben (vgl. Abbildung 28).

Auch wenn die Ausprägungen von Imagedimensionen im Laufe der Zeit konstant bleiben, kann die **Wahrnehmung der vorhandenen Ausprägungen aktualisiert werden**. Eine Extremform stellt eine Markenrevitalisierungsstrategie

3.2 Markenpositionierung

Zielrichtung	Ausprägung	Beispiel
Imagedimensionen	• Neu	West
	• Alt	Marlboro
Imagedimensions-ausprägung	• Neu	Schwarzkopf POLY KUR
	• Alt	schauma
Imagedimensions-ausprägung	• Aktualisiert	Bluna
	• Nicht aktualisiert	VIVIL
Idealposition	• Beeinflusst	Fisherman's Friend
	• Nicht beeinflusst	König Pilsener

Abbildung 27: Alternativen der Markenpositionierungsentwicklung

dar (vgl. auch Abschnitt 4.5), bei der (teilweise nur noch latent) vorhandene Imagedimensionsausprägungen aktualisiert werden, wie zum Beispiel bei der Revitalisierung der Marke Bluna Ende der 90er Jahre. Schließlich kann eine Markenrepositionierung durch **Beeinflussung der Idealpositionen** von Nachfragern vorgenommen werden. Die Idealvorstellungen von Nachfragern werden hierbei nicht als Datum angesehen, sondern als aktiv beeinflussbar. Beispielsweise ist es der Marke Fisherman's Friend (Pastillen) gelungen, eine spezifische Geschmacksrichtung bei einer relativ breiten Zielgruppe als neue Idealausprägung zu positionieren.

Die dritte Strategieoption der zeitlichen Positionierungsentwicklung ist die **Neupositionierung**. In diesem Fall ist das Ziel die Erschließung eines völlig neuen Imageraums. Wesentlich ist, dass die Zielgruppe, die mit der Neupositionierung der Marke erreicht werden soll, groß genug ist, um eine ökonomisch sinnvolle Marktbearbeitung zu ermöglichen. Eine solche Neupositionierung kann notwendig werden, wenn Wettbewerber im ursprünglichen Imageraum zu dominant hinsichtlich einzelner Imagedimensionen sind beziehungsweise die eigene Position zu weit von der Idealposition entfernt ist (Esch 2005b, S. 155 f.). Ein Beispiel für die Erschließung eines neuen Imageraums ist die Marke Audi. Durch eine Neupositionierung hinsichtlich der Dimensionen innovative Technik und Sportlichkeit (und weg vom „Biedermann-Image") ist es gelungen, neue Imagedimensionen zu besetzen und damit die eigene Wettbewerbsposition erheblich zu verbessern (Abbildung 29).

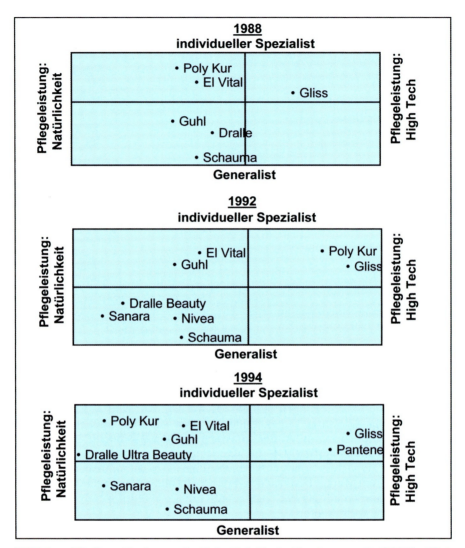

Abbildung 28: Repositionierung der Marke Poly Kur im Haarkurenmarkt 1988 bis 1994
Quelle: Büttgen/Kepper/Köhler 1996, S. 61 ff.

Die **Vorteilhaftigkeit beziehungsweise Chancen und Risiken** der skizzierten Alternativen zur Positionierungsentwicklung lassen sich nur schwer allgemein beurteilen.

Repositionierungen oder vollständige Neupositionierungen erfordern typischerweise **erhebliche Kommunikationsanstrengungen** und damit verbundene hohe Budgets.

3.2 Markenpositionierung

Abbildung 29: Audi-Kampagnen im Vergleich

Sie sind zudem nur langfristig realisierbar, da Markenimages im Allgemeinen nicht kurzfristig beeinflussbar sind. Allgemein sind die Kosten der Repositionierung umso höher, je weiter die neue Position von der alten entfernt ist und je stärker die bisherige Position der Marke im Verbraucherbewusstsein verankert ist. Weiterhin besteht die Gefahr, dass bisherige Zielgruppen nach der Repositionierung weniger gut erreicht werden und es zudem bei einem Misserfolg der Repositionierung zu einer Imageverwässerung kommen kann. Von daher ist die Gestaltungsfreiheit von Repositionierungen eingeschränkt.

Eine mehr oder weniger stark ausgeprägte Repositionierung beziehungsweise eine Neupositionierung kann insbesondere dann vorteilhaft sein, wenn die ursprüngliche Positionierung nicht erfolgreich war, zentrale Imagedimensionen an dynamische Komponenten, wie zum Beispiel Zeitgeistvorstellungen oder technischen Fortschritt, gekoppelt sind und damit die aktuelle Positionierung nicht mehr zieladäquat ist, Idealvorstellungen sich verändern (insbesondere in Märkten mit hoher Bedeutung von Variety-Seeking, Helmig 1997) oder der mit der ursprünglichen Positionierung anvisierte Markt starken (extern bedingten) Schrumpfungsprozessen unterliegt (Aaker 1996, S. 216 ff.). Auch der Markteintritt neuer Wettbewerber oder neuer Produkte kann die Produktperzeption verändern und damit Repositionierungen erforderlich machen (Brockhoff 1999, S. 47). Zum Beispiel hatte sich Mercedes-Benz insbesondere durch den Erfolg von neuen BMW-Automobilen dazu entschlossen, das Image der Marke Mercedes in Richtung einer sportlichen Dimension zu repositionieren, unter anderem durch die Einführung des Mercedes 190 sowie ein Engagement im Motorsport.

Obwohl Repositionierungen in einigen Fällen angemessen oder sogar notwendig sind, ist typischerweise eine gleich bleibende Positionierung über eine Vielzahl von Jahren hinweg Erfolg versprechend (Aaker 1996, S. 219 ff.).

> Langfristig konsistent vermittelte Wissensstrukturen über Marken können zum Aufbau von Wettbewerbsvorteilen führen.

Es kann versucht werden, bestimmte Positionen mit einem „Monopol" zu besetzen (z. B. maskuline Imagekomponenten durch Marlboro oder das „Marlboro Country") oder Kostenvorteile der Positionierung aufzubauen (Aaker 1996, S. 222 f.). Der zuletzt genannte Punkt resultiert daraus, dass üblicherweise die Erhaltung einer über einen langen Zeitraum hinweg aufgebauten starken Marke einfacher und damit kostengünstiger ist.

Trotz der vorgebrachten Argumente für eine gleich bleibende Positionierung findet man in der Praxis nur wenige diesbezügliche Beispiele wie etwa Marlboro oder Persil. Schwierigkeiten bei der Realisierung einer langfristig gleich bleibenden Positionierung resultieren unter anderem aus psychologischen Faktoren bei markenverantwortlichen Führungskräften oder strategischen Fehlkonzeptionen (Aaker 1996, S. 224 ff.). Zu ersteren zählen Faktoren wie ein Hang zum Aktionismus, ein wahrgenommener Druck zur Veränderung infolge zu ehrgeiziger Ziele oder ein häufiger personeller Wechsel bei den Markenverantwortlichen. Zu strategischen Fehlkonzeptionen kann es kommen, weil eine zu starke Fokussierung auf vermeintlich neue Trends vorgenommen wird oder Strategien vorschnell als veraltet angesehen werden. Als Beispiel mag eine Aussage des Werbegurus Ross Reeves dienen: „When asked why his agency was billing its Anacin client so much, given that it just kept running the same commercial, he replied that it was expensive to convince the client managers not to change the advertising" (Aaker 1996, S. 228).

3.3 Markenbekanntheit

Die Konzeption der Markenidentität und die Entscheidung über eine geeignete Positionierungsstrategie können als Aktionsebene der Markenführung beschrieben werden. In beiden Fällen ist eine aktive Gestaltung der jeweiligen Komponenten durch das Management notwendig. Inwieweit die angestrebte Vermittlung der Markenidentität durch die Positionierung der Marke als erfolgreich bezeichnet werden kann, hängt von den aufgebauten Wissensstrukturen der Konsumenten in Form von Markenbekanntheit und -image ab (Abbildung 16). Entsprechend kann hier von der Wirkungsebene der Markenführung auf Seite der Anspruchsgruppen gesprochen werden (Meier-Kortwig/Stüwe 2000, S. 190). Im Sinne eines Markencontrollings gilt es, die tatsächliche Wahrnehmung der Markenelemente mit der angestrebten Position zu vergleichen und den Erfolg der Markenführungsaktivitäten zu überprüfen (Esch/Langner/Rempel 2005, S. 127 f.).

In diesem Abschnitt wird die Markenbekanntheit als Komponente der Wissensstruktur einer Marke näher betrachtet. Das Markenimage ist Gegenstand von Abschnitt 3.4.

> Die **Markenbekanntheit** (Brand **Awareness**) beinhaltet die Fähigkeit potenzieller Nachfrager, ein Markenzeichen zu erinnern (Brand **Recall**) oder wieder zu erkennen (Brand **Recognition**).

Dabei muss gewährleistet sein, dass die Kenntnisse hinsichtlich der Marke einer Produktkategorie zugeordnet werden können (Aaker 1991, S. 61). Sofern eine Marke in mehreren Produktkategorien vertreten ist, kann sich die Zuordnung auch auf mehrere Kategorien erstrecken. In jedem Fall ist die ausschließliche Bekanntheit eines bestimmten Zeichens ohne Kenntnis der relevanten Produktkategorie(n) nicht ausreichend. Wird zum Beispiel auf einem Tennisturnier über Banden die Uhren-Marke Ebel beworben, so wird hierdurch nur dann die Markenbekanntheit gefördert, wenn eine Zuordnung des Markennamens zur Produktkategorie Uhren vorgenommen werden kann.

Markenbekanntheit kann auf einem Kontinuum gemessen werden, das von einer extrem vagen Vorstellung reicht, eine Marke in einer Produktkategorie einmal wahrgenommen zu haben, bis hin zur festen Überzeugung, die Marke sei die in der Produktkategorie einzig verfügbare.

> Markenbekanntheit kann nicht nur als dichotome (eine Marke ist bekannt oder unbekannt), sondern auch als **kontinuierliche Größe** verstanden werden.

Die Intensität der Markenbekanntheit wird durch eine Vielzahl von Faktoren beeinflusst:

- Ausmaß der erinnerten **Bestandteile** des Markenzeichens,
- Ausmaß der wahrgenommenen **Aktualität** und **Vertrautheit** des Markenzeichens,
- **Urteilssicherheit** hinsichtlich Markenerinnerung und Produktkategoriezuordnung,
- Ausmaß der notwendigen **Unterstützung** zur Erlangung einer Markenerinnerung,
- **Leichtigkeit** der Markenerinnerung und Produktkategoriezuordnung,
- **Anzahl der erinnerten Marken** pro Produktkategorie,
- Anzahl der **Kauf- und Verwendungssituationen**, in denen eine Markenerinnerung erfolgt,
- **Anzahl der Produktkategorien**, denen ein bestimmtes Markenzeichen zugeordnet wird und
- zugeordnete **Produktkategoriebreite**.

Erinnerte Bestandteile

Beim ersten Faktor geht es darum, welche und wie viele Bestandteile eines Markenzeichens erinnert werden (Abbildung 30). Markennamensbestandteile sind unter anderem Markennamen (z. B. Marlboro), Schrifttypen eines Markennamens (z. B. der spezifische Schriftzug der Marke Nivea), Farben eines Markenzeichens (z. B. blau und weiß bei Nivea), Logos (z. B. der Mercedes-Stern), Charaktere (z. B. der Michelin-Mann bei Michelin), Slogans (z. B. Persil – da weiß man, was man hat), Jingles (z. B. die fünf Töne, die bei Spots der Deutschen Telekom verwendet werden) und Verpackungen (z. B. die spezifische Flaschenform der Whiskey-Marke Dimple).

Definiert man die Markenbestandteile eines Markenzeichens sehr weit, so können auch Elemente betrachtet werden, die in einer sehr engen Beziehung zum Markenzeichen stehen. Zu diesen Elementen können zum Beispiel das Herkunftsland einer Marke (z. B. VW als deutsches Auto) oder mit der Marke in enger Verbindung stehende berühmte Persönlichkeiten (Celebrity Endorser) zählen (z. B. Thomas Gottschalk und Haribo).

Abbildung 30: Beispiele für erinnerte Markenbestandteile

Aktualität/Vertrautheit

Markenbekanntheit kann unterschiedliche Grade an Aktualität und Vertrautheit im Hinblick auf die wahrgenommenen Bestandteile eines Markenzeichens aufweisen. Eine geringe Aktualität liegt beispielsweise dann vor, wenn ein Markenname zwar erinnert werden kann, jedoch der letzte Kontakt mit dem Zeichen, zum Beispiel in Form einer Werbeanzeige oder eines Kaufs, sehr weit zurückliegt. Eine geringe Vertrautheit ist beispielsweise dann gegeben, wenn Nachfragern trotz der Bekanntheit spezifischer Markenzeichenelemente die Marke weitgehend fremd erscheint, beispielsweise weil nur wenige bisherige Kontakte mit der Marke vorliegen.

Urteilssicherheit

Vielfach wird eine Person nicht mit Sicherheit wissen, ob eine Marke beziehungsweise spezifische Markenbestandteile bekannt sind und/oder welcher Produktkategorie die Marke zuzuordnen ist. Insofern kann die Urteilssicherheit hinsichtlich der Markenbekanntheit eingeschränkt sein. Beispielsweise kann sich eine Person darin unsicher sein, ob Cool Water lediglich eine vertraute Wortkombination oder ein Markenzeichen ist und ob diese Marke ein Parfum oder einen Freizeitpark bezeichnet.

Unterstützung

Um vorhandenes Wissen im Hinblick auf Markenbekanntheit abrufen zu können, bedarf es mitunter einer Unterstützung. Diese Unterstützung kann zum Beispiel die Vorgabe eines Markennamens oder eines kompletten Markenzeichens umfassen (Brand Recognition) oder lediglich die Nennung einer mehr oder weniger eng abgegrenzten Produktkategorie, Kauf- oder Verwendungssituation (Brand Recall) beinhalten.

Leichtigkeit

Nicht nur die korrekte Erinnerung (bzw. Wiedererkennung) von Markenzeichenbestandteilen determiniert die Stärke der Markenbekanntheit, sondern auch die Leichtigkeit, mit der diese Bestandteile erinnert werden können (Keller 1993, S. 12). Maße für die Leichtigkeit der Erinnerung sind das notwendige Ausmaß der Unterstützung zur Erlangung von Markenerinnerung (s. o.), die Schnelligkeit der Erinnerung oder die Reihenfolge der erinnerten Marken in einer bestimmten Produktkategorie. Letzteres Maß wird häufig in Form der „**Top-of-Mind**-**Marke**" operationalisiert (z. B. Coca Cola im Bereich Erfrischungsgetränke), also der Marke, die in einer Produktkategorie als erstes erinnert wird (Aaker 1991, S. 62).

Marken pro Produktkategorie

Die Anzahl der erinnerten Marken in einer Produktkategorie (Awareness Set) determiniert wesentlich das Konkurrenzumfeld einer Marke. Ein besonders hoher Grad an Markenbekanntheit liegt vor, wenn eine Marke von einem hohen Anteil potenzieller Nachfrager als die einzige bekannte Marke in der Produktkategorie angesehen wird (Aaker 1996, S. 15 f.).

Kauf-/Verwendungssituation

Der Grad der Markenbekanntheit wird weiterhin determiniert durch die Anzahl der Kauf- und Verwendungssituationen, in denen eine Markenerinnerung erfolgt. Keller (2003, S. 77) spricht in diesem Zusammenhang von der Breite der Markenerinnerung. Im Idealfall sollte die Marke in möglichst vielen Situationen ins Gedächtnis gerufen werden, insbesondere wenn ein Kauf oder eine Verwendung in Betracht gezogen wird.

Anzahl Produktkategorien

Wird eine Marke (infolge von Markentransfers) in mehreren Produktkategorien angeboten, so kann in jeder dieser Produktkategorien Markenbekanntheit entstehen. Mit zunehmender Anzahl von Produktkategorien wird auch die Breite der Markenerinnerung erhöht (s. o. „Kauf-und Verwendungssituation"). Ist eine Marke in einer Vielzahl von Produktkategorien vertreten, kann hierdurch jedoch auch die Sicherheit der Zuordnung der Marke zu einer einzelnen Produktkategorie (s. o. „Urteilssicherheit") beeinträchtigt werden. Beispielsweise mögen viele Nachfrager unsicher sein, ob unter der stark integrierten

Marke Nivea ein Produkt in der Kategorie Rasiercremes angeboten wird oder nicht.

Produktkategoriebreite

Die Intensität der Markenbekanntheit wird schließlich durch die Breite der Produktkategorie beeinflusst, innerhalb derer die Zuordnung einer Marke (noch) möglich ist. Kann beispielsweise für die Marke Kelts lediglich angegeben werden, dass es sich hierbei um ein Getränk handelt (große Produktkategoriebreite), so ist die Markenbekanntheit geringer einzustufen, als wenn die Marke als ein alkoholfreies Premiumbier (geringe Produktkategoriebreite) eingestuft werden kann.

Je nach Ausprägungsgrad der neun Faktoren entsteht eine mehr oder minder hohe Markenbekanntheit (ein detaillierter Überblick zu verschiedenen Verfahren der Messung von Markenbekanntheit findet sich bei Keller 2003, S. 453 ff.; Srull 1984, S. 1 ff.). Die Intensität der Markenbekanntheit beeinflusst wiederum die Kaufentscheidung von Marken und kann damit zu einer wesentlichen Wertkomponente einer Marke werden.

Die Beeinflussung der Kaufentscheidung durch Markenbekanntheit beruht zunächst darauf, dass die **Markenbekanntheit** eine **notwendige Bedingung** zum Aufbau eines Markenimages ist. Entsprechend hat die Markenbekanntheit einen wesentlichen, wenn auch mittelbaren Einfluss auf die Kaufentscheidung.

Die Kommunikation spezifischer Wissensstrukturen als Bestandteil von Markenimages (z. B. über Werbung) ist üblicherweise sinnlos, solange diese Wissensstrukturen nicht einer bekannten Marke zugeordnet werden können.

Das Markenzeichen dient als eine Art von Karteikarte oder File, worauf die Wissensstrukturen gespeichert werden können. In Abhängigkeit von der Intensität der Markenbekanntheit können mit der Marke verbundene Imagedimensionen mehr oder weniger leicht abgerufen werden (Keller 2003, S. 67 ff.).

Hiervon weitgehend unabhängig kann eine mehr oder minder **bekannte Marke als Signal** für die Qualität der unter der Marke angebotenen Produkte fungieren (Aaker 1996, S. 11). So können ausschließlich infolge einer hohen Markenbekanntheit von einem Nachfrager folgende Attributionen vorgenommen werden: Die Ursache für die hohe Bekanntheit der Marke X liegt darin, dass sie stark beworben wurde, seit langem auf dem Markt ist, weit distribuiert ist, erfolgreich ist und von vielen verwendet wird (Aaker 1991, S. 65). Diese Attributionen müssen keineswegs mit spezifischen Markenimagedimensionen in Verbindung stehen, sondern können allein aufgrund der Markenbekanntheit vorgenommen werden. Der Einfluss von Markenbekanntheit auf Kaufentscheidungen liegt auch darin begründet, dass mit zunehmender Markenbekanntheit die Wahrscheinlichkeit steigt, dass eine Marke in das **Consideration Set** (Menge der grundsätzlich akzeptablen Marken innerhalb einer

Produktkategorie) aufgenommen wird (Nedungadi 1990; Shocker et al. 1991). Weitere Studien zeigen, dass unter bestimmten Bedingungen ausschließlich Markenbekanntheit die Kaufentscheidung determinieren kann, insbesondere bei niedrigem Involvement (Hoyer/Brown 1990, S. 145 ff.; Steffenhagen 1976, S 725 ff.).

In den meisten Situationen ist allerdings der unmittelbare Einfluss der Markenbekanntheit auf die Kaufentscheidung begrenzt. Ergänzend wird das Markenimage zum entscheidenden Faktor. Dementsprechend können Agarwal/Rao (1996) empirisch einen starken Zusammenhang zwischen markenimageverwandten Konstrukten und Kaufintention, jedoch nur einen schwachen Zusammenhang zwischen Markenbekanntheit und Kaufintention messen (auch Francois/MacLachlan 1995, S. 328 ff.).

3.4 Markenimage

Das **Markenimage** kann als Wahrnehmung einer Marke, die in Form von Markenassoziationen im Gedächtnis von Nachfragern repräsentiert sind, definiert werden (Keller 1993, S. 3).

Neben dieser Definition existiert eine Vielzahl weiterer Ansätze zur Beschreibung des Markenimagebegriffs (Dobni/Zinkhan 1990, S. 111 ff.).

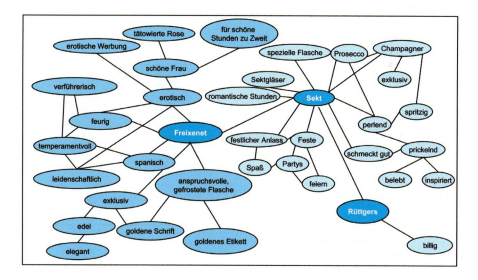

Abbildung 31: Semantisches Netzwerk am Beispiel der Marke Freixenet
Quelle: Esch 2005a, S. 542.

Die **Markenassoziationen** verkörpern die neben der Markenbekanntheit eigentliche inhaltliche Wissensstruktur einer Marke aus der subjektiven Sicht von Nachfragern. Die Wissensstruktur kann zum Beispiel in Form semantischer Netzwerke abgebildet werden. Ein entsprechendes Beispiel für die Marken Freixenet und Rüttgers ist in Abbildung 31 wiedergegeben. Es wird deutlich, dass Freixenet eine Vielzahl einzigartiger Assoziationen (z. B. feurig, spanisch, erotisch) besitzt, während die Konkurrenzmarke Rüttgers in erster Linie mit der Assoziation „billig" verbunden wird.

Die mit dem Markenimage verbundenen Markenassoziationen werden so definiert, dass sie nicht nur kognitive Bestandteile beinhalten (wie der Bezug zu Wissensstrukturen auf den ersten Blick suggerieren könnte), sondern auch affektive und intentionale Komponenten (vgl. allgemein z. B. Kroeber-Riel/ Weinberg 2003, S. 189 ff.). Markenimage soll hier inhaltlich mit **Markeneinstellung** gleichgesetzt werden. Verdichtet man die einzelnen Markenassoziationen zu einer eindimensionalen Größe, so kann dies in Form eines Gesamtnutzenwerts einer Marke operationalisiert werden. Von daher werden hier eindimensionale Maße des Markenimages beziehungsweise der Markeneinstellung mit **Markennutzen** gleichgesetzt (zu einer Diskussion dieser Begriffe vgl. Böcker 1986, S. 554 ff.)

Dimensionen des Markenimages

Eine umfassende Typisierung von Markenassoziationen als Komponenten eines Markenimages nimmt Keller (1993, S. 3 ff.) vor (Abbildung 32). Auf einer ersten Ebene werden verschiedene **Arten von Markenassoziationen** unterschieden. Diese werden danach eingeteilt, wie viele Informationen in den Assoziationen enthalten sind. Nach der Einteilung von Keller sind die meisten Assoziationen in Einstellungen vorhanden, gefolgt von Benefits und schließlich bestimmten Eigenschaften. Die Typisierung in Einstellungen, Benefits und Eigenschaften ist nicht überschneidungsfrei.

Eigenschaften (Abbildung 32) stellen Charakteristika von Produkten aus der subjektiven Sicht von Nachfragern dar. Die Eigenschaften umfassen zum einen technologisch-physikalische Komponenten einer Ware beziehungsweise notwendige Basiskomponenten einer Dienstleistung. Diese produktbezogenen Eigenschaften determinieren unmittelbar die Leistung (Performance) eines Produkts. Zum anderen werden nicht produktbezogene Eigenschaften unterschieden. Sie können den Kauf- oder Verbrauchsprozess beeinflussen, stehen jedoch nicht in unmittelbarem Zusammenhang zur Produktleistung beziehungsweise Produktperformance. Als Beispiele nennt Keller (1993, S. 4) Vorstellungen in Bezug auf die typischen Produktnutzer sowie gängige Nutzungssituationen. Ebenso kann die Produktverpackung als nicht produktbezogene Eigenschaft verstanden werden. Die Beispiele machen bereits deutlich, dass die Abgrenzung von produkt- und nicht produktbezogenen Eigenschaften im Einzelfall mit Problemen behaftet ist. Nicht produktbezogene Eigenschaften werden in weitere Typen untergliedert (Abbildung 32). Nutzer- und Nutzungsvorstellungen können direkt über eigene Erfahrungen von Nachfragern

3.4 Markenimage

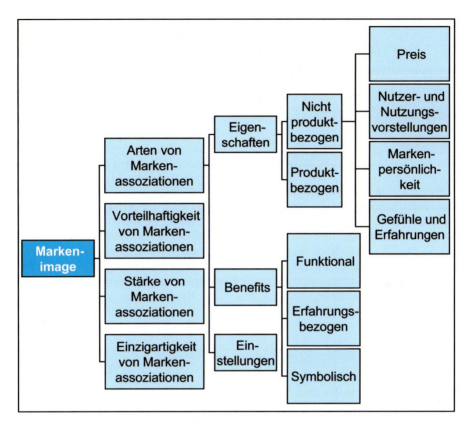

Abbildung 32: Dimensionen des Markenimages nach Keller
Quelle: Keller 1993, S. 7.

und Kontakte mit Verwendern der Marke oder indirekt durch Kommunikationsmaßnahmen von Herstellern sowie durch andere Informationsquellen (z. B. Word- Of-Mouth) gebildet werden. Wie viele andere Autoren (z. B. Aaker 1997, S. 347 f.) nimmt Keller an, dass eine Marke auch eine Persönlichkeit annehmen kann, die ähnlich wie Menschen wahrgenommen und gefühlsmäßig erlebt wird.

Genau wie eine **Person** kann eine **Marke** zum Beispiel als modern, altmodisch, interessant oder zuverlässig wahrgenommen werden.

Eine Übersicht zu Markenpersönlichkeitsdimensionen aus dem US-amerikanischen Raum findet sich in Abbildung 33. Die dargestellten Facetten der Markenpersönlichkeit beruhen auf einer breit angelegten empirischen Studie von Aaker (1997).

Aufrichtigkeit	Erregung/ Spannung	Kompetenz	Kultiviertheit	Robustheit
• bodenständig • ehrlich • gesund • heiter	• gewagt • temperament- voll • phantasievoll • modern	• zuverlässig • intelligent • erfolgreich	• vornehm • charmant	• naturver- bunden • zäh

Abbildung 33: Dimensionen der Markenpersönlichkeit (USA)
Quelle: Aaker 1997, S. 352.

Aufgrund von kulturspezifischen Besonderheiten (vgl. auch Abschnitt 4.4), die einen Einfluss auf die relevanten Dimensionen der Markenpersönlichkeit haben, wurde von Mäder (2005, S. 113 ff.) eine vergleichbare Studie für Deutschland durchgeführt. Abbildung 34 gibt einen Ausschnitt des Ergebnisses wieder. Es wird deutlich, dass in Deutschland andere Persönlichkeitsmerkmale zentral sind als in den USA. So stellt beispielsweise die Natürlichkeit eine zentrale Kategorie dar, deren Bedeutung im amerikanischen Persönlichkeitsinventar deutlich geringer ist. Die hohe Relevanz des Umweltthemas in Deutschland spiegelt sich somit auch in den Persönlichkeitsdimensionen wider.

Attraktivität	Verlässlichkeit	Temperament	Stabilität	Natürlichkeit
• extravagant • ästhetisch • sinnlich	• kompetent • vertrauens- würdig	• progressiv • einfallsreich	• unschlagbar • zeitlos	• natürlich • naturnah • frisch

Abbildung 34: Dimensionen der Markenpersönlichkeit (Deutschland)
Quelle: Mäder 2005, S. 115.

Eine positiv wahrgenommene Markenpersönlichkeit kann bei Nachfragern unter anderem zu einer Identifikation mit der Marke führen und damit eine hohe Markenbindung erzeugen.

Einen zweiten Grundtyp von Markenassoziationen bilden nach Keller **Benefits** (Abbildung 32). Sie stellen den persönlichen Nutzen dar, der mit einem Produkt verbunden wird. Die Benefits werden in funktionale, erfahrungsbezogene und symbolische Benefits untergliedert. Erstere sind üblicherweise mit produktbezogenen Eigenschaften verbunden, wohingegen symbolische Benefits typischerweise mit nicht produktbezogenen Eigenschaften korrespondieren. Erfahrungsbezogene Benefits stehen sowohl mit produktbezogenen als auch mit nicht produktbezogenen Eigenschaften in Verbindung.

Den dritten Grundtyp von Markenassoziationen stellen **Einstellungen** dar (Abbildung 32). Sie weisen den höchsten Informationsgehalt auf. Einstellungen umfassen eine ganzheitliche Einschätzung einer Marke, indem zum Beispiel Eigenschaften oder Benefits einer Marke mit der Vorziehenswürdigkeit dieser Eigenschaften kombiniert werden.

Die beschriebenen Assoziationstypen der Eigenschaften, Benefits und Einstellungen können hinsichtlich ihrer Vorteilhaftigkeit, Stärke und Einzigartigkeit variieren (Abbildung 32). Die **Vorteilhaftigkeit** umschreibt hauptsächlich, welche Bedeutung Eigenschaften oder Benefits aus der Sicht von Nachfragern für Kaufentscheidungen haben. Die **Stärke** von Assoziationen determiniert in erster Linie, mit welcher Wahrscheinlichkeit sie erinnert und bei Kaufentscheidungsprozessen verwendet werden. Schließlich erfasst die **Einzigartigkeit** von Assoziationen, in welchem Ausmaß sie mit konkurrierenden Marken geteilt werden (vgl. auch das Beispiel Freixenet versus Rüttgers in Abbildung 31). Besitzt eine Marke exklusiv eine oder mehrere Assoziationen, die zudem eine hohe Stärke und Vorteilhaftigkeit aufweisen, so können hieraus strategische Wettbewerbsvorteile entstehen.

Markenimagemessung

Der zu Beginn von Abschnitt 3 dargestellte Zusammenhang zwischen konzeptioneller Definition der Markenidentität und deren Umsetzung durch die Markenpositionierung verdeutlicht, dass eine regelmäßige Erfassung des Markenimages ein zentraler Bestandteil des Markencontrollings ist. Nur eine umfassende Bestimmung der Konsumentenwahrnehmungen zu den wichtigsten Identitätsbestandteilen kann Erkenntnisse über den Erfolg der Markenpositionierung geben.

> Die Messung des Markenimages ist für die Markenführung von besonderer Relevanz.

Neben der dargestellten Relevanz der Imagemessung im Kontext der identitätsbasierten Markenführung zeigen aktuelle Studien, dass das Markenimage auch im Zusammenhang mit der Ermittlung des **Markenwerts** von zentraler Bedeutung ist. In einer Studie von PwC/GfK/Sattler/Markenverband (2006) nimmt das Markenimage in der Rangfolge der wichtigsten Maßgrößen zur Bestimmung des ganzheitlichen Markenerfolges den zweiten Rang ein. Schimansky (2004) zeigt in einer Expertenstudie einen ähnlichen Befund.

Wissenschaft und Unternehmenspraxis haben ein sehr breites Spektrum an Methoden zur Erfassung des Markenimages entwickelt. Die Verfahren unterscheiden sich sowohl hinsichtlich ihrer Intention als auch in Bezug auf die messmethodische Herangehensweise. Die Messansätze lassen sich in qualitative, quantitative und kombinierte Verfahren einteilen (Abbildung 35).

Bei **Tiefeninterviews** (Abbildung 35) handelt es sich um eine nicht standardisierte Form der Befragung, bei der der Interviewer den Gesprächsverlauf frei bestimmen kann. Lediglich das Rahmenthema und ein grobes Fragengerüst bilden die Grundlage des Interviewverlaufes (Kepper 2000, S. 165 ff.). Generell liegt bei der Messung von Markenimages die Schwierigkeit darin, dass viele Assoziationen von Konsumenten unterbewusst in nichtverbaler Form abgespeichert werden (Zaltman 1997, S. 425). Zu diesen im Gedächtnis abgespeicherten Markeninformationen muss folglich ein Zugang gefunden werden und

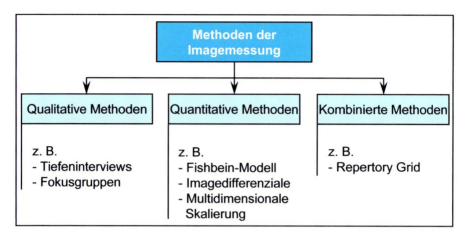

Abbildung 35: Verfahrensklassen zur Messung des Markenimages

die vorliegenden Markenassoziationen müssen von den Probanden verbalisiert werden können. Zusätzlich ist diese Form der Befragung nicht selten dem Problem der internen Zensur ausgesetzt. Probanden halten Informationen unbewusst zurück, weil gewisse Antworten entweder als heikel empfunden werden oder nicht in das Selbstbild der Testpersonen passen (Supphellen 2000, S. 323 ff.). Dennoch kommen Tiefeninterviews häufig zum Einsatz, wenn Assoziationen und Einstellungen zu Marken erfasst werden sollen (Esch 2005a, S. 525). Sie leisten unter anderem zur Aufdeckung neuer, bisher unbekannter Imagedimensionen der Marke einen wichtigen Beitrag.

Fokusgruppeninterviews (Abbildung 35) sind die in der Praxis am häufigsten eingesetzten Verfahren der qualitativen Imagemessung. Sie zeichnen sich im Vergleich zu Tiefeninterviews dadurch aus, dass sie in der Regel mit 6 bis 10 Teilnehmern durchgeführt werden. Die Qualität der Ergebnisse einer Gruppendiskussion hängt entscheidend von der Qualität des Moderators ab, dessen Aufgabe insbesondere darin besteht, stillere Teilnehmer zu Beiträgen anzuregen und eher dominante Personen zu bremsen (Ledingham/Bruning 1998, S. 27). Ein Vorteil von Gruppendiskussionen im Vergleich zu Einzelinterviews liegt in der Interaktion der Teilnehmer. Die Diskutierenden stellen sich gegenseitig Fragen und müssen eigene Gedanken in der Gruppe erklären, wodurch wertvolle Einblicke in komplexe Verhaltensweisen und persönliche Motivationen gewonnen werden können (Morgan 1996, S. 139). Folglich müssen die aus Konsumentensicht relevanten Imageaspekte nicht a priori bekannt sein. Vielmehr können auch Gruppendiskussionen dazu beitragen, neue bedeutsame Dimensionen aufzudecken.

Der wohl am weitesten verbreitete **quantitative Ansatz** (Abbildung 35) zur Operationalisierung von (Marken-) Images beziehungsweise (Marken-) Einstellungen ist der von **Fishbein** (Fishbein/Ajzen 1975). Er hat in Form von Multiattributmodellen eine sehr breite Anwendung in Wissenschaft und Praxis

3.4 Markenimage

erfahren (z. B. Keeney/Raiffa 1976). Nach diesem Ansatz ergibt sich das Markenimage aus der multiplikativen Verknüpfung von kognitiven (belief, d. h. das Ausmaß, mit dem Nachfrager glauben, dass eine Marke bestimmte Assoziationen besitzt) und affektiven Bestandteilen (evaluative aspect of belief, d. h. wie gut oder schlecht es ist, dass die Marke diese Assoziationen besitzt). Es kann folgendes Modell formuliert werden:

(1) $$IM_{ij} = \sum_{k \in K} PR_{ijk} \cdot BW_{ik} \qquad (i \in I, j \in J)$$

wobei:
IM_{ij} Image der j-ten Marke aus Sicht des i-ten Nachfragers,
PR_{ijk} Wahrscheinlichkeit, mit der der i-te Nachfrager die k-te Assoziation bei der j-ten Marke für vorhanden hält,
BW_{ik} Bewertung der k-ten Assoziation durch den i-ten Nachfrager,
I   Indexmenge der Nachfrager,
J   Indexmenge der Marken,
K   Indexmenge der Assoziationen.

Die Grundstruktur des Modells ist vielfach angepasst worden. Die Modellvarianten unterscheiden sich hinsichtlich einer Reihe von Faktoren. Diese beziehen sich unter anderem auf:

- **die Fragenformulierung:** Zum Beispiel wird im Modell von Rosenberg (1956) die kognitive Imagekomponente als wahrgenommene Instrumentalität der k-ten Assoziation zur Zielerreichung operationalisiert.
- **die Modellformulierung**: Zum Beispiel ergänzt Srinivasan (1988) das obige linear additive Modell um multiplikativ verknüpfte Terme, sodass nicht mehr ein rein kompensatorisches Modell vorliegt (vgl. auch Trommsdorff 1975, S. 65).
- **die Art der Befragung:** Zum Beispiel werden bei Conjoint-Analysen die einzelnen Assoziationen nicht direkt, sondern indirekt erfasst, indem Marken ganzheitlich von Probanden beurteilt werden und die einzelnen Assoziationen hierauf aufbauend dekomponiert werden (Green/Srinivasan 1990).
- **die Art der verwendeten Daten:** Anstelle von Befragungen zum Beispiel Beobachtungen von Markenkaufverhalten mithilfe von Scannerdaten, auf deren Grundlage Markenassoziationen dekomponiert werden (z. B. Kamakura/Russel 1993).
- **das Aggregationsniveau:** Zum Beispiel aggregierte Daten anstelle von individuellen, käufersegmentbezogenen Daten (z. B. Kamakura/Russel 1993).

Das Fishbein-Modell weist verschiedene Schwächen auf. So wird unterstellt, dass alle relevanten Imagedimensionen a priori bekannt sind. Weiterhin wird durch den additiven Modellcharakter angenommen, dass es keine K.O.-Kriterien geben kann, die nicht durch übermäßig gute Ausprägungen anderer Eigenschaften kompensiert werden können.

Ein weiteres Multiattributmodell zur Messung von Markenimages ist das **Imagedifferenzial**. Es basiert auf dem Ansatz des semantischen Differenzials (Osgood/Suci/Tannenbaum 1957), mit dem ursprünglich Wortbedeutungen gemessen werden sollten. Gegensatzpaare, bestehend aus Adjektiven wie

„traurig" und „fröhlich", bildeten hier die Pole der Skalen, mit deren Hilfe ein semantischer Raum bestimmt wurde (Trommsdorff 2003, S. 175). Da für die Messung von Markenimages eher die Bewertung von Produkteigenschaften im Vordergrund steht, wurde das Verfahren von Trommsdorff (1975) zum Imagedifferenzial weiterentwickelt. Bei dieser Art der Befragung werden Probanden hinsichtlich zentraler Imagebestandteile auf typischen Skalen (z. B. 7er-Ratingskalen) befragt.

Eine Befragung über mehrere Imagedimensionen kann letztlich als Basis zur Erstellung eines Imagedifferenzials dienen. Dazu werden die Mittelwerte über alle Befragten hinsichtlich der einzelnen Dimensionen gebildet und anschließend in einer Grafik abgebildet (Abbildung 36).

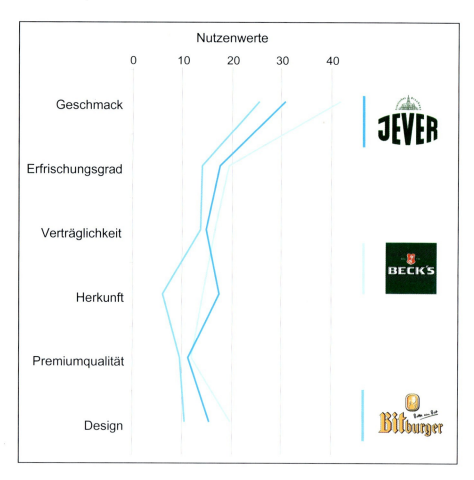

Abbildung 36: Imagedifferenzial für Biermarken
Quelle: Daten entnommen aus Farsky/Eggers 2007.

3.4 Markenimage

Neben den Validitätsproblemen, die mit der direkten Abfrage einhergehen, stellt sich bei der Interpretation von Imagedifferenzialen die Frage, inwieweit einzelne Dimensionen zur Differenzierung der Markenleistung vom Wettbewerb geeignet sind. Eine alleinige Darstellung der eigenen Marke gegenüber den Wettbewerbsmarken in einem Imagedifferenzial vermag diese Frage nicht zu beantworten (Trommsdorff/Bookhagen/Hess 2000, S. 774 f.). Zudem muss eine sorgfältige Auswahl der Imagedimensionen vorausgehen (z. B. im Rahmen einer qualitativen Vorstudie), um sicherzustellen, dass die abgefragten Dimensionen für die Konsumenten relevant sind. Trotz der Probleme, die mit Imagedifferenzialen verbunden sind, ist diese Methode zur Visualisierung von Ist-Positionierungen in der Praxis weit verbreitet.

Alternativ zur Erfassung von Imagedaten im Rahmen von kompositionellen Ansätzen wie dem Fishbein-Modell oder über Imagedifferenziale können Einstellungen zur Marke auch über einen **dekompositionellen Ansatz** abgefragt werden. Der wesentliche Unterschied besteht in der Art der Abfrage.

> Im Gegensatz zu **kompositionellen** Methoden, die Urteile für jede Facette des Images erfassen und zu einem Gesamtimage zusammensetzen (komponieren), werden bei **dekompositionellen Verfahren** Globalurteile abgefragt und anschließend hinsichtlich relevanter Eigenschaftsdimensionen dekomponiert.

Ein Verfahren, das in diesem Zusammenhang zur Erfassung von Ist-Positionierungen von Marken angewendet wird, ist die **Multidimensionale Skalierung (MDS)**. Ziel dieser Methode ist es, die einzelnen Untersuchungsobjekte (hier Marken) in einem Wahrnehmungsraum anhand der von den Konsumenten wahrgenommenen Ähnlichkeit der Marken so zu positionieren, dass die Distanzen zwischen den Marken den Ähnlichkeitsurteilen möglichst gut entsprechen (für einen detaillierten Überblick zur MDS siehe Backhaus et al. 2006, S. 619 ff.; Lehmann/Gupta/Steckel 1998, S. 629 ff.).

Die graphische Darstellung im zwei- beziehungsweise drei-dimensionalen Raum ist anschaulich und zeigt direkte Konkurrenzsituationen auf (Abbildung 37; Carroll/Green 1997). Die Erhebung von globalen Ähnlichkeits- und Präferenzurteilen hinsichtlich verschiedener Marken im Vergleich sowie der Verzicht auf die Vorgabe spezifischer Merkmale und Eigenschaften bieten insbesondere für die Messung von Markenimages deutliche Vorteile gegenüber anderen quantitativen Messansätzen, da die relevanten Imagedimensionen oftmals a priori nicht bekannt sind. Durch die dekompositionelle Vorgehensweise wird zudem eine Beeinflussung der Ergebnisse durch die Auswahl einzelner zu beurteilender Eigenschaften vermieden, da in die Globalurteile alle für den Befragten relevanten Imagedimensionen einfließen und erst anschließend die präferenzdeterminierenden Eigenschaften aufgedeckt werden (Homburg/Krohmer 2006, S. 368; Singson 1975, S. 40).

Schließlich existieren Verfahren, die einen **kombinierten Ansatz** verwenden (Abbildung 35). In der Regel werden qualitative Techniken zur Erhebung der Daten herangezogen und anschließend in einer weiteren Untersuchungsphase

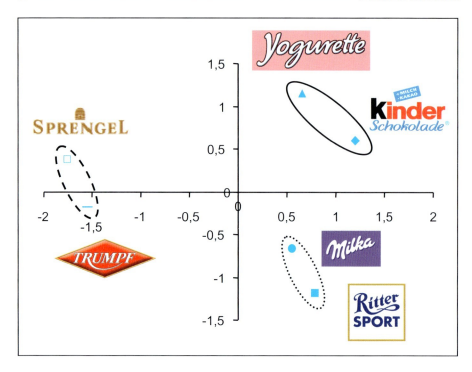

Abbildung 37: Multidimensionale Skalierung für Tafelschokolade
Quelle: Esch/Herrmann/Sattler 2006, S. 148.

quantifiziert. Auf diese Weise lassen sich die Vorteile qualitativer und quantitativer Verfahren miteinander verbinden. Die **Repertory-Grid-Technik** ist ein Beispiel für ein kombiniertes Verfahren (zu weiteren Verfahren wie z.B. der Netzwerkanalyse vgl. Farsky 2007). Grundlage der Technik ist die Präsentation von Triaden, die jeweils drei Stimuli (in diesem Fall Marken) zeigen. Der Proband soll dann definieren, in welcher Eigenschaft sich zwei der drei Marken ähneln (Ähnlichkeitspol) und sich gleichzeitig von der dritten Marke unterscheiden (Kontrastpol). Vergleicht man beispielsweise die Airlines Lufthansa, Qantas und Ryanair, so könnte der Preis als eine relevante Eigenschaft identifiziert werden, worin sich Lufthansa und Qantas ähneln (eher teuer), sich aber gleichzeitig von Ryanair (eher billig) unterscheiden (Abbildung 38; Bauer/Herrmann 2004, S. 56).

Durch wiederholtes Nachfragen zur Identifikation weiterer Eigenschaften bezüglich einer Triadenkonstellation und durch die Präsentation weiterer Triaden (ca. 15–20) wird ein breites Spektrum an Imagedimensionen generiert. Repertory-Grid-Anwendungen führen in der Regel zu Informationen, die schwerpunktmäßig eigenschaftsbasiert sind. Für einen höheren Abstraktionsgrad kann die **Laddering-Technik** eingesetzt werden (Reynolds/Gutman 1984, S. 31). Mit dieser Technik soll herausgefunden werden, wie ein Konsument

3.4 Markenimage

Abbildung 38: Beispieltriade Repertory Grid

bestimmte Markeneigenschaften in für ihn bedeutsame Markenassoziationen umwandelt (Reynolds/Gutman 1988, S. 12). Mithilfe wiederholter „Warum-Fragen" werden kognitive Strukturen analysiert, die Aufschluss über den Kaufentscheidungsprozess der Konsumenten geben.

Die **quantitative Phase der Repertory-Grid-Analyse** besteht in der Beantwortung eines Fragebogens, dessen Items aus der vorgelagerten qualitativen Stufe stammen. Sämtliche Marken, die in die Analyse eingegangen sind, werden in dieser Phase anhand geeigneter Skalen beurteilt. Zudem werden die identifizierten Imagedimensionen auf ihre Relevanz hin beurteilt. Somit entsteht ein umfassendes Bild aus qualitativer und quantitativer Erhebung. Allerdings ist diese Art der Befragung wesentlich kostenintensiver als einfache quantitative Befragungen. Zudem können kaum beziehungsweise nur mit erheblichem Kostenaufwand größere Stichproben befragt werden.

> Die Vorteilhaftigkeit der skizzierten qualitativen, quantitativen und kombinierten Ansätze zur Markenimagemessung lässt sich kaum allgemein beurteilen, sondern hängt von dem konkreten Anwendungsfall, insbesondere dem Erkenntnisziel der Messung (Messanlass) ab.

4 Markenstrategien gestalten

Markenstrategien können als langfristige, in eine gegebene Unternehmensstrategie eingebettete Grundsatzpläne der Markenpolitik mit dem Ziel der langfristigen Markenwertsteigerung definiert werden. Zur zieladäquaten Auswahl alternativer Markenstrategien müssen die Alternativen zunächst analysiert werden. Dementsprechend werden in den einzelnen Abschnitten des Kapitels 4 grundlegende **Markenstrategiealternativen charakterisiert** und auf ihre wesentlichen **Chancen und Risiken** hin beurteilt. Die vorgenommenen Analysen markenpolitischer Entscheidungsalternativen erlauben keine unmittelbare wertorientierte Markenführung. Diesbezügliche Instrumente werden in Kapitel 5 behandelt und in Kapitel 6 anhand von Fallbeispielen illustriert. Die Analysen in Kapitel 4 lassen sich in erster Linie dazu verwenden, **Entscheidungsalternativen offen zu legen** und – vor dem Hintergrund der im Einzelfall relevanten Chancen und Risiken – **eindeutig dominierte Markenstrategiealternativen** vom weiteren Entscheidungsprozess **auszuschließen**.

In Kapitel 3 wurden bereits die Fragen behandelt, wie Marken hinsichtlich zentraler Imagedimensionen positioniert und diese Imagedimensionen im Laufe der Zeit weiterentwickelt werden sollen. Die folgenden Abschnitte betrachten insofern grundlegende Markenstrategiealternativen unter der Maßgabe, dass die **Entscheidung über die grundsätzliche Positionierung** der Marke(n) **bereits getroffen** wurde. Bei der Analyse von Markenstrategiealternativen müssen insbesondere folgende Fragestellungen beantwortet werden:

- **Wie viele Produkte** sollen **unter einer Marke** angeboten werden? Das Spektrum möglicher Entscheidungsalternativen reicht von einem Produkt (Mon Chéri) bis zu einer mehrstelligen Zahl von Produkten (Nivea). Wie viele Marken sollten von einem Unternehmen angeboten werden? Auch hier besteht ein breites Spektrum von einer Marke (z. B. Red Bull) bis hin zu einer vierstelligen Zahl von Marken (z. B. Unilever).
- Sollen von einem Unternehmen **pro Produktmarkt eine** (z. B. Porsche) **oder mehrere Marken** (z. B. West und R1) angeboten werden?
- Ist eine **Kombination von Markennamen** sinnvoll (z. B. Golf von VW)? Soll eine Markenallianz durch die Zusammenführung mehrerer rechtlich unabhängiger Marken eingegangen werden (z. B. Schöller und Mövenpick)?
- Sollen Marken ausschließlich **national** (z. B. Vita-Cola) **oder international** (z. B. Foster's Bier) angeboten werden?
- Wie sollen Marken im Zeitverlauf **weiterentwickelt** werden? Das Spektrum möglicher Entscheidungsalternativen reicht von einer Elimination (z. B. Nixdorf Computer) bis zur Markenrevitalisierung (z. B. Bluna).

4 Markenstrategien gestalten

- Soll ein Produkt ausschließlich als klassische **Herstellermarke** (z. B. Rolex) oder sowohl als Herstellermarke als auch als **Handelsmarke** (z. B. Zentis) vertrieben werden?

Aus diesen Fragen lassen sich grundsätzliche Markenstrategiealternativen ableiten, die in Abbildung 39 im Überblick dargestellt sind. Die dort in den Zeilen aufgeführten Systematisierungskriterien lassen sich zu folgenden sechs Grundsatzstrategien zusammenfassen:

- Markenbezogene Integrationsstrategien,
- Mehrmarkenstrategien,
- Markenkombinationsstrategien,
- Internationale Markenstrategien,
- Markenevolutionsstrategien und
- Handelsmarkenstrategien.

Die Gliederung der folgenden Abschnitte orientiert sich an diesen Grundsatzstrategien. Aufgrund der herausragenden, praktischen Bedeutung und der Vielzahl von Forschungsergebnissen werden von den sechs Grundsatzstrategien markenbezogene Integrationsstrategien am ausführlichsten behandelt.

Systematisierungskriterium	Strategiealternativen	Beispiele	Grundsatzstrategien
Anzahl von Produkten pro Marke	• Ein Produkt: **Monomarkenstrategie,** häufig entwickelt über eine **Neumarkenstrategie** • Mehrere Produkte: **Markentransferstrategie** z. B. in Form von **Dach-/Markenfamilienstrategien**	Red Bull Kodak/Nivea und Tesa	Markenbezogene Integrationsstrategien
Anzahl von Marken pro Produktmarkt	• Eine Marke: **Singuläre Produktmarkt-Markenstrategie** • Mehrere Marken: **Mehrmarkenstrategie**	Porsche West und R1	Mehrmarkenstrategien

Anzahl von Markennamen pro Produkt	• Ein Markenname: **Singuläre Markennamensstrategie**
	• Mehrere Markennamen:
	  – Multiple Markennamensstrategie von einem Markenanbieter
	  – Multiple Markennamensstrategie von mehreren Markenanbietern: **Markenallianzstrategie**
		Miele
		
		Golf von VW
		
		Schöller & Mövenpick
			Markenkombinationsstrategien

Anzahl von Ländern/Regionen pro Unternehmen	• Ein Land/eine Region: **Nationale/regionale Markenstrategie** • Mehrere Länder/Regionen: **Internationale/überregionale Markenstrategie**	Vita-Cola Foster's	Internationale Markenstrategien

Entwicklung von Marken über die Zeit	• **Markenkonsolidierung** – Elimination – Migration • **Markenexpansion** • **Markenrevitalisierung**	Spüli Texaco → DEA → Shell Nivea (s. o.) Bluna	Marken-evolutions-strategien
Handelsmarken	• Keine Handelsmarken: Reine Herstellermarkenstrategie • Handels- und Herstellermarken: **Duale Markenstrategie**	Rolex Zentis	Handels-marken-strategien

Abbildung 39: Systematisierung von Markenstrategiealternativen

4.1 Markenbezogene Integrationsstrategien

Markenbezogene Integrationsstrategien sind durch die Anzahl von Produkten bestimmt, die unter einem Markenzeichen angeboten werden. Hieraus ergibt sich ein Spektrum von Strategiealternativen, die sich hinsichtlich ihres jeweiligen Integrationsgrades unterscheiden lassen.

Arten

Eine Extremform minimaler Integration liegt bei einer **Monomarkenstrategie** (auch als Einzelmarkenstrategie bezeichnet, Becker 2005, S. 385) vor, bei der jedes von einem Unternehmen angebotene Produkt unter einer eigenen Marke angeboten wird. Die Schaffung von Monomarken bietet sich vor allem dann an, wenn ein Unternehmen ein relativ heterogenes Produktprogramm für unterschiedliche Kundensegmente anbietet. Im Konsumgüterbereich verfolgt beispielsweise das Unternehmen Ferrero mit Marken wie Mon Chéri (Praline), Rocher (Praline), Hanuta (Riegel) und Nutella (Brotaufstrich) überwiegend diese Konzeption (Abbildung 40).

In Reinform ist eine Monomarkenstrategie jedoch nur selten zu finden, da oft zumindest mehrere Produktvarianten unter einer Marke angeboten werden. Beispielhaft sei auf das Unternehmen Procter & Gamble mit Marken wie Ariel (Waschmittel in den Varianten flüssig und pulverförmig) und Pampers (Windeln in verschiedenen Varianten) verwiesen, bei denen streng genommen keine Monomarkenstrategie vorliegt. Sehr häufig entsteht eine Monomarke durch eine **Neumarkenstrategie**. Neumarkenstrategien sind dadurch charakterisiert, dass für ein neues Produkt ein aus Sicht von potenziellen Nachfragern vollkommen neues Markenzeichen entwickelt wird. Jede Art von Imagetransfer von etablierten Marken auf das neue Markenzeichen wird somit ausgeschlossen, da andernfalls bereits eine Form der Markentransferstrategie vorläge.

4.1 Markenbezogene Integrationsstrategien

Abbildung 40: Monomarken des Unternehmens Ferrero

> Eine **Markentransferstrategie** (synonym Brand Extension oder Brand Stretching) ist durch eine Integration von mindestens zwei Produkten unter einem Markenzeichen charakterisiert.

In der Grundform wird die Strategie dadurch realisiert, dass ein etabliertes Markenzeichen (z. B. Nivea) auf ein neues Produkt (z. B. Nagellack) übertragen wird (**New Product Brand Extension**). Hierdurch wird es möglich, Wissensstrukturen in Form von Markenbekanntheit und -image, die Nachfrager hinsichtlich einer etablierten Marke in der Vergangenheit aufgebaut haben, auf das Neuprodukt zu transferieren. Markentransferstrategien erfreuen sich in der Praxis einer außerordentlichen Beliebtheit (Abbildung 41).

Abbildung 41: Beispiele für Markentransfers

Bei kurzlebigen Konsumgütern werden national wie international in den allermeisten Kategorien mehr als 90% der Neuprodukte unter Verwendung einer Markentransferstrategie eingeführt. Eine ähnliche Dominanz findet sich im Dienstleistungsbereich. Die Gründe für diese Entwicklung sind unter anderem darin zu sehen, dass die Hauptalternative zur Markentransferstrategie – die Entwicklung neuer Marken – immer aufwendiger und kostenintensiver wird (z. B. Esch 2005a, S. 30 f.). Als Folge hiervon konzentrieren sich Unternehmen auf ihre starken Marken und eliminieren B- und C-Marken. Die verbleibenden starken Marken werden dann als Plattform für Transfers verwendet. Unilever reduzierte zum Beispiel sein Markenportfolio von 1600 auf 400 Marken; als Folge hiervon konnte der Anteil von Marken mit einem Umsatz von mehr als 1 Milliarde Euro von 4 im Jahre 1999 auf 14 Anfang 2003 gesteigert werden (u. a. Lipton, Knorr, Dove, Axe und Rexona, Chwallek 2003).

> Es können unterschiedliche **Formen von Markentransfers** realisiert werden. Dabei kann unterschieden werden nach
> 1. der Anzahl von Marken pro Unternehmen, die für den Transfer eingesetzt werden (Dach- versus Markenfamilienstrategie),
> 2. der Richtung des Transfers (vertikaler versus horizontaler Transfer),
> 3. der Produktkategorie, hinsichtlich welcher der Transfer vorgenommen wird (Line versus Franchise versus Concept Extension),
> 4. der Art der Herkunft der Marken,
> 5. dem räumlichen Transfer (New Market Brand Extension) und
> 6. der Art der für den Transfer eingesetzten Instrumente.

Zu 1: Anzahl Marken pro Unternehmen

Markentransferstrategien können entweder in Form einer Dachmarken- oder einer Markenfamilienstrategie umgesetzt werden (Abbildung 42). Bei der **Dachmarkenstrategie** (auch Umbrella Branding Strategy genannt, Kapferer 2000, S. 188 ff.) werden sämtliche Produkte eines Unternehmens unter einer einheitlichen Marke angeboten. Diese Strategie ist durch einen maximalen Integrationsgrad gekennzeichnet und stellt den Gegenpol zur **Monomarkenstrategie** dar. In Reinform wird die Dachmarkenstrategie – zumindest bei bedeutenden, internationalen Markenartikelherstellern – nur sehr selten realisiert. Diese Hersteller haben insbesondere durch Unternehmensakquisitionen in den 80er und 90er Jahren zusätzliche Marken erworben und dadurch ihr Dachmarkenkonzept zur Markenfamilienstrategie erweitert (z. B. BMW durch den Zukauf von Rover, wovon die Marke Mini langfristig im Unternehmen erhalten wurde). Die **Markenfamilienstrategie** soll hier dadurch gekennzeichnet werden, dass von einem Unternehmen mehrere Produkte unter einer Marke geführt werden und daneben mindestens eine Einzelmarke und/oder mindestens eine weitere Markenfamilie angeboten wird (in der Literatur findet sich vielfach eine weniger scharf vorgenommene Begriffsabgrenzung, z. B. Becker 2004, S. 649 ff.; Meffert 1992, S. 142). Ein Beispiel ist das Unternehmen Beiersdorf mit den Markenfamilien Nivea (Körperpflege) und tesa (Klebstoffartikel) sowie Einzelmarken wie Atrix (Handcreme). Die Übergänge zwischen

4.1 Markenbezogene Integrationsstrategien

Markenfamilien- und Dachmarkenstrategie sind fließend. So liegt beispielsweise auch bei zwei nahezu selbständig und unabhängig voneinander operierenden Unternehmensteilen, die jeweils alle Produkte unter einer Marke anbieten (und die zusammen das Gesamtunternehmen bilden), eine Markenfamilienstrategie vor. Faktisch wird jedoch in den Unternehmensteilen jeweils eine Dachmarkenstrategie verfolgt.

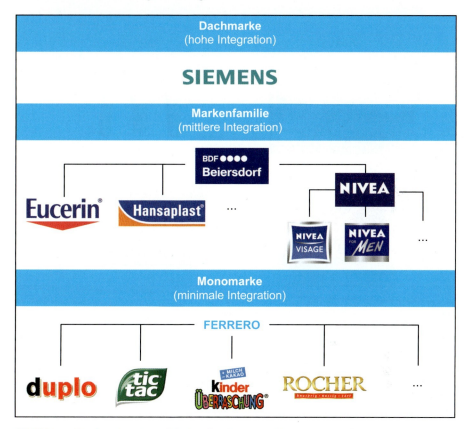

Abbildung 42: Dachmarken-, Markenfamilien- und Monomarkenstrategie

Zu 2: Richtung des Transfers

Hinsichtlich der Transferrichtung können **horizontale und vertikale Markentransfers** unterschieden werden (Abbildung 43; Kim/Lavack/Smith 2001, S. 211 f.; Kaufmann 2006, S. 3). Bei vertikalen Markentransfers befindet sich das Transferprodukt üblicherweise in der gleichen Produktkategorie wie die Muttermarke, allerdings auf einem höheren oder geringeren Preis- und/oder Qualitätsniveau. Besonders in der Automobilbranche ist die Anwendung von vertikalen Markentransfers beliebt, wie die Beispiele des preislich und qualitativen Step-Down von Mercedes mit seiner A-Klasse beziehungsweise der deutliche Step-Up ins Luxus-Segment von VW durch Einführung des Phaeton zeigen. Bei horizontalen Markentransfers handelt es sich hingegen um neue Transferprodukte, die sich typischerweise in etwa auf dem gleichen wahrgenommenen Qualitätsniveau befinden wie die Muttermarke.

Abbildung 43: Horizontale versus vertikale Markentransfers

Zu 3: Produktkategorie

Ein Transfer kann als so genannte **Line Extension** zwischen Produkten der gleichen Produktkategorie (Abbildung 44) oder in einer neuen Produktkategorie (Tauber 1981, S. 36 f.) erfolgen. Der Transfer in eine neue Produktkategorie kann in derselben Branche als so genannte **Franchise Extension** vorgenommen werden oder aber in einer anderen Branche als **Concept Extension** (Abbildung 44). Concept Extensions werden häufig als Merchandising-Artikel beziehungsweise zum Aufbau oder zur Pflege eines bestimmten Images auf den Markt gebracht (Riezebos 2003, S. 223 ff.).

Die Übergänge zwischen Line und Franchise Extensions beziehungsweise Franchise und Concept Extensions sind allerdings fließend, da sich in den meisten Fällen Produktkategorien nicht eindeutig abgrenzen lassen. Die Typisierung zielt letztendlich darauf ab, wie unterschiedlich die Produkte sind, zwischen denen ein Transfer vorgenommen wird. Wie noch zu zeigen sein wird, ist diese Unterschiedlichkeit (bzw. Ähnlichkeit) ein entscheidender Faktor für den Erfolg eines Markentransfers. Bei extrem geringen Unterschieden zwischen zwei Produkten mit gleichem Markenzeichen (z. B. zwei Sonnenschutzcremes der gleichen Marke mit den Lichtschutzfaktoren sechs und acht) liegt

4.1 Markenbezogene Integrationsstrategien

kein Markentransfer mehr vor, sondern lediglich eine Produktdifferenzierung (Wölfer 2004, S. 801 f.).

Marke	Kernprodukt	Line Extension	Franchise Extension	Concept Extension
Dr. Oetker	Original Pudding-Pulver	Süßer Moment (Instant Pudding)	Intermezzo (salziger Tiefkühl-Snack)	Backformen
Knorr	Brühe/Suppen	active Suppen	Tiefkühl-Fertiggerichte	Kochbuch
Maggi	Würze und Suppen	Sommersuppen im Glas	Texicana Salsa	Maggi Kochstudio Treff

Abbildung 44: Beispiele für Line, Franchise und Concept Extensions

Zu 4: Art der Herkunft

Hinsichtlich der Art der Herkunft der Marken, die für den Transfer eingesetzt werden, können **interne und externe Markentransferstrategien** unterschieden werden (Abbildung 45). Im ersten Fall wird eine im Unternehmen bereits verfügbare Marke für den Markentransfer eingesetzt, während im zweiten Fall die Marke erst von außen erworben werden muss. Eine bedeutende Form des externen Markentransfers bildet die **Lizenzierung von Marken** (Braitmayer 1998; Binder 2005; Reinstrom/Sattler/Lou 2006). Bekannte Beispiele hierfür sind Davidoff Café, Landliebe Eis, Mövenpick Konfitüre, Camel Schuhe oder Weight Watchers Fertiggerichte. Neben der Markenlizenzierung stellen markendominierte **Unternehmensakquisitionen** (Sander 1994, S. 51; Muchow 1999) und **Franchise-Kontrakte** (Taylor 1998, S. 114 f.) bedeutende Formen des externen Erwerbs von Markenrechten zur Realisierung einer Markentransferstrategie dar (vgl. auch Abschnitt 2.4).

Zu 5: Räumlicher Transfer

Neben der klassischen Erweiterung einer Marke auf neue Produkte kann eine Marke auch räumlich, das heißt auf neue geographische Märkte, ausgedehnt werden (**New Market Brand Extension**), zum Beispiel in Form eines Transfers der australischen Marken Foster's und Winfield auf den deutschen Markt. Hier liegt dann eine spezielle Form des Markentransfers vor, wenn Nachfrager aus dem Land, in das die Markenerweiterung vorgenommen wird, Kenntnisse über die Marke des Ursprungslandes haben. Ursache hierfür kann unter anderem die räumliche Mobilität der Nachfrager oder die überregionale Verfügbarkeit von Medien sein. So war zum Beispiel die Eiscrememarke Ben & Jerry's schon

Abbildung 45: Beispiele für interne und externe Markentransfers

vor ihrer Einführung in den deutschen Markt einer Vielzahl von Konsumenten in Deutschland bekannt, sodass Bekanntheit und Image der Marke zum Zeitpunkt der Markteinführung bereits zu einem gewissen Grad vorhanden waren. In Indien war die Marke Coca-Cola lange vor Einführung der Marke in diesem Land bekannt, da weite Teile der Bevölkerung die Marke durch dort sehr populäre US-amerikanische Kinofilme kennen gelernt hatten. Auch heute noch setzt Coca-Cola auf ein Product Placement ihrer Marke in Spielfilmen (Abbildung 46).

Zu 6: Transferinstrumente

Als zumindest unterstützende Instrumente eines Markentransfers können zum Beispiel das Produktdesign (Braun), die Verpackungsgestaltung (Schwartau Konfitüre) und die Regalgestaltung im Handel (Niederegger) eingesetzt werden (vgl. auch Simon 1985, S. 202 f.). Für den Markentransfer muss nicht notwendigerweise das Markenzeichen der Muttermarke verwendet werden. Es ist ausreichend, wenn im Rahmen des Transfers auf das ursprüngliche Markenzeichen Bezug genommen wird, wie beispielsweise bei der Kampagne zur Umbenennung der KKB Bank in Citibank. Hier wurden Kenntnisse, die Nachfrager über die Marke KKB Bank hatten, auf die neue Marke (Citibank) übertragen, sodass auch hier ein Markentransfer vorliegt. Andere Beispiele bilden die Umbenennung von Raider in Twix, Texaco in Dea, Hoechst und Rhône-Poulenc in Aventis oder Ciba und Sandoz in Novartis. Solche **Markennamenswechsel** – häufig motiviert durch Überlegungen im Rahmen internationaler Markenstrategien (vgl. Abschnitt 4.4) oder Unternehmensakquisitionen beziehungsweise -fusionen – haben einen erheblichen Einfluss auf den finanziellen Wert von Unter-

4.1 Markenbezogene Integrationsstrategien

Abbildung 46: Coca-Cola in US-amerikanischen Kinofilmen
Quelle: www.thecoca-colacompany.com/heritage/cokelore_cokemovies.html (Abruf: 11.1.2007).

nehmen (Horsky/Swyngedouw 1987, S. 327 ff.). Ein Markentransfer tritt bei einem Markennamenswechsel allerdings nur in dem Maße auf, in dem Nachfrager (sowie andere Stakeholder) den Zusammenhang zwischen dem ursprünglichen und dem neuen Markenzeichen tatsächlich wahrnehmen. In manchen Fällen liegt schließlich auch bei der **Markenrevitalisierung** (vgl. Abschnitt 4.5) eine spezifische Markentransferform vor, indem vorhandene Wissensstrukturen hinsichtlich einer Marke auf ein neues Produkt (z. B. Borgward auf neue Automobile, vgl. auch Abbildung 95 in Abschnitt 4.5) oder einen neuen Verwendungszweck (z. B. Wrigley's Kaugummi als Substitut für Zigaretten) übertragen werden (Keller 2003, S. 651 ff.; Wansink/Gilmore 1999).

Chancen

Die **allgemeinen Chancen von Markentransfers** werden in der **Unternehmenspraxis** mitunter sehr enthusiastisch gesehen. So findet man beispielsweise folgende Äußerung einer Führungskraft: „Our brand and what it means to consumers virtually guarantees the success of any product we put it on" (Smith/Park 1992, S. 296 f.). Hierzu passt das Ergebnis einer Studie von Ernst & Young/Nielsen (1999) zum Erfolg von fast 25.000 neuen Produkten in sechs europäischen Ländern, dass Markentransfers (im Vergleich zu Neumarkenstrategien) überdurchschnittlich erfolgreich sind. Es fehlt jedoch auch nicht an Skepsis, wie es zum Beispiel im „10. Immutable Law of Branding, The Law of Extension" der Berater Ries/Ries (1998, S. 79) zum Ausdruck kommt: „The easiest way to destroy a brand is to put its name on everything".

Im Folgenden sollen **spezifische Chancen von Markentransfer- beziehungsweise Markenintegrationsstrategien** (im Vergleich zu Monomarkenstrategien) detailliert analysiert werden. Im Einzelnen werden die in Abbildung 47 aufgeführten Punkte näher diskutiert.

Wesentliche Chancen von Markentransfers (gegenüber Neumarkenstrategien) bestehen in **Zeit- und Kostenvorteilen**. Die Ursachen hierfür sind insbesondere darin zu sehen, dass im Zuge des Markentransfers die Wissensstrukturen der im Markt etablierten Marke (Muttermarke) zu einem gewissen Grade auf das Neuprodukt übertragen werden können, und von daher Markenbekanntheit und -image des Neuprodukts bereits zu wesentlichen Teilen vorhanden sind. Beispielsweise konnten in der Vergangenheit die zentralen Imagedimensionen Pflege (Nivea Lippenstift), Prestige (Mercedes S-Klasse Pkws) oder Geschmack (Coca-Cola Light) mit Erfolg auf neue Produkte übertragen werden. Auch das gegenüber einer Marke aufgebaute Vertrauen oder allgemeine Qua-

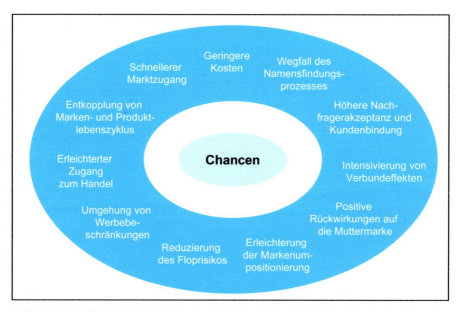

Abbildung 47: Chancen markenbezogener Integrationsstrategien

litätsassoziationen stellen bedeutende transferierbare Imagekomponenten dar. Insbesondere für Low-Involvement-Produkte reicht mitunter bereits ein hoher Bekanntheitsgrad für den Erstkauf eines Neuprodukts aus (Keller 1993, S. 3). Vor dem Hintergrund steigender Kommunikationskosten zum Aufbau von Markenbekanntheit und -image gewinnen die genannten Vorteile zunehmend an Bedeutung.

Weiterhin wirken Kommunikationsmaßnahmen für eine stark integrierte Marke (im Extremfall eine Dachmarke) auf sämtliche Produkte, die unter dem „Dach" der Marke angeboten werden. So erhöht zum Beispiel eine Werbemaßnahme für ein Neuprodukt nicht nur dessen Bekanntheit, sondern trägt insgesamt zur Erinnerung des Markennamens bei, sodass dadurch auch eine Stimulierung der Nachfrage der Muttermarke eintreten kann. Darüber hinaus können Kostensynergien auch durch gemeinsame Kommunikationsträger (z. B. Werbemittel) oder einheitliche Verpackungen und Markierungen erzielt werden. Im Vergleich zur Neumarkenstrategie bestehen Zeit- und Kostenvorteile auch durch den Wegfall des **Namensfindungsprozesses** für das neue Markenzeichen. Insbesondere bei internationalen Markenstrategien kann dieser Punkt von entscheidender Bedeutung sein. Ebenso ist das Risiko der Entstehung markenrechtlicher Prozesskosten gering. Bei Neumarkenstrategien kann es hier zu Schäden in Millionenhöhe kommen (z. B. wurde L'Oréal wegen unrechtmäßiger Verwendung der Neumarke Zazu zur Zahlung von 2,1 Millionen US-Dollar verurteilt, Alsop 1988, S. 1). Weiterhin muss beachtet werden, dass die im Vergleich zu einer Markentransferstrategie zusätzlichen Kosten einer Neumarkenstrategie nur bedingt aktivierbar sind (Mackenstedt/Mussler 2004).

Empirische Befunde zu Kostenvorteilen von Markentransfers im Vergleich zu Neumarkenstrategien bei US-amerikanischen kurz- und langlebigen Konsumgütern liegen aus einer Befragung von 181 Führungskräften sowie 1383 Konsumenten vor (Smith 1992, S. 14 ff.). Danach beträgt die durchschnittliche Relation Werbekosten pro Verkaufseinheit (als Maß für die Werbeeffizienz) bei Markentransfers 10%, bei Neumarken hingegen 19,3% (Smith 1992, S. 17). Die Kostenvorteile von Markentransferstrategien werden unter anderem durch die Produktart (Erfahrungs- versus Suchgüter, Nelson 1970, S. 312), den Neuigkeitsgrad in der Produktklasse und den Kenntnisstand von Konsumenten beeinflusst (Abbildung 48).

Auch Sullivan (1992, S. 797 ff.) ermittelt für 84 Neuprodukteinführungen in den USA aus dem Bereich kurzlebiger Konsumgüter niedrigere Werbeauszahlungen für Markentransfers im Vergleich zu Neumarken. Eine Befragung von 71 Führungskräften deutscher Konsumgüterhersteller kann diesen Befund tendenziell bestätigen (Sattler 1997), zeigt jedoch auch, dass selbst für Markentransfers zur nationalen Einführung typischer kurzlebiger Konsumgüter Marketingbudgets in durchschnittlich zweistelliger Euro-Millionenhöhe erforderlich sind (Abbildung 49).

Neben Zeit- und Kostenvorteilen besteht bei Markentransfers durch die Übertragbarkeit von Markenbekanntheit und -image auf ein Neuprodukt auch die Chance, höhere Absatzzahlen infolge einer **größeren Nachfragerakzeptanz**

und Kundenbindung zu realisieren (vgl. allgemein Krafft 2002). Beispielsweise ist der schnelle Absatzerfolg der Serie Nivea Beauté wesentlich darauf zurückzuführen, dass Bekanntheit und Image der Marke Nivea auf die neuen dekorativen Kosmetikprodukte transferiert werden konnten (Jansen/Gedenk 2007).

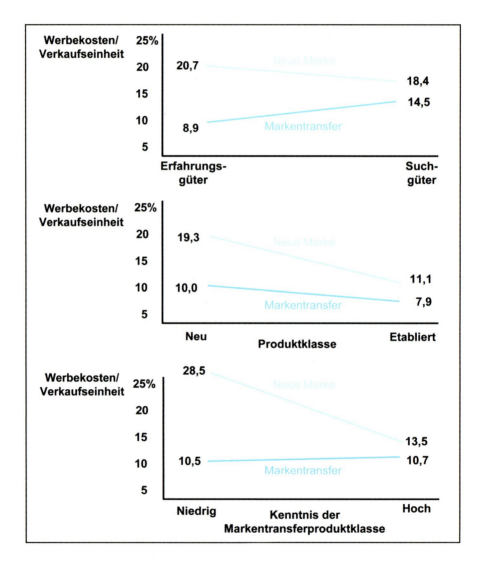

Abbildung 48: Werbeeffizienz von Markentransfer- und Neumarkenstrategien
Quelle: Smith 1992, S. 18.

4.1 Markenbezogene Integrationsstrategien

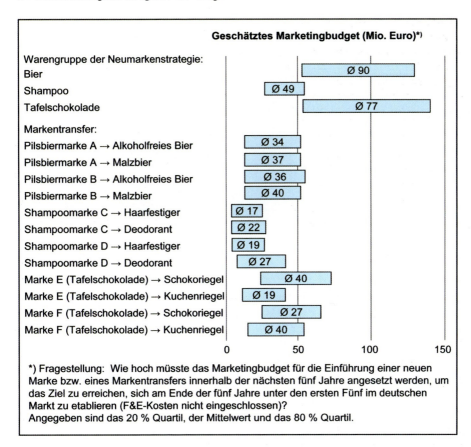

Abbildung 49: Geschätztes Marketingbudget (Millionen Euro) zur Einführung einer neuen Marke bzw. eines Markentransfers in Deutschland innerhalb der ersten fünf Jahre
Quelle: Sattler 1997.

Absatzsteigerungen lassen sich auch durch markentransferbedingte **Intensivierungen von Verbundeffekten** zwischen den Produkten mit einheitlichem Markenzeichen realisieren. Dies kann durch die Vermittlung eines Systemgedankens erfolgen (Schiele 1997, S. 197). So gelingt es zum Beispiel führenden Anbietern von Haarpflegeprodukten wie L'Oréal oder Wella, bei Konsumenten den Eindruck zu erwecken, dass der Gebrauch von Shampoo, Spülung und Haarspray derselben Marke eine bessere Wirkung erzielt als eine Mixtur von Produkten unterschiedlicher Marken (Abbildung 50; Kapferer 1992, S. 162).

Abbildung 50: Intensivierung von Verbundeffekten bei Gillette

Im günstigsten Fall profitieren auch die **Muttermarke und sämtliche unter dieser Marke angebotenen Produkte** von dem Markentransfer (auf potenzielle Rückwirkungen eines Markentransfers auf die Muttermarke wird weiter unten in diesem Abschnitt noch detaillierter eingegangen). So konnte der Erfolg eines Markentransfers von Jaguar im Jahre 1988 mit der Einführung eines besonders technisch wesentlich verbesserten Pkws den Absatz *sämtlicher* Jaguar-Automobile deutlich erhöhen (Sullivan 1990, S. 316). Ein Rückfluss positiver Image- und Bekanntheitseffekte auf die Muttermarke lässt allgemein eine höhere Nachfragerakzeptanz erwarten (z. B. Keller 2003, S. 586 ff.; Smith/Park 1992, S. 298). Im Fall einer extremen Integration in Form einer **Dachmarkenstrategie** können sich positive Effekte eines Markentransfers auf das gesamte Umfeld eines Unternehmens auswirken. Positive Rückwirkungen von Markentransfers können auch dazu eingesetzt werden, **Umpositionierungen der Muttermarke** beziehungsweise Verjüngungen des Markenimages vorzunehmen. So wurde zum Beispiel die Marke Maggi mit dem ursprünglichen Produkt Maggi-Würze (Einführung 1886) in Deutschland erfolgreich auf zahlreiche neue Produkte wie Suppen, Saucen, Fertiggerichte, Süßspeisen usw. ausgedehnt. Auf diese Weise konnten vorteilhafte Markenassoziationen (z. B. hohe Qualität und Genuss) verstärkt, die Wissensstruktur der Marke um neue Assoziationen erweitert und das Markenimage aktualisiert werden, sodass Maggi bei deutschen Konsumenten heute als Marke für „Kochen, Ernährung und Genuss" positioniert ist.

Weitere Chancen von Markentransfers werden in einem **reduzierten Floprisiko** von Neuprodukten gesehen. Eine Untersuchung von Sullivan (1992, S. 798 ff.) für kurzlebige Konsumgüter in den USA zeigt, dass Markentransferstrategien für einen späten Produkteinführungszeitpunkt erfolgreicher als Neumarkenstrategien sind. Bei einem frühen Zeitpunkt der Produkteinführung innerhalb des Produktlebenszyklus waren hingegen die Flopraten der beiden Markenstrategien nicht signifikant verschieden. Im

4.1 Markenbezogene Integrationsstrategien

Einzelnen hängt der Erfolg von Markentransfers von einer Vielzahl von Faktoren ab, die weiter unten in diesem Abschnitt diskutiert werden sollen.

Markentransfers können auch dazu genutzt werden, **Werbebeschränkungen zu umgehen**. Weite Verbreitung hat diese Vorgehensweise bei Zigaretten gefunden. Durch Markentransfers wie zum Beispiel Camel-Schuhe, Marlboro-Reisen oder HB-Atlanten (Abbildung 51) kann sich die Werbung für diese Produkte gleichzeitig positiv auf den Bekanntheitsgrad und das Image der Muttermarke auswirken.

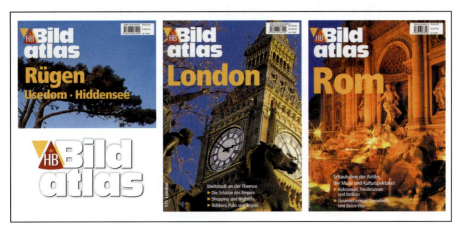

Abbildung 51: Umgehung von Werbebeschränkungen

Eine weitere Chance von Markentransferstrategien besteht im erleichterten **Zugang zum Handel**. In dem Ausmaß, in dem es gelingt, durch Markentransfers eine erhöhte Verbraucherakzeptanz zu erreichen, können Pull-Effekte (Tomczak/Gussek 1992, S. 790 ff.) zu einer verstärkten Handelsakzeptanz führen. Auch sollte der Händler verhindern, dass er aufgrund einer lediglich partiellen Listung von Produkten einer Marke beim Verbraucher den Eindruck erweckt, sein Sortiment sei unvollständig (Schiele 1997, S. 190). Weiterhin kann vermutet werden, dass nicht nur bei Nachfragern ein Bekanntheits- und Imagetransfer realisiert werden kann, sondern auch bei Absatzmittlern, beispielsweise im Hinblick auf Umschlaggeschwindigkeiten oder Verbraucherakzeptanz (Hätty 1989, S. 294). Empirische Untersuchungen deuten an, dass die genannten Effekte zumindest teilweise auch in der Praxis vorzufinden sind (z. B. Pfeiffer 1981, S. 205).

Schließlich sind Markentransfers die Voraussetzung dafür, dass **Markenlebenszyklen von Produktlebenszyklen entkoppelt** werden können (Abbildung 52). Durch den Transfer von Markenbekanntheit und Markenimage von Produkten, die sich am Ende des Produktlebenszyklus befinden, auf Nachfolgeprodukte wird es möglich, das in die Marke investierte Kapital über einen einzelnen Produktlebenszyklus hinaus zu nutzen.

Zeit	Trend	Variation von Persil	Schlagwort
1965	• Verbreitung der Trommelwaschmaschine	• Beimischung von Schauminhibitoren	• Die vollkommene Waschpflege
1970	• Einführung von synthetischen Geweben	• Zusetzung von Enzymen	• Persil mit Weißmacher
1973	• Waschpulver muss maschinenschonend sein	• Beimengung von Korrosionsinhibitoren	• Persil waschmaschinenschonend
1986	• Weniger Schadstoffe sollen ins Abwasser gelangen	• Waschmittel ohne Phosphat	• Persil phosphatfrei
1994	• Kleinere Verpackung gewünscht	• Waschmittel als Perlen anstatt als Pulver	• Persil mit den Megaperls
1998	• Kleinere Verpackung gewünscht	• Waschmittel als Tabs anstatt als Pulver	• Persil mit den Tabs
2004	• Mit Langzeitfarbschutz	• Waschmittel in Gelform	• Persil Color Gel

Persil phosphatfrei   Persil mit Megaperls    Persil mit Tabs    Persil Color Gel

Abbildung 52: Entkopplung von Marken- und Produktlebenszyklus bei Persil
Quelle: Esch/Herrmann/Sattler 2006, S. 249.

Risiken

Neben den genannten Chancen sind markenbezogene Integrationsstrategien beziehungsweise Markentransfers jedoch auch mit einer Vielzahl von **Risiken** behaftet (Abbildung 53). Dies zeigt sich zunächst in den erheblichen Flopraten von Markentransfers. So sind im Bereich kurzlebiger Konsumgüter Flopraten in Höhe von circa 70% nicht ungewöhnlich (Wieking 2006). Mögliche Ursachen hierfür sind unter anderem ein zu geringer Fit zwischen Transferprodukt und Muttermarke oder eine mangelnde Imagestärke der Muttermarke. Zudem zeigen Misserfolge wie zum Beispiel Ajax Waschmittel, Kleenex Windeln, Levi's Herrenanzüge oder Xerox Computer, dass selbst bei bisher sehr erfolgreichen Marken das Risiko eines möglichen Flops des Neuprodukts nicht ausgeschlossen werden kann (Aaker 1990, S. 50 ff.; Keller 2003, S. 599).

In der Unternehmenspraxis besteht dementsprechend eine hohe **Unsicherheit** hinsichtlich des Erfolgs von Markentransfers. Dies zeigen die Ergebnisse einer

4.1 Markenbezogene Integrationsstrategien

Abbildung 53: Risiken markenbezogener Integrationsstrategien

Befragung von 71 Markenexperten deutscher Konsumgüterhersteller hinsichtlich der Erfolgschancen spezifischer, bisher nicht realisierter Markentransfers (Sattler 1998a, S. 478). So meinen zum Beispiel 25% der Befragten, dass ein Transfer der Pilsbiermarke A auf ein neues Malzbier eine hohe bis sehr hohe Erfolgswahrscheinlichkeit besitzt, andere 25% gehen davon aus, dass die Erfolgschancen dieses Markentransfers sehr niedrig sind, und die restlichen 50% der Befragten siedeln die Erfolgswahrscheinlichkeit dazwischen an (Abbildung 54).

Weitere Risiken von Markentransferstrategien bestehen in möglichen **Imagebeeinträchtigungen** der Muttermarke infolge eines Markentransfers und damit einhergehenden Absatzeinbußen für sämtliche Produkte, die unter der Marke angeboten werden (vgl. auch die Ausführungen zu den Rückwirkungen von Markentransfers auf die Muttermarke weiter unten in diesem Abschnitt). Imagebeeinträchtigungen können durch eine Imageverwässerung oder durch neue, negative Imagedimensionen entstehen. Grundsätzlich können die vier in Abbildung 55 aufgeführten Fälle unterschieden werden. Die nachhaltigsten Effekte treten dann auf, wenn ein Markentransfer sich als Flop erweist und zusätzlich das Image der Muttermarke beeinträchtigt wird. So war zum Beispiel der Transfer der Marke Levi's auf klassische Herrenanzüge ein Misserfolg und bewirkte zudem eine Imageschädigung der Marke, die auch zu negativen Effekten auf dem Jeansmarkt führte (Aaker 1990, S. 50). Aber auch dann, wenn das Transferprodukt ein Erfolg ist, kann das Gesamtimage geschä-

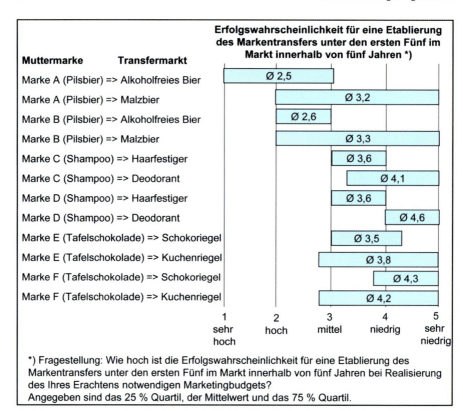

Abbildung 54: Expertenschätzungen hinsichtlich der Erfolgschancen spezifischer, bisher nicht realisierter Markentransfers
Quelle: Sattler 1998a, S. 478.

digt werden wie zum Beispiel bei der Einführung von Miller Lite in den USA mit negativen Folgen für das Stammprodukt Miller High Life (Ries/Ries 1998, S. 78 ff.).

Ein weiteres Risiko von Markentransferstrategien besteht darin, dass eine **klare Positionierung** auf eine spezifische Zielgruppe **nur schwer möglich** ist. Mit zunehmendem Integrationsgrad einer Marke gewinnt dieses Problem an Bedeutung. Bei stark integrierten Marken wird der **Handlungsspielraum für eine Neuproduktpositionierung** unter dem Dach der Marke erheblich **eingeengt**, da man an die zentralen Imagedimensionen der Muttermarke gebunden ist. Mit zunehmender Abkehr von diesen Dimensionen würde die Gefahr von Imagebeeinträchtigungen steigen. Hätte zum Beispiel Henkel unter der für Vollwaschmittel bekannten Marke Persil das Farben schonende Feinwaschmittel Fewa positionieren wollen, so wäre die schonende Imagekomponente für die Muttermarke unter Umständen schädlich gewesen und zudem hätten die Imagekomponenten der Muttermarke „waschaktiv" und „Wäsche aufhellend"

4.1 Markenbezogene Integrationsstrategien

	Kein Flop des Transferprodukts	Flop des Transferprodukts
Keine eklatante Imagebeeinträchtigung der Muttermarke	• Nivea dekorative Kosmetik  • Marlboro Light Zigaretten 	• Ajax Waschmittel • Xerox Computer
Imagebeeinträchtigung der Muttermarke	• Miller Lite Bier • Verschiedene Melitta-Produkte	• Levi's Anzüge • Audi 5000 Automatik in den USA

Abbildung 55: Markenimageeffekte durch Markentransfers

für das neue Feinwaschmittel belastend wirken können (siehe hierzu auch Abbildung 52). Selbst bei der Fortführung einer Marke im Laufe der Zeit bei konstanter Anzahl von Produkten unter einer Marke ist man an die Gesamtpositionierung der Marke gebunden.

Mit zunehmender Anzahl von Produkten unter einem einheitlichen Markenzeichen wächst der **Koordinationsbedarf** zwischen den Marketingmaßnahmen der Muttermarke und der Transferprodukte. Aufgrund der bestehenden Synergieeffekte müssen bei allen Entscheidungen mögliche Auswirkungen auf andere Produkte der Marke berücksichtigt werden (Keller 2003, S. 593 ff.). Dies betrifft insbesondere Instrumente, welche die Positionierung einer Marke beeinflussen.

Auch wenn Markentransferstrategien prinzipiell den Zugang zum Handel fördern können (s. o.), so hat die insbesondere durch Markentransferstrategien begünstigte Inflation an Produktangeboten insgesamt zu einer **Erschwernis der Distribution** über den Handel geführt. Dies gilt insbesondere dann, wenn der Handel davon ausgeht, dass mit neuen Markentransfers lediglich eine Umschichtung von Umsätzen, nicht jedoch ein Umsatzgewinn einhergeht.

Schließlich werden in der Literatur häufig **Kannibalisierungseffekte** als Risiko von integrierten Markenstrategien angesehen (z. B. Guiltinan 1993, S. 140 f.; Lomax et al. 1996, S. 282 f.). So ist es möglich, dass aufgrund des Transfers einer Marke auf ein Substitut der Absatz eines beziehungsweise mehrerer anderer unter der Marke angebotenen Produkte sinkt. Problematisch ist dies insbesondere dann, wenn die Erlösminderung aufgrund des niedrigeren Absatzes der bisherigen Produkte größer ist als der Erlöszuwachs durch den Absatz von Transferprodukten. Allerdings treten prinzipiell die gleichen Probleme auf, wenn anstelle eines Markentransfers eine Neumarkenstrategie verwendet wird.

Determinanten

Vor dem Hintergrund der aufgezeigten Risiken von Markentransferstrategien hat sich die empirische Markentransferforschung intensiv mit der Analyse potenzieller **Einflussgrößen des Markentransfererfolges** beschäftigt. Grundlage der empirischen Untersuchungen bilden unterschiedliche Forschungskonzeptionen. Zumeist erfolgt eine theoriegestützte Ableitung von Hypothesen zur Wirkung spezifischer Erfolgsfaktoren von Markentransfers (z. B. Qualitätseinschätzung bzw. Imagestärke der Muttermarke oder Fit zwischen Muttermarke und Transferprodukt) auf einer nichtmonetären Ebene. Üblicherweise beruhen die Studien auf einer **Befragung von Konsumenten** hinsichtlich ihrer Einstellung zu hypothetischen oder real im Markt existierender Markentransfers (Abbildung 56). Insgesamt wurden seit 1985 über 60 empirische Studien zur Wirkung von Markentransfer-Erfolgsfaktoren veröffentlicht (vgl. z. B. die Übersichten bei Völckner 2003; Völckner/Sattler 2006; Zatloukal 2002).

Abbildung 56: Beispiele für Markentransfers bei Völckner/Sattler (2006)

Eine Übersicht über die wichtigsten von der empirischen Forschung identifizierten Einflussfaktoren des Markentransfererfolges ist in Abbildung 57 zusammengestellt. Die Befunde der zahlreichen empirischen Studien sind allerdings nicht eindeutig. Betrachtet man zum Beispiel die Studie von Aaker und Keller (1990) und ihre sechs Replikationsstudien von Sunde und Brodie (1993), Nijssen und Hartman (1994), Holden und Barwise (1995), Bottomley und Doyle (1996), Nijssen und Bucklin (1998) sowie Lye, Venkateswarlu und

4.1 Markenbezogene Integrationsstrategien

Barrett (2001), so zeigt sich, dass hinsichtlich der Erfolgsfaktoren „Fit zwischen Muttermarke und Transferprodukt" und „Muttermarkenstärke" nicht eindeutig ermittelt werden kann, ob sie einen signifikanten Einfluss auf den Erfolg eines Transferprodukts ausüben oder nicht. Die betreffenden Studien kommen jeweils zu unterschiedlichen Ergebnissen. Hier ist zu vermuten, dass andere in den Studien nicht betrachtete potenzielle Erfolgsfaktoren die Ursache für die widersprüchlichen Befunde sind.

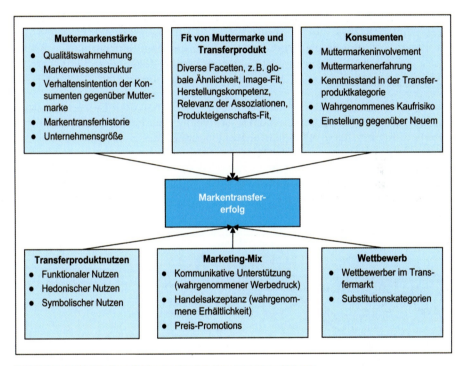

Abbildung 57: Einflussfaktoren des Markentransfererfolges

Neueste empirische Studien betrachten die in Abbildung 57 aufgeführten Erfolgsfaktoren erstmals **simultan** (Sattler/Völckner/Zatloukal 2003; Völckner/Sattler 2006 und 2007). Die im Folgenden dargestellten Befunde basieren unter anderem auf zwei Konsumentenbefragungen hinsichtlich hypothetischer Markentransfers (n = 917 Probanden, 90% Studenten) und realer im Markt existierender Transferprodukte (n = 2.426 Probanden, deutschlandweit repräsentative Quotenstichproben von Käufern kurzlebiger Konsumgüter). Im Mittelpunkt der Studien stehen die folgenden Forschungsfragen:

(1) Welche relative Bedeutung kommt den einzelnen Erfolgsfaktoren bei der Erklärung des Markentransfererfolges zu?
(2) Welche Beziehungsstrukturen bestehen zwischen den Erfolgsfaktoren?
(3) In welchem Maße unterscheiden sich die Wirkungen der Faktoren zwischen Produktgruppen und Muttermarken?

Zu 1: Relative Bedeutung der Erfolgsfaktoren

Es kristallisieren sich fünf Faktoren mit einer deutlich überdurchschnittlichen Bedeutung heraus. Dabei handelt es sich um den Fit zwischen Muttermarke und Transferprodukt, die vom Konsumenten wahrgenommene Marketingunterstützung des Transfers, die Handelsakzeptanz des Transferprodukts (gemessen als die vom Konsumenten wahrgenommene Erhältlichkeit des Transferprodukts im Handel), das Involvement der Konsumenten gegenüber der Muttermarke und die Intensität der Muttermarkenerfahrung der Konsumenten. Des Weiteren zeigt sich, dass moderierende Effekte (d. h. Interaktionen zwischen den Einflussgrößen) nur eine untergeordnete Rolle spielen (Völckner/Sattler 2006).

Zu 2: Beziehungsgeflecht der Erfolgsfaktoren

Wie aus Abbildung 58 hervorgeht, erweisen sich neben den direkten Effekten der Einflussgrößen auf den Markentransfererfolg eine Reihe von Beziehungen zwischen den Einflussgrößen als statistisch signifikant.

> Die identifizierten Einflussgrößen üben neben einer **direkten** Wirkung verschiedene **indirekte Effekte** auf die Erfolgswahrscheinlichkeit eines Markentransfers aus (Völckner/Sattler 2006).

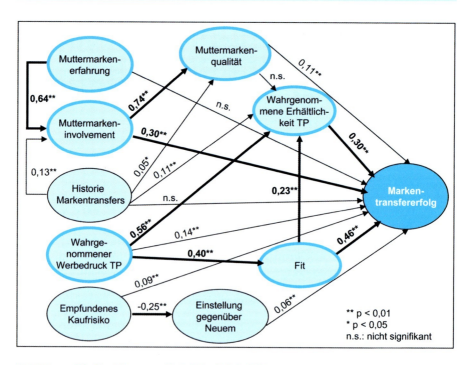

Abbildung 58: Beziehungsgeflecht der Erfolgsfaktoren
Quelle: Völckner/Sattler 2006.

4.1 Markenbezogene Integrationsstrategien

Es zeigt sich beispielsweise, dass der stärkste Bestimmungsfaktor des Markentransfererfolges, die wahrgenommene Ähnlichkeit zwischen Muttermarke und Transferprodukt, durch die vom Konsumenten wahrgenommene Marketingunterstützung des Transferprodukts positiv beeinflusst werden kann. Empirische Studien zeigen in diesem Zusammenhang, dass insbesondere die Betonung gemeinsamer Merkmale von Muttermarke und Transferprodukt und die Hervorhebung der Relevanz bestimmter Muttermarkenassoziationen in der Transferproduktkategorie im Rahmen kommunikativer Maßnahmen eine Erfolg versprechende Strategie sein kann (z. B. Bridges/Keller/Sood 2000). Auffallend ist die Veränderung der relativen Bedeutung einzelner Erfolgsfaktoren bei einer Berücksichtigung von indirekten Einflüssen auf das Zielphänomen (Abbildung 59). So sinkt beispielsweise die relative Bedeutung der Handelsakzeptanz um gut 1/4 von 20,9% auf 13,0%. Ein eklatanter Unterschied ergibt sich hinsichtlich der relativen Bedeutung des Faktors „Marketingunterstützung" (wahrgenommener Werbedruck). Bei alleiniger Betrachtung der direkten Effekte ergibt sich eine relative Bedeutung von 9,4%. Diesem Wert steht ein Bedeutungsgewicht von 22,5% bei Berücksichtigung der totalen (= direkte + indirekte) Effekte gegenüber (Völckner/Sattler 2006).

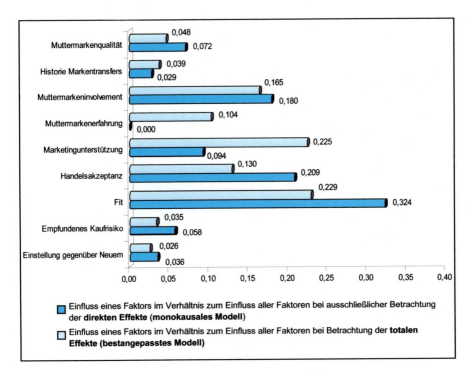

Abbildung 59: Relative Bedeutung der Markentransfererfolgsfaktoren
Quelle: Völckner/Sattler 2006.

> Einfache einstufige Erklärungsmodelle laufen Gefahr, die relative Bedeutung der betrachteten Einflussgrößen erheblich zu unter- oder zu überschätzen.

Dies ist insofern problematisch, da die Gefahr einer Fehleinschätzung des Markentransfererfolges besteht. Konnte beispielsweise für eine bestimmte Einflussvariable kein signifikanter direkter Effekt nachgewiesen werden, so würde man diese im Rahmen einstufiger Erklärungsmodelle aus der Erfolgsprognose ausschließen. Unberücksichtigt bleibt hier, dass der betrachtete Faktor möglicherweise über andere Erfolgsfaktoren einen signifikanten Einfluss auf die Erfolgschancen eines Markentransfers ausübt.

Zu 3: Unterschiede zwischen Produktgruppen und Muttermarken

Eine vergleichende Analyse der Erfolgsfaktorenwirkungen in verschiedenen Produktgruppen des kurzlebigen Konsumgüterbereichs zeigt, dass wesentliche Befunde der bisherigen Forschung über Warengruppen hinweg weitgehend generalisierbar sind. Unabhängig von der Produktgruppe kann ein signifikant positiver direkter Effekt der Faktoren Markeninvolvement, Handelsakzeptanz, Marketingunterstützung und Fit auf den Markentransfererfolg nachgewiesen werden. Auch die wesentlichen Beziehungen zwischen den Erfolgsfaktoren lassen sich über Produktgruppen hinweg generalisieren. Darüber hinaus besteht hinsichtlich der relativen Bedeutung der Erfolgsfaktoren innerhalb der einzelnen Produktgruppen eine hohe Gemeinsamkeit. Die Befunde bestätigen allerdings auch die Vermutung, dass der Einfluss mehrerer Faktoren innerhalb der einzelnen Produktgruppen variiert. So ist zum Beispiel die Qualität der Muttermarke in der Produktkategorie Koch-, Back- und Bratzutaten von besonderer Bedeutung, während die Handelsakzeptanz bei Süßwaren von wesentlicher Bedeutung ist. In keiner Produktgruppe können die Ergebnisse der Gesamtanalyse exakt repliziert werden (Völckner/Sattler 2006, 2007).

> Im Rahmen einer Detailanalyse potenzieller Markentransfers empfiehlt es sich, **warengruppenspezifische Wirkungen** der Erfolgsfaktoren zu berücksichtigen.

Die bisherige Forschung hat sich primär mit Markentransfers im kurzlebigen Konsumgüterbereich beschäftigt. Ähnlich wie bei kurzlebigen Konsumgütern stellen Markentransfers auch bei **Dienstleistungen** die eindeutig **dominierende Markenstrategie** dar. Empirische Ergebnisse zu den Erfolgsfaktoren von Markentransfers bei Dienstleistungen bestätigen die aus dem kurzlebigen Konsumgüterbereich bekannte hohe Bedeutung des Fit und – in eingeschränktem Maße – der Muttermarkenqualität für den Erfolg eines Markentransfers und zeigen auf, welche **dienstleistungsspezifischen Dimensionen** der beiden Erfolgsfaktoren eine wesentliche Rolle spielen (van Riel/Lemmink/Ouwersloot 2001; Lei et al. 2004; Völckner et al. 2007; Abbildung 60). So lässt sich die Muttermarkenqualität in drei Dimensionen unterteilen (Brady/Cronin 2001, S. 37): die Qualität des Dienstleistungsumfeldes (z. B. das Ambiente eines Res-

4.1 Markenbezogene Integrationsstrategien

taurants), die Qualität des Personalkontaktes (z. B. die Freundlichkeit der Bedienung) und die Qualität des Dienstleistungsergebnisses (z. B. die Qualität der Gerichte). Die drei Dimensionen der Dienstleistungsqualität determinieren unter anderem die Beurteilung des Fit zwischen Muttermarke und Transferdienstleistung. Demnach „passt" aus Konsumentensicht ein Transfer insbesondere dann zur Muttermarke, wenn die Beurteilung der drei Dimensionen der Muttermarkenqualität mit der Relevanz dieser Qualitätsdimensionen in der Transferkategorie übereinstimmt. Eine Muttermarke, die zum Beispiel Spitzenwerte beim Dienstleistungsumfeld erhält, sollte folglich in eine Kategorie gedehnt werden, in der diese Dimension eine zentrale Rolle bei der Beurteilung der Gesamtqualität spielt (Völckner et al. 2007).

Muttermarken (real)	Markentransfers (hypothetisch)
First Reisebüro	Autovermietung, Sonnenstudio, Bankdienstleistungen
Sixt	Autoreparaturdienst, Reiseberatung, Hotel
Deutsche Telekom	Fotoentwicklung, Bankdienstleistungen, Ferienanlage
Block House	Kochkurs, Freizeitpark, Schuhreparatur
Cinemaxx	Fastfood Restaurant, Fitnessstudio, Friseur
Hilton	Reiseberatung, Autovermietung, Musicaltheater
Deutsche Bank	Internet-Providerdienste, Reiseberatung, Hotel
McDonald's	Freizeitpark, Schnellreinigung, Friseur
Starbucks	Restaurant, Internet-Providerdienste, Wellnessstudio

Abbildung 60: Markentransfers der Studie von Völckner et al. (2007).

Ähnlich wie bei den Produktgruppenanalysen zeigt sich auch bei einer Analyse über verschiedene **Muttermarkentypen** hinweg, dass die Erfolgswirkung wesentlicher Einflussgrößen unabhängig von der Muttermarke weitgehend generalisierbar ist. Teilt man die betrachteten Marken beispielsweise gemäß ihrer aus Konsumentensicht wahrgenommenen Markenpersönlichkeit (Aaker 1997) in zwei Gruppen (Völckner/Sattler 2007) ein und nimmt dann die jeweiligen Analysen separat für die beiden Gruppen vor, so ergeben sich relativ geringe (wenn auch signifikante) Unterschiede zwischen den Gruppen hinsichtlich der Wirkung der Erfolgsfaktoren. Insbesondere zeigt sich, dass die Muttermarkenstärke und der Fit über alle betrachteten Marken hinweg die dominierenden Erfolgsfaktoren sind. Ein ähnliches Ergebnis zeigt sich bei einer vergleichenden Analyse von prestigeorientierten und funktionalorientierten Marken (Völckner/Sattler 2007).

Des Weiteren zeigt sich, dass zwischen Analysen auf Basis realer (d. h. in der Vergangenheit tatsächlich in den Markt eingeführter Transfers) und hypothetischer Transferprodukte (d. h. bisher nicht in den Markt eingeführter Transfers) nur geringe Unterschiede bestehen. Dieser Befund lässt darauf schließen, dass Untersuchungsergebnisse auf Basis hypothetischer Markentransfers auf reale Markentransfers zu wesentlichen Teilen übertragen werden können.

Neben einer Betrachtung zentraler Erfolgsfaktoren zur Einschätzung der Erfolgschancen eines neuen Transferprodukts müssen bei der Planung und Beurteilung einer Markentransferstrategie auch **potenzielle Rückwirkungen des Transfers auf die Muttermarke** berücksichtigt werden (Abbildung 61).

> Unter **Rückwirkungen** von Markentransfers wird die Veränderung der ursprünglichen Einstellungen und Überzeugungen eines Konsumenten bezüglich einer Marke verstanden, die sich sowohl in Markenimageveränderungen als auch in einem veränderten Kaufverhalten widerspiegeln kann (Park/McCarthy/Milberg 1993).

Mögliche Rückwirkungseffekte sind in Abbildung 62 dargestellt, wobei zwischen nichtmonetären und monetären Effekten unterschieden wird.

> Rückwirkungen von Markentransfers auf die Muttermarke lassen sich auf einer nichtmonetären Ebene in Form von **Markenimageveränderungen** und auf einer monetären Ebene in Form von **Umsatz-/Gewinnsteigerungen beziehungsweise -einbußen** (Kannibalisierung) messen.

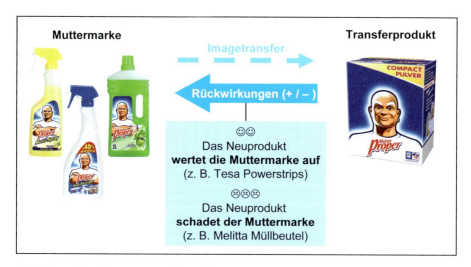

Abbildung 61: Wirkungen zwischen Muttermarke und Transfer

Beispiele für positive Imageeffekte sind die Verstärkung vorteilhafter Markenassoziationen oder die Erweiterung der Marke um neue Assoziationen. Solche

4.1 Markenbezogene Integrationsstrategien

Positive Rückwirkungen auf die Muttermarke	Negative Rückwirkungen auf die Muttermarke
• **Image** – Verstärkung bestehender Assoziationen – Ergänzung neuer positiver Assoziationen • **Umsatz-/Gewinnsteigerungen** – kurzfristig – langfristig	• **Image** – Schwächung bestehender Assoziationen – Ergänzung neuer negativer Assoziationen • **Umsatz-/Gewinneinbußen** (Kannibalisierung) – kurzfristig – langfristig

Abbildung 62: Rückwirkungseffekte

Rückwirkungen auf die Muttermarke können auch zur Revitalisierung der Marke in Form einer Umpositionierung beziehungsweise Verjüngung der Marke genutzt werden. Ein Beispiel dafür stellt die Umpositionierung der Marke Tesa in Richtung Innovativität durch die Einführung von Tesa-Power-Strips dar. Ausgehend von dem verjüngten dynamischen Image wurde es für Tesa möglich, erfolgreich Insekten- und Pollenschutzgitter für Fenster einzuführen. Negative Imageeffekte äußern sich in einer Schwächung bestehender Assoziationen oder dem Aufbau negativer Markenassoziationen und

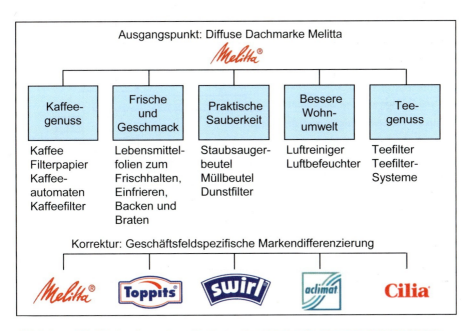

Abbildung 63: Wechsel von einer Dach- zu einer Markenfamilienstrategie bei Melitta
Quelle: Becker 2005, S. 400.

bewirken auf diese Weise eine Schädigung des Markenimages (Keller 2003, S. 591 ff.; Kaufmann 2006, S. 8 f.). Insbesondere bei ähnlichen Produkten kann es zudem auf einer monetären Ebene zu einer Kannibalisierung kommen und der Absatz des neuen Transfers geht auf Kosten bestehender Produkte (Swaminathan/Fox/Reddy 2001; Aaker 1990, S. 54).

Als Folge der beschriebenen Imagebeeinträchtigungen können sich Unternehmen dazu gezwungen sehen, die gesamte Markenstrategie zu überdenken. So hat sich Melitta infolge einer zunehmenden Imageverwässerung durch Markentransfers dazu entschlossen, von einer Dach- zu einer Markenfamilienstrategie zu wechseln (Abbildung 63). Wie ernst (und zudem wie unterschiedlich) das Problem markentransferinduzierter negativer Rückwirkung auf die Muttermarke von der Unternehmenspraxis gesehen wird, zeigen die Ergebnisse einer Befragung der oben bereits angesprochenen Markenexperten hinsichtlich ausgewählter Markentransfers (Abbildung 64).

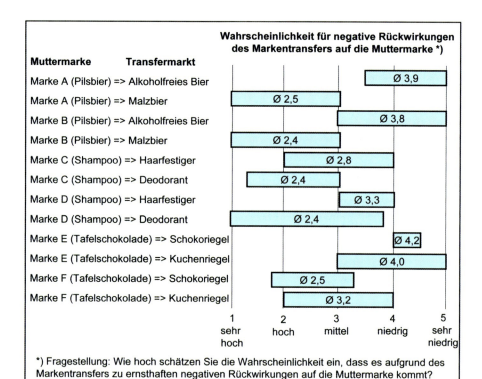

Abbildung 64: Expertenschätzungen hinsichtlich des Auftretens negativer Rückwirkungen spezifischer, bisher nicht realisierter Markentransfers auf die Muttermarke
Quelle: Sattler 1997.

Die Forschung zu Rückwirkungseffekten basiert insbesondere auf **Befragungsexperimenten** (Ahluwalia/Gürhan-Canli 2000; John/Loken/Joiner 1998; Kim/Lavack/Smith 2001) und **Scanner-Paneldatenanalysen** (Balachander/Ghose 2003; Bauer/Fischer 2001; Swaminathan/Fox/Reddy 2001). Sehr vereinzelt findet man auch die Auswertung von Fallstudien (Randall/Ulrich/Reibstein 1998; Sullivan 1990). Die Befunde zur **Existenz von Rückwirkungen** sind uneinheitlich. So finden einige Studien bei negativen Informationen bezüglich des Transfers negative Rückwirkungen (John/Loken/Joiner 1998; Kim/Lavack/Smith 2001), während andere Studien keine eindeutigen, signifikant negativen Effekte finden (Jap 1993; Keller/Aaker 1992; Park/McCarthy/Milberg 1993; Romeo 1991). Die Befunde von John/Loken/Joiner (1998, S. 24) deuten darauf hin, dass das Kernprodukt (flagship product) einer Muttermarke weniger anfällig gegenüber negativen Rückwirkungen ist als die übrigen Produktangebote der Muttermarke. Sullivan (1990, S. 323 ff.) findet eindeutig negative Effekte anhand des Beispiels Audi 4000/5000 Mitte der 80er Jahre in den USA. Bemerkenswert ist, dass die negativen Effekte nicht hypothetisch im Rahmen eines Experiments, sondern anhand realer Absatzrückgänge gemessen werden konnten.

Auch hinsichtlich der **Wirkung von Einflussgrößen auf die Rückwirkungen** eines Markentransfers kommen die bisherigen Studien zu widersprüchlichen Befunden. Beispielsweise kommen einige Studien zu dem Ergebnis, dass negative Rückwirkungen bei einem hohen Fit zwischen Muttermarke und Transferprodukt auftreten (Keller/Sood 2002; Romeo 1991). Andere Studien finden hingegen positive Rückwirkungen bei einem hohen Fit (Dacin/Smith 1994; Martinez/Pina 2003; Milberg/Park/McCarthy 1997). Gürhan-Canli/Maheswaran (1998, S. 469 ff.) ermitteln experimentell, dass negative Rückwirkungen bei starker Konsumentenmotivation (in Form der individuellen Bedeutung einer Kaufentscheidung) relevant werden können, und zwar sowohl bei hohem als auch geringem Fit zwischen Muttermarke und Markentransfer. Loken/John (1993, S. 76 ff.) messen verschiedene negative Rückwirkungen, die allerdings mit geringerer Wahrscheinlichkeit auftreten, wenn der Markentransfer als atypisch für die Muttermarke wahrgenommen wird.

> Die Ursache für die uneinheitlichen Befunde dürften insbesondere **methodische Probleme** sein. So verwenden Befragungsexperimente üblicherweise hypothetische Markentransfers und kontrollieren nicht für Konsumentenheterogenität, während Scanner-Paneldaten keine Imageeffekte erfassen und nur eingeschränkt Einflussgrößen analysieren können.

Bis auf die Studie von Sullivan (1990) besteht eine weitere wesentliche Einschränkung der bisherigen empirischen Studien zudem darin, dass über die vorgenommenen Messungen typischerweise lediglich kurzfristige Effekte abgebildet werden können. Teilweise treten negative Rückwirkungen jedoch erst nach Jahren auf. Beispielsweise wird für den Rückgang des Marktanteils der Marke „Miller High Life" im US-amerikanischen Biermarkt von 21% im Jahr 1978 auf 12% im Jahr 1986 eine Imageverwässerung der Marke infolge der Einführung des Markentransfers „Miller Lite" verantwortlich gemacht (s. o.), was sich jedoch erst Jahre nach der Einführung des Markentransfers zeigte (Aaker 1991, S. 222).

Völckner/Sattler/Kaufmann (2006) präsentieren erstmals ein **Feldexperiment mit realen Muttermarken und Transferprodukten** zur Identifikation von Image-Rückwirkungen und zur Hypothesenprüfung von Einflussgrößen auf die Image-Rückwirkungen von Markentransfers. Insgesamt wurden 578 Personen aus dem gesamten Bundesgebiet zu neun kürzlich eingeführten Transferprodukten befragt. Die Probanden wurden in eine **Experimental- und eine Kontrollgruppe** eingeteilt. In beiden Gruppen erfolgte eine Vorher-Messung (Pre-Image) zur Erfassung des Markenimages anhand einer Multi-Item-Skala (Gürhan-Canli/Maheswaran 1998; Keller/Aaker 1992; Lane/Jacobson 1997). Anschließend erhielten die Probanden in der Experimentalgruppe postalisch eine Warenprobe des jeweiligen Transferprodukts, verwendeten diese und wurden circa einen Monat später im Rahmen einer Nachher-Messung (Post-Image) erneut zum Markenimage befragt. Die Probanden der Kontrollgruppe wurden ebenfalls einen Monat später erneut zum Markenimage befragt, hatten das Transferprodukt jedoch in der Zwischenzeit weder verwendet noch im Markt wahrgenommen.

Die Analysen zeigen, dass in der Experimentalgruppe negative Image-Rückwirkungen dominieren (Abbildung 65), in der Kontrollgruppe hingegen bei acht von neun Muttermarken keine signifikanten Unterschiede festgestellt werden können. Darauf aufbauend wird das Vorliegen von Konsumentenheterogenität im Hinblick auf positive beziehungsweise negative Image-Rückwirkungen analysiert. Es zeigt sich, dass das Auftreten negativer und positiver Rückwirkungen bei sämtlichen Marken deutlich zwischen Konsumenten divergiert (Abbildung 65, Spalten 4 bis 6). So führt beispielsweise der Markentransfer von Marke C bei 54,3% der Befragten zu negativen und bei 33,3% zu positiven Veränderungen des Muttermarkenimages. Eine zusätzliche Erhebung nach sechs Monaten zeigt, dass sich die Muttermarkenimages langfristig erholen. So ergeben sich zwar nach wie vor im Durchschnitt negative Imagedifferenzen, diese fallen aber deutlich geringer aus als die Imagedifferenzen nach einem Monat (Abbildung 65, Spalten 3 bzw. 7). Dass selbst negative Rückwirkungen infolge eines Flops des Transferprodukts abgefedert werden können (insbesondere, wenn die Muttermarke eine ausgesprochen starke Marktposition besitzt, Biel 2001, S. 68), zeigen die Beispiele Intel und Sony. Fehlerhafte Chips haben der Marke Intel zwar geschadet, sie aber langfristig nicht ernsthaft bedroht. Genauso ist das Image von Sony nicht langfristig durch Betamax belastet worden.

Schließlich analysieren Völckner/Sattler/Kaufmann (2006) den Effekt verschiedener potenzieller Einflussgrößen auf das Auftreten positiver beziehungsweise negativer Image-Rückwirkungen. Die Befunde zeigen, dass starke Marken eher von negativen Rückwirkungen betroffen sind als schwache Marken. Damit wird ein wesentlicher Trade-Off bei der Durchführung von Markentransfers deutlich:

> Einerseits erhöhen **starke Marken** die Erfolgschancen eines neuen Transferprodukts, andererseits erhöhen starke Marken die Gefahr negativer Rückwirkung.

4.1 Markenbezogene Integrationsstrategien

Marke	N	Mittelwert Imagedifferenz nach 1 Monat[a]	Negative Imagedifferenz	Positive Imagedifferenz	Keine Imagedifferenz	Mittelwert Imagedifferenz nach 6 Monaten[b]
A	150	0,485**	27,3%	57,3%	15,3%	—
B	154	-0,188*	47,4%	39,0%	13,6%	—
C	186	-0,273**	54,3%	33,3%	12,4%	—
D	118	-0,186*	53,4%	35,6%	11,0%	—
E	137	-0,155 (n.s.)	48,2%	40,9%	10,9%	—
F	116	-0,041 (n.s.)	44,0%	45,0%	12,9%	—
G	139	-1,574**	76,3%	18,0%	5,8%	-0,531** (n = 70)
H	139	-0,414**	63,3%	21,6%	15,1%	-0,324** (n = 55)
I	145	-0,014 (n.s.)	42,8%	42,8%	14,5%	0,029 n.s. (n = 48)
Gesamt	1284	-0,260**	50,7%	36,8%	12,5%	—

[a] Mittelwert der Imagedifferenz = Post-Image gemessen nach 1 Monat – Pre-Image (auf einer 7-stufigen Ratingskala).
[b] Mittelwert der Imagedifferenz = Post-Image gemessen nach 6 Monaten – Pre-Image (auf einer 7-stufigen Ratingskala).
** $p < 0,01$; * $p < 0,05$; n. s.: nicht signifikant.

Abbildung 65: Empirisch gemessene Imageeffekte von neun realen Markentransfers (Experimentalgruppe)
Quelle: Völckner/Sattler/Kaufmann 2006.

Der Haupteffekt des Fit auf die Image-Rückwirkungen erweist sich als nicht signifikant, es kann aber eine signifikant positive Interaktion zwischen Fit und Markenstärke nachgewiesen werden. Die Gefahr negativer Rückwirkungen bei starken Marken (signifikanter Haupteffekt der Markenstärke) kann folglich dadurch abgeschwächt werden, dass eine Transferproduktkategorie gewählt wird, die einen hohen Fit zur Muttermarke aufweist. Eine zentrale Einflussgröße stellt zudem die wahrgenommene Erweiterbarkeit der Marke dar, ein Faktor der vor der Durchführung eines Markentransfers explizit durch das Management getestet werden kann. Bei Marken mit einem hohen Dehnungspotenzial ist es weniger wahrscheinlich, dass es zu negativen Rückwirkungen kommt. Weiterhin ergeben die Analysen, dass Rückwirkungseffekte (kurzfristig) nicht durch die Marketingunterstützung der Muttermarke oder des Transferprodukts beeinflusst werden können (Abbildung 66).

Vor dem Hintergrund der aufgezeigten Risiken kommt einer sorgfältigen Analyse und Bewertung der Erfolgsaussichten von geplanten Markentransfers eine erhebliche Bedeutung zu. Im Rahmen einer solchen Beurteilung sind im

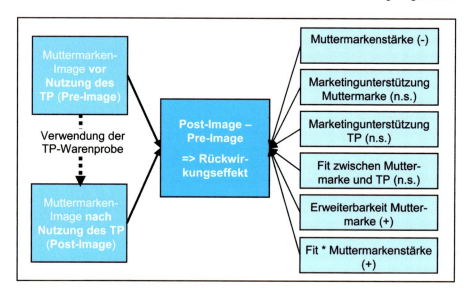

Abbildung 66: Einflussfaktoren auf Image-Rückwirkungen
Quelle: Völckner/Sattler/Kaufmann 2006.

Wesentlichen drei Stufen relevant (Abbildung 67). Angesichts der Vielzahl potenzieller Transferproduktkategorien ist zunächst eine **Vorselektion aussichtsreicher Transfermärkte** erforderlich. Für Zwecke der Markenführung sind anschließend die wesentlichen Werttreiber zu identifizieren, um eine **Ursachenanalyse der Wertentstehung** und darauf aufbauend eine effektive Markentransfer- und Markenwertsteuerung zu ermöglichen. Dabei geht es zum einen darum, die Haupttreiber des Markentransfererfolges zu identifizieren und zum anderen darum, die wesentlichen Treiber der Rückwirkungen eines Markentransfers auf die Muttermarke zu identifizieren. Auf der dritten Stufe ist schließlich im Sinne einer wertorientierten Markenführung eine **monetäre Bewertung** geplanter Markentransfers vorzunehmen (zu einer alternativen Vorgehensweise vgl. Abschnitt 6.3).

Abschließend sei noch einmal darauf hingewiesen, dass die in diesem und den folgenden Abschnitten des Kapitels 4 diskutierten **Chancen und Risiken im Einzelfall** zu **beurteilen** und zu **gewichten** sind. Aufgrund der erheblichen Schwierigkeiten einer Gewichtung wird man aufgrund einer Chancen- und Risikoanalyse typischerweise lediglich klar dominierte Markenstrategiealternativen vom weiteren Entscheidungsprozess ausschließen können. Die verbleibenden Alternativen sollten so weit wie möglich anhand wertorientierter Entscheidungsinstrumente beurteilt werden. Diese Instrumente werden in Abschnitt 5 behandelt und in Abschnitt 6 anhand von Fallbeispielen illustriert. Speziell wird in Abschnitt 6.3 ein Fallbeispiel vorgestellt, in dem eine zentrale Entscheidung hinsichtlich einer Markenintegrationsstrategie auf Basis wertorientierter markenpolitischer Instrumente getroffen wird.

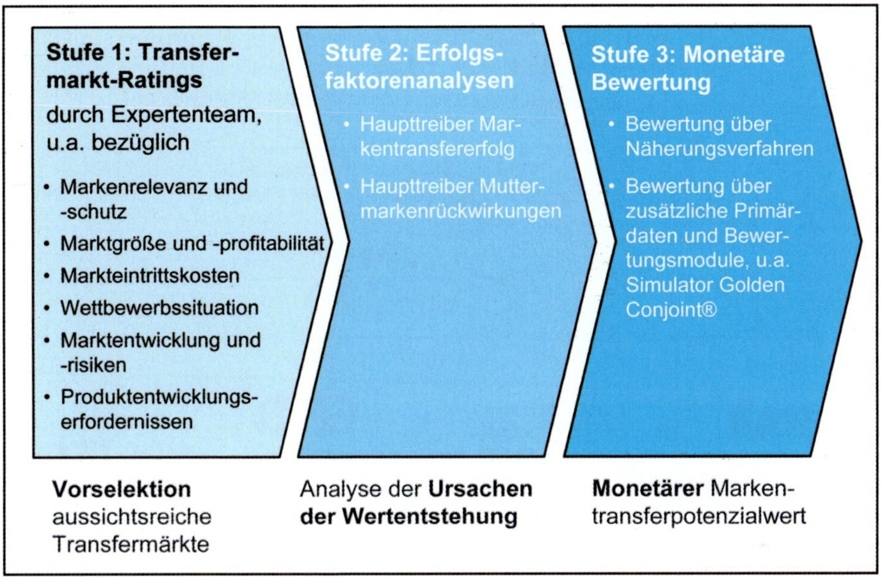

Stufe 1: Transfermarkt-Ratings	Stufe 2: Erfolgsfaktorenanalysen	Stufe 3: Monetäre Bewertung
durch Expertenteam, u.a. bezüglich • Markenrelevanz und -schutz • Marktgröße und -profitabilität • Markteintrittskosten • Wettbewerbssituation • Marktentwicklung und -risiken • Produktentwicklungserfordernissen	• Haupttreiber Markentransfererfolg • Haupttreiber Muttermarkenrückwirkungen	• Bewertung über Näherungsverfahren • Bewertung über zusätzliche Primärdaten und Bewertungsmodule, u.a. Simulator Golden Conjoint®
Vorselektion aussichtsreiche Transfermärkte	Analyse der **Ursachen der Wertentstehung**	**Monetärer** Markentransferpotenzialwert

Abbildung 67: Ablaufschritte des Extension Evaluator
Quelle: Sattler/Völckner/Riediger 2007.

4.2 Mehrmarkenstrategien

Eine **Mehrmarkenstrategie** ist dadurch gekennzeichnet, dass auf einem Produktmarkt durch einen Anbieter parallel mehrere Marken angeboten werden (Abbildung 68). Die Marken unterscheiden sich anhand sachlich-funktionaler oder emotionaler Eigenschaften beziehungsweise der Ausgestaltung der Marketinginstrumente und treten getrennt im Markt auf.

Problematisch erweist es sich hierbei, dass eine eindeutige Abgrenzung von Produktmärkten in der Regel nicht möglich ist und es somit zu Interpretationsspielräumen hinsichtlich der Charakterisierung von Mehrmarkenstrategien kommen kann. Die vom Unternehmen Ferrero angebotenen Marken Duplo, Mon Chéri, Rocher, Giotto, Hanuta und Raffaelo können zum Beispiel bei einer weiten Marktabgrenzung als Mehrmarkenstrategie angesehen werden. Bei einer engen Marktabgrenzung liegen hingegen Monomarkenstrategien vor.

Die markenstrategische **Alternative** zum Angebot mehrerer Marken auf einem wie auch immer abgegrenzten Markt besteht im Angebot von lediglich *einer* Marke auf diesem Markt. Diese Strategie soll hier als **singuläre Produktmarkt-Markenstrategie** bezeichnet werden. Dabei kann es sich um eine Monomarkenstrategie handeln, prinzipiell sind jedoch auch vielfältige andere Alternativen denkbar. Beispielsweise bietet das Unternehmen Beiersdorf auf dem Markt für Lippenstifte eine Marke an (Nivea Lippenstifte), und zwar in Form einer Markenintegrations- beziehungsweise Markentransferstrategie.

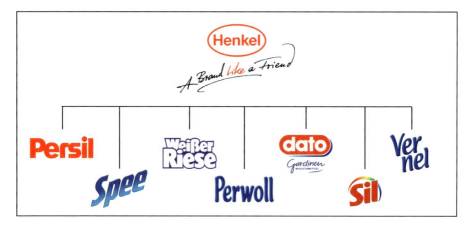

Abbildung 68: Beispiele für Mehrmarkenstrategien

Besondere Bedeutung hat die Mehrmarkenstrategie unter anderem in der Automobilindustrie erlangt (Abbildung 69). Teilweise liegt hierbei jedoch keine Mehrmarkenstrategie in Reinform vor, sondern es wird eine Markenkombinationsstrategie realisiert (z. B. Audi aus der Volkswagengruppe; vgl. zu Einzelheiten Abschnitt 4.3).

Die markenstrategische Grundsatzentscheidung zur Führung einer oder aber mehrerer Marken auf einem Produktmarkt (d. h. die Entscheidung für oder gegen eine Mehrmarkenstrategie) wird wesentlich dadurch beeinflusst, inwiefern eine differenzierte Ansprache verschiedener Nachfragersegmente des Gesamtmarkts anvisiert wird.

> Mehrmarkenstrategien zielen insbesondere auf eine **segmentspezifische Ausrichtung** durch unterschiedliche Marken, wodurch den Wünschen und Bedürfnissen der Konsumenten besser Rechnung getragen werden kann. Im Extremfall wird für jedes (annähernd) homogene Nachfragersegment eine gesonderte, auf die jeweilige Nachfragergruppe ausgerichtete Marke angeboten.

Mehrmarkenstrategien sind im Vergleich zur singulären Produktmarkt-Markenstrategie durch eine Reihe von Chancen gekennzeichnet, die in Abbildung 70 zusammengefasst sind und im Folgenden näher diskutiert werden sollen.

Wie soeben bereits angedeutet, besteht eine erste **Chance von Mehrmarkenstrategien** darin, dass je nach Anzahl segmentspezifisch ausgerichteter Marken eine mehr oder minder zielgruppenspezifische Positionierung und Bedürfnis-

4.2 Mehrmarkenstrategien

Abbildung 69: Mehrmarkenstrategien in der Automobilindustrie
Quelle: In Anlehnung an Meffert/Perrey 2005, S. 815.

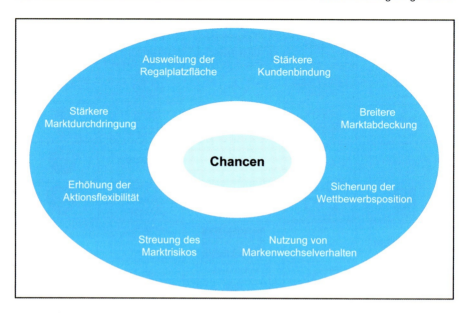

Abbildung 70: Chancen von Mehrmarkenstrategien

befriedigung erreicht werden kann. Voraussetzung hierfür ist, dass die relevanten Segmente und deren Bedürfnisstrukturen identifizier-, beschreib- und ansprechbar sind. Im Vergleich zur undifferenzierten Nachfrageransprache besteht bei einer zielgruppenspezifischen Positionierung die Chance, Präferenzen von Nachfragern eher entsprechen zu können (**stärkere Marktdurchdringung**), Nachfrager enger an sich zu binden (**stärkere Kundenbindung**) und einen größeren Kreis potenzieller Nachfrager ansprechen zu können (**breitere Marktabdeckung**). Dass diese Chancen zumindest prinzipiell bestehen, verdeutlicht die Mehrmarkenstrategie von Unilever auf dem Markt für Brotaufstriche, unter anderem mit den Marken Becel, Du darfst, Lätta, Rama und Sanella. Während in diesem Beispiel eine segmentspezifische Markenpositionierung insbesondere nach unterschiedlichen Verwendungszwecken und Präferenzen erfolgt, können andere Segmentierungen beispielsweise auf den Preis oder auf die Bedienung unterschiedlicher Distributionskanäle gerichtet sein (vgl. auch Abschnitt 3.2). Das Unternehmen Seiko zum Beispiel zielt mit den Marken Credor, Seiko und Pulsar primär auf unterschiedliche Preissegmente. Wella führt verschiedene Marken, die auf unterschiedliche Distributionskanäle ausgerichtet sind (Endverbrauchersortiment und Friseurbereich).

Eine weitere Chance von Mehrmarkenstrategien liegt in der **Sicherung der Wettbewerbsposition** (Meffert/Perrey 2005, S. 819). So ist ein mit vielen Marken eines Anbieters abgedeckter Markt für potenzielle Wettbewerber prinzipiell weniger attraktiv als ein Markt, der lediglich mit einer oder wenigen Marken belegt ist. Weit verbreitet ist auch die Einführung von „Kampfmarken"

4.2 Mehrmarkenstrategien

zur Absicherung der Hauptmarke, insbesondere zur Vermeidung von Preiskämpfen. Eine solche Schutzschildfunktion kommt zum Beispiel im Waschmittelmarkt der Marke Weißer Riese für Persil, im Automobilsektor den Marken Skoda und Seat für Volkswagen oder im Sektmarkt der Marke Rüttgers Club für Henkell Trocken zu (Abbildung 71).

Abbildung 71: Beispiele für Marken mit Schutzschildfunktion

Auch bei stark ausgeprägtem **Markenwechselverhalten** (z. B. infolge eines Variety Seeking, negativer Produkterfahrungen oder mangelnder Erhältlichkeit) bietet die Mehrmarkenstrategie die Chance, Wechsler innerhalb des eigenen Unternehmens zu halten (Schiele 1997, S. 167 ff.). Mit dem primären Ziel, Markenwechsler im eigenen Angebotsprogramm aufzufangen, entschied sich zum Beispiel Procter & Gamble, im US-amerikanischen Waschmittelmarkt eine Mehrmarkenstrategie zu verfolgen (Keller 2003, S. 526). In diesem Sinn kann auch das Customer-Life-Cycle-Konzept wirken (Meffert 2000, S. 895). Nach diesem Konzept sollen zum Beispiel Automobilkäufer im Laufe ihres Lebens dazu bewegt werden, von einem Kleinwagen (z. B. Mercedes A-Klasse) zu einem Fahrzeug der Mittelklasse (z. B. E-Klasse) und dann zu einem Pkw des Premiumsegments (z. B. S-Klasse) zu wechseln und dabei, wie in den Beispielen aufgeführt, so weit wie möglich innerhalb des Markenportfolios des jeweiligen Herstellers gehalten werden.

Eine Mehrmarkenstrategie kann auch zu einer **Streuung des Marktrisikos** führen. Analog zu Portfolio-Effekten können sich positive Risikowirkungen ergeben, und zwar dann, wenn die zwischen den Einzahlungsüberschüssen mehrerer Marken bestehenden Kovarianzen die an der Summe der Varianzen gemessenen Einzelrisiken erheblich mindern können (vgl. allgemein z. B. Brockhoff 1999, S. 74 f.). Hiermit gegebenenfalls verbunden kann eine Mehrmarkenstrategie auch zu einer **Erhöhung der Aktionsflexibilität** führen (Meffert/Perrey 2005, S. 819). So bietet sich prinzipiell die Chance zur Markterschließung mit den jeweils bestgeeigneten Marken, womit das Risiko im Marktaufbau reduziert werden kann. Beispielsweise hatte das Unternehmen Reemtsma ursprünglich die Marke West als preisaggressive Schutzmarke gegenüber den Marken Stuyvesant und R6 eingeführt. Nach einer Umpositionierung (vgl. Abschnitt 3.2) erwies sich West als Erfolg mit den besten Zukunftschancen sämtlicher von Reemtsma angebotenen Marken.

Mitunter wird für eine Mehrmarkenstrategie die Chance gesehen, eine **Ausweitung der Regalplatzfläche** und damit die Schaffung einer zusätzlichen Markteintrittsbarriere zu erreichen (Meffert/Perrey 2005, S. 819). Diese Chance dürfte sich insbesondere im Zuge des Category Management für den Category Leader (Barth/Hartmann/Schröder 2007) ergeben. Von diesem speziellen Fall abgesehen, können sich für Anbieter mehrerer Marken jedoch auch besondere Probleme beziehungsweise **Risiken beim Zugang zum Handel** zeigen. Angesichts der zunehmenden Regalplatzverknappung in Verbindung mit der ausgeprägten Handelsmacht ist die Listung einer Vielzahl von Marken prinzipiell schwieriger als die einer einzelnen Marke. Dies gilt insbesondere für preisaggressive Betriebsformen, in denen häufig in einer Warengruppe nur noch zwei oder drei Alternativangebote zugelassen werden (Schiele 1997, S. 175). Weitere wesentliche Risiken von Mehrmarkenstrategien sind in Abbildung 72 aufgeführt.

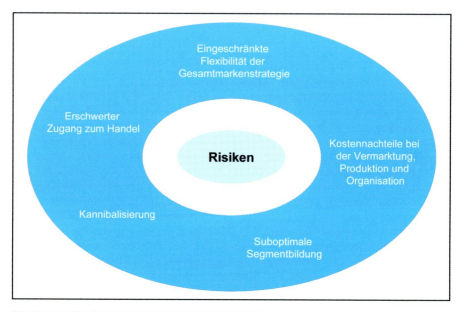

Abbildung 72: Risiken von Mehrmarkenstrategien

Ein bedeutendes **Risiko von Mehrmarkenstrategien** besteht in möglichen **Kostennachteilen**.

> Die Entscheidung für oder gegen eine Mehrmarkenstrategie ist wesentlich durch einen Trade-Off zwischen den positiven Effekten einer stärkeren Marktdurchdringung sowie -abdeckung und den hierdurch bedingten höheren Kosten gekennzeichnet (Keller 2003, S. 530 f.).

Ceteris paribus ist davon auszugehen, dass mit zunehmender Anzahl von Marken in einer Produktkategorie der aufzubringende Etat steigt (Schiele 1997,

S. 157 ff.). Infolge gestiegener Kommunikationskosten und einer zunehmenden Informationsüberflutung gewinnt dieser Punkt zusätzlich an Bedeutung. Vor diesem Hintergrund tendieren in jüngster Zeit sogar ausgesprochene Verfechter einer Mehrmarkenstrategie wie Unilever oder Procter & Gamble (s. o.) dazu, die Anzahl von Marken auf einem Markt zu reduzieren. Neben erhöhten Kommunikationskosten (u. a. bedingt durch zu vermutende höhere Streuverluste bei Massenkommunikationsmitteln oder die mehrfache Produktion von Werbemitteln) fallen üblicherweise auch höhere Kosten infolge der Entwicklung mehrerer Markenkonzepte, auftretender Koordinationsschwierigkeiten zwischen verschiedenen Marken (Koordinationskosten) oder mehrerer paralleler Distributionssysteme an (Schiele 1997, S. 158 f.). Sofern hinter den auf einem Markt vertriebenen Marken unterschiedliche (technisch-physikalische) Produkte stehen, können bei einer Mehrmarkenstrategie auch erhöhte Fertigungskosten auftreten, da unter anderem Größen- und Erfahrungskurveneffekte nur unzureichend genutzt werden können. Mit zunehmender Angleichung von Produkten, die auf einem Markt unter verschiedenen Marken vertrieben werden, verliert dieser Punkt zwar an Bedeutung, jedoch wächst die Gefahr, dass die Ähnlichkeit von Produkten unterschiedlicher Marken eines Herstellers von Nachfragern erkannt wird und damit die Vorteile einer Differenzierung schwinden.

Ein weiteres zentrales Risiko von Mehrmarkenstrategien wird in der **Kannibalisierung** unter den Marken im Markenportfolio eines Herstellers gesehen (z. B. Meffert/Perrey 2005, S. 822). Gutenberg (1984, S. 545 ff.) geht davon aus, dass der Übergang von einer singulären Produktmarkt-Markenstrategie zu einer Mehrmarkenstrategie zwei Effekte auslöst, und zwar einen Partizipations- und Substitutionseffekt. Der Partizipationseffekt resultiert aus einer Verdrängung von Konkurrenten vom Markt. Zusätzlich kann eine Vergrößerung des Markenprogramms zu einer Ausweitung des Marktpotenzials führen, ohne dass der Absatz von Konkurrenten notwendigerweise verdrängt wird. Der Substitutionseffekt tritt auf, wenn der (Umsatz-)Gewinn bei einer zweiten (bzw. n-ten) Marke zu Lasten der anderen Marke(n) geht. Der Gesamteffekt aus Partizipations- und Substitutionseffekt (ggf. unter Berücksichtigung einer Ausweitung des Marktpotenzials) determiniert wesentlich die Vorteilhaftigkeit einer Mehrmarkenstrategie. Die Quantifizierung der Effekte ist mit besonderen Schwierigkeiten behaftet. Grobe Anhaltspunkte für die Stärke von Substitutionseffekten können auf Basis von Positionierungsmodellen abgeleitet werden (Freter 1983, S. 122). Zusätzliche Schwierigkeiten können sich durch die Berücksichtigung von Konkurrenzaktivitäten ergeben. Verzichtet zum Beispiel ein Anbieter auf die Einführung einer zusätzlichen Marke B auf einem bestimmten Markt, weil starke Substitutionseffekte für eine bestehende Marke A des Anbieters befürchtet werden, so kann die Einführung einer äquivalent zu Marke B positionierten neuen Konkurrenzmarke C zu einer unter Umständen stärkeren Deckungsbeitragseinbuße führen, als wenn auf die Einführung der Marke B (mit wahrscheinlicher Nicht-Einführung der Marke C) nicht verzichtet worden wäre.

Ein Risiko von Mehrmarkenstrategien besteht auch darin, dass die durch die verschiedenen Marken anvisierten **Segmente suboptimal** identifiziert und angesprochen werden. Als Folge hiervon kann sich beispielsweise eine Übersegmentierung ergeben, das heißt eine zu feine Segmentierung des Gesamtmarktes (z. B. Becker 2006). Zusätzliche Probleme treten bei zeitlich stark instabilen Segmentstrukturen auf. Veränderte Präferenzen oder strukturelle Nachfrageverschiebungen können zu einem Verlust an wahrgenommener Trennschärfe zwischen den einzelnen Marken führen und damit die ursprünglich differenzierte Positionierung der Marken des Portfolios gefährden (Meffert/Perrey 2005, S. 822).

Schließlich ergeben sich bei einer Mehrmarkenstrategie Probleme hinsichtlich der **Flexibilität der Gesamtmarkenstrategie** (Meffert/Perrey 2005, S. 822; hiervon zu unterscheiden ist die oben angesprochene Aktionsflexibilität bei einzelnen Marken). Dieses Problem kann im weiteren Sinne auch den angesprochenen Komplexitätskosten zugerechnet werden.

Angesichts der aufgezeigten Chancen und Risiken setzt die wirksame Umsetzung einer Mehrmarkenstrategie einen systematischen und dynamischen Planungsprozess voraus, in dessen Rahmen der Marktauftritt für das Markenportfolio entwickelt und kontinuierlich aktualisiert wird (Meffert/Perrey 2005, S. 823 f.). Dabei geht es vor allem um eine

- markenstrategische Standortbestimmung und Zielgruppenbildung,
- Festlegung markenspezifischer Rollen,
- Sicherstellung der Prägnanz und Diskriminationsfähigkeit der Marken im Rahmen der Ausgestaltung der Instrumentalstrategien und
- Koordination des Markenportfolios durch eine zentrale Managementebene.

Zentrale Voraussetzung für die Entwicklung einer tragfähigen Mehrmarkenstrategie ist die kontinuierliche Identifikation der Kundenbedürfnisse, um auf deren Basis die Gestaltung und Aktualisierung zielgruppenspezifischer Problemlösungen mithilfe geeigneter Marken vornehmen zu können. Die **Identifikation von Segmenten** zur spezifischen Bearbeitung durch Marken kann dabei prinzipiell nach soziodemographischen (Alter, Geschlecht, Ausbildung etc.), geographischen (Wohnortgröße, Region, Stadt/Land etc.), psychographischen (Einstellungen, Nutzenvorstellungen, Lebensstile etc.) und verhaltensorientierten Kriterien (Markenwahl, Informationsverhalten etc.) erfolgen (z. B. Homburg/Krohmer 2006, S. 485 ff.; Kotler/Bliemel 2001, S. 430 ff.). Da soziodemographische und geographische Kriterien über eine geringe prognostische Relevanz für das Kaufverhalten verfügen und sich verhaltensorientierte Kriterien letztlich nur dann sinnvoll einsetzen lassen, wenn bereits vorgegebene Segmente existieren, werden heute verstärkt psychographische Kriterien zur Segmentierung als Basis für Mehrmarkenstrategien eingesetzt.

Auf der Ebene der strategischen Rahmenplanung sind anschließend **markenübergreifende Portfolioziele** zu formulieren sowie darauf aufbauend **markenspezifische Rollen und Positionierungen** zu fixieren. Beispiele für strategische Markenrollen sind in Abbildung 73 aufgeführt (Keller 2003, S. 531 f.; Aaker/Joachimsthaler 2000, S. 136 ff.).

4.2 Mehrmarkenstrategien

Markenrolle	Merkmale	Beispiele
Flagship Marken	Liefern hohe Ergebnisbeiträge und haben besondere Marktbedeutung.	Persil
Verteidigungsmarken	Dienen der Verteidigung wichtiger Marken des Portfolios.	RÜTTGERS CLUB
Cash Cow Marken	Sind langjährig etabliert und bewegen sich in der Profitabilitätszone.	Weißer Riese
Einstiegsmarken	Bieten einen Einstieg in das Markenportfolio und sollen Nachfrager an eine bestehende Marke heranführen.	Discount Travel
Prestigemarken	Werden als Ergänzung zu einer bestehenden Marke eingesetzt und sollen neue Käuferschichten durch einen klaren symbolischen Nutzen erschließen.	BUGATTI

Abbildung 73: Strategische Markenrollen

Auf der Grundlage der übergeordneten Stoßrichtungen des Marktauftritts erfolgt die markenstrategische Instrumenteausgestaltung. Zentrale Aufgabe ist es, die **Prägnanz und Diskriminationsfähigkeit** der Marken sicherzustellen (Abbildung 74). Die Prägnanz bezieht sich auf eine klare Vermittlung markentypischer Merkmale. Mit Diskriminationsfähigkeit ist die Unterscheidungskraft der Marken in der subjektiven Wahrnehmung der Konsumenten gemeint. Ansatzpunkte bilden hierbei insbesondere das Produktdesign und die Kommunikation für die Marken (z. B. Esch 2005a, S. 388 f.).

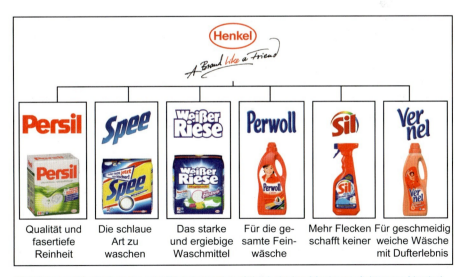

Abbildung 74: Prägnanz und Diskriminationsfähigkeit des Markenauftritts von Henkel im Waschmittelmarkt

Schließlich ist im Rahmen der **organisatorischen Verankerung** der Mehrmarkenstrategie der Zentralisationsgrad der Entscheidungen festzulegen. Eine **Koordination des Markenportfolios** durch das Top-Management erscheint zwingend erforderlich, da sich ansonsten die organisatorischen Einheiten für die einzelnen Marken verselbständigen. Meffert/Perrey (2005, S. 835 f.) sprechen in diesem Zusammenhang von einem Kontinuum der Mehrmarkenführung zwischen Zentralisation und Dezentralisation mit entsprechend differierenden Autonomiegraden der Markeneinheiten. Sie kommen zu dem Schluss, dass ein Mittelweg zwischen Zentralisation und Dezentralisation ideal ist, das heißt es gibt eine zentrale Portfoliosteuerung, aber die Markeneinheiten entscheiden im vereinbarten strategischen Rahmen autonom.

4.3 Markenkombinationsstrategien

> Eine **Markenkombinationsstrategie** ist dadurch charakterisiert, dass ein Produkt durch mindestens zwei Markennamen gekennzeichnet ist. Durch die Verwendung mehrerer Markennamen unterscheidet sich diese Strategie von der **singulären Markenstrategie**, bei der lediglich ein Markenname verwendet wird.

Diese Begriffsauffassung lässt noch ein breites Spektrum von Ausgestaltungsmöglichkeiten für Markenkombinationen zu. Es erfolgt deshalb zunächst in Abbildung 75 eine Darstellung der **verschiedenen Dimensionen** von Markenkombinationsstrategien zur Abgrenzung verschiedener Begriffe, bevor für die wichtigsten Ausprägungen Chancen und Risiken beziehungsweise Erfolgsfaktoren diskutiert werden. Es ist zu beachten, dass die in Abbildung 75 aufgeführten Dimensionen weder abschließend noch unabhängig voneinander sind.

Interne Markenkombinationsstrategien verbinden häufig mehrere Markenstrategien. So ist beispielsweise das Unternehmen Nestlé dazu übergegangen, für sehr viele Produkte neben der jeweiligen Marke (z. B. KitKat) auch den Namen Nestlé zu verwenden (z. B. KitKat von Nestlé). In diesem Beispiel liegt eine Kombination aus Dachmarkenstrategie (annähernd für Nestlé gegeben) und Monomarkenstrategie (KitKat) vor. Vielfach lassen sich die kombinierten Markennamen in eine **Hierarchie** bringen (Kapferer 1992, S. 155 ff.; Keller 2003, S. 534 ff.) beispielsweise nach der Häufigkeit der Verwendung. So wird die Marke Nestlé wesentlich häufiger eingesetzt als die Marke KitKat, sodass Nestlé KitKat hierarchisch übergeordnet ist. Ein Beispiel aus der Automobilbranche findet sich in Abbildung 76. Hier trägt der Hinweis auf den VW-Konzern Dachmarkencharakter, die Markengruppe Audi trägt neben der Markengruppe Volkswagen Elemente einer Markenfamilienstrategie. Die Marke Seat stellt ebenfalls eine Markenfamilienstrategie dar (neben anderen Markenfamilien des VW-Konzerns wie z. B. Skoda). Die Marke Leon ist eine von mehreren Marken (z. B. Ibiza oder Toledo) im unteren Preissegment des Automobil-

4.3 Markenkombinationsstrategien

markts (Mehrmarkenstrategie) und der Namenszusatz Torro trägt ebenfalls Elemente einer Mehrmarkenstrategie.

Rechtliches Eigentum	Unternehmensinterne Markennamenskombination	KitKat (Nestlé)	
	Unternehmensexterne Markennamenskombination	Nestlé Schöller	MÖVENPICK
Wirtschaftsstufe	Unterschiedliche Wirtschaftsstufe	intel Leap ahead	IBM
	Gleiche Wirtschaftsstufe	Nestlé Schöller	MÖVENPICK
Hierarchieebenen	Mehrere Unternehmenshierarchieebenen	Maggi	Nestlé Good Food, Good Life
	Eine Unternehmenshierarchieebene	Nestlé Schöller	MÖVENPICK
Bedeutung der beteiligten Markennamen	Dominanz	Persil	Henkel – A Brand like a Friend
	Gleichberechtigung	DAIMLERCHRYSLER	
Zeitdauer	Dauerhafte Kombination	Nestlé Schöller	MÖVENPICK
	Temporäre Kombination	Co-Promotion	
Bekanntheit der Markennamen	Neue Markennamen	NIVEA BEAUTÉ	
	Bekannte Markennamen	Maggi	Nestlé Good Food, Good Life

Abbildung 75: Dimensionen von Markenkombinationsstrategien

Durch interne Markenkombinationsstrategien lassen sich die bisher in Abschnitt 4 beschriebenen **Chancen** (aber auch die **Risiken**) der einzelnen Markenstrategien verbinden. Beispielsweise kann die Positionierung der Marke VW als qualitativ hochwertige Marke durch die beschriebene Markenkombinationsstrategie zumindest in Teilen auf die Marke Seat übertragen werden. Häufig wird versucht, durch Markenkombinationen negative Rückwirkungen eines Markentransfers auf die Muttermarke abzufedern (vgl. Abschnitt 4.1). So kann vermutet werden, dass mögliche negative Rückwirkungen für die übergeordnete Marke (z. B. eine Dachmarke) infolge eines Markentransfers in geringerem Maße auftreten, wenn das Neuprodukt durch eine Markenkombination gekennzeichnet wird (z. B. Alete Spielzeug von Nestlé), als wenn für das Neuprodukt eine singuläre Markenstrategie verwendet wird (z. B. Spielzeug von Nestlé).

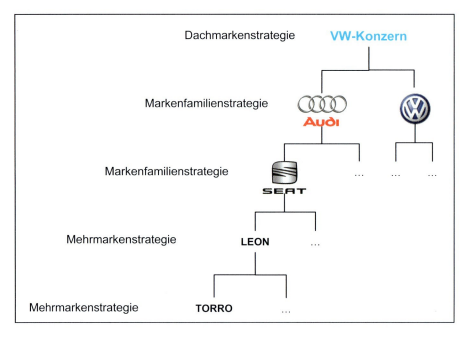

Abbildung 76: Hierarchisch strukturierte interne Markenkombinationsstrategie am Beispiel Seat Leon Torro aus der VW-Gruppe

Bei der Gestaltung **alternativer Formen interner** (und teilweise auch externer) **Markenkombinationsstrategien** müssen unter anderem folgende Entscheidungen getroffen werden (vgl. allgemein Keller 2003, S. 553 ff.):

- Sollen hierarchische Markenkombinationen vorgenommen werden und wenn ja, wie viele **Hierarchieebenen** sollen verwendet werden? (Im Beispiel in Abbildung 76 sind es fünf Ebenen.)
- Welche **Bedeutung** soll den **einzelnen Markennamen** bei der Kommunikation zugemessen werden? Im Beispiel KitKat von Nestlé spielt die übergeordnete Marke Nestlé eine deutlich geringere Rolle als beispielsweise im Fall Leon von Seat.
- Wie soll die Kombination im Einzelnen **realisiert** werden? Soll beispielsweise der Markenname vollständig oder nur bruchstückhaft eingesetzt werden, zum Beispiel Chicken McNuggets anstelle von Chicken Nuggets von McDonald's.

4.3 Markenkombinationsstrategien

Stehen die kombinierten Marken eines Unternehmens auf unterschiedlichen Hierarchieebenen, handelt es sich um die Gestaltung **komplexer Markenarchitekturen** (vgl. z. B. Esch/Bräutigam 2005, S. 841 ff.). Mit Hierarchieebenen sind dabei die Abstufungen der Marken untereinander gemeint, das heißt es gibt Über- beziehungsweise Unterordnungsverhältnisse zwischen den Marken. So führt Beiersdorf beispielsweise auf der nächst untergeordneten Hierarchieebene die Marke Nivea, die wiederum als hierarchisch untergeordnete Marken unter anderem die Marken Nivea Visage und Nivea Hair Care anbietet.

> Unter einer **Markenarchitektur** versteht man die Anordnung aller Marken eines Unternehmens zur Festlegung ihrer spezifischen Rollen und Positionierungen und der zwischen den Marken gewünschten Beziehungen (ähnlich Aaker/Joachimsthaler 2000, S. 135; Burmann/Meffert 2005c, S. 165).

Gemäß einer empirischen Untersuchung von Laforet/Saunders (1994, 1999) existiert in der Praxis eine **Vielzahl verschiedener Markenarchitekturen**. Produkte werden überwiegend mit mehr als einer Marke markiert. Dabei nutzen Wettbewerber innerhalb eines Marktes zum Teil stark unterschiedliche Markenarchitekturen. Während zum Beispiel Henkel im Waschmittelmarkt seine Marken mit einem deutlichen Hinweis auf den Hersteller markiert, enthalten die Produkte von Procter & Gamble lediglich einen kaum wahrnehmbaren Vermerk auf der Rückseite der Verpackung.

In der Literatur wurde in den letzten Jahren eine Reihe von Ansätzen zur **Strukturierung von Markenarchitekturen** entwickelt (z. B. Aaker 2004; Aaker/Joachimsthaler 2000; Esch/Bräutigam 2005; Laforet/Saunders 1994, 1999; Strebinger 2006). Abbildung 77 zeigt die Klassifikation von Aaker/Joachimsthaler (2000), die darauf abstellt, wie stark die einzelnen Markenhierarchien miteinander verknüpft sind und welche Marke der primäre Treiber bei der Kaufentscheidung ist. Das Ergebnis ist das Brand Relationship Spectrum als ein Kontinuum möglicher Markenarchitekturausprägungen. Die Extrema bilden dabei einerseits die Führung einer reinen Unternehmens-/Dachmarke im Sinne eines **Branded House** (d. h. alle Produkte des Unternehmens werden unter der Unternehmensmarke geführt wie dies im Kern z. B. bei BASF realisiert wird) und andererseits die Führung von Produktmarken im Sinne eines **House of Brands** (d. h. für jedes Produkt wird eine neue Marke entwickelt wie dies z. B. bei Procter & Gamble näherungsweise der Fall ist).

Während beim Branded House die Unternehmensmarke dominiert und Produktmarken keine Rolle spielen, dominieren beim House of Brands die Produktmarken und die Unternehmensmarke wird entweder nur verdeckt oder gar nicht zur Markierung der Produkte eingesetzt. Zwischen diesen Endpunkten existieren zwei **Mischformen**, bei denen entweder die Unternehmensmarke oder die Produktmarke dominiert. Unterhalb dieser Grobklassifikation werden schließlich weitere detaillierte Markenarchitekturformen unterschieden.

Alternative Klassifikationsansätze (z. B. Laforet/Saunders 1994, 1999) nehmen eine ähnlich differenzierte Untergliederung wie im Brand Relationship Spectrum von Aaker/Joachimsthaler vor. Die Ansätze leisten damit einen Beitrag

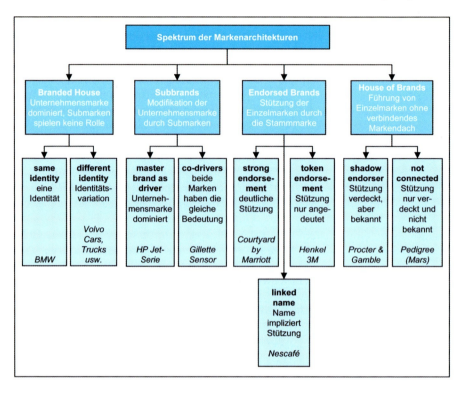

Abbildung 77: Spektrum der Markenarchitekturen nach Aaker/Joachimsthaler
Quelle: In Anlehnung an Aaker/Joachimsthaler 2000, S. 105.

zur Strukturierung der vielfältigen in der Praxis vorzufindenden Markenarchitekturtypen. Allerdings ist fraglich, ob diese sehr feine Unterscheidung von internen Markenkombinationsformen von den Konsumenten tatsächlich wahrgenommen wird. Esch/Bräutigam (2005, S. 853 ff.) kommen zu dem Ergebnis, dass sich die aus Konsumentensicht **wahrnehmbaren komplexen Markenarchitekturen** letztlich zu drei **Grundformen** zusammenfassen lassen. So besitzt im Fall einer Kaufentscheidung entweder die Unternehmensmarke einen dominanten Einfluss oder die Einzel-/Familienmarke dominiert. Dazwischen liegt der Fall eines gleichberechtigten Auftritts der Marken.

> Bei der Gestaltung von Markenarchitekturen geht es darum, einerseits **Synergieeffekte** zwischen den Marken zu realisieren und andererseits die nötige **Eigenständigkeit der Marken** zu gewährleisten.

Ist viel Eigenständigkeit erforderlich, darf die Unternehmensmarke nur eine unterstützende Funktion übernehmen (z. B. Henkel im Waschmittelmarkt). Sollen hingegen möglichst hohe Synergien realisiert werden, muss die Unter-

4.3 Markenkombinationsstrategien

nehmensmarke stärker im Vordergrund stehen (wie z. B. beim Unternehmen Virgin). Möchte man die **Position einer Markenkombination** auf dem Kontinuum möglicher Markenarchitekturtypen festlegen, muss man quantifizieren, welchen Beitrag die beteiligten Marken für die Wahrnehmung und Beurteilung des markierten Produkts leisten. Inwiefern tatsächlich Unterschiede in der Wirkung der Marken auf den Konsumenten beziehungsweise die Produktbeurteilung in Abhängigkeit von der gewählten Markenarchitektur bestehen, wurde bislang jedoch kaum untersucht. Bräutigam (2004) stellt in einer empirischen Studie fest, dass vor allem bei einer schwachen Produktmarke eine zusätzliche Unternehmensmarke, insbesondere eine starke Unternehmensmarke mit Kompetenz und hinreichender Passung in der Produktkategorie, zu einer Verbesserung der Produktbeurteilung führt. Ist dies nicht gegeben oder ist die Produktmarke selbst sehr stark, kann eine zweite Marke kontraproduktiv wirken.

Markenarchitekturen sind schließlich auch immer im Zusammenhang mit der **Unternehmenshierarchie** zu sehen (Abbildung 78). So ist zum Beispiel die Führung der Unternehmensmarke Beiersdorf auf der Top-Managementebene angesiedelt. Familienmarken wie Nivea und Hansaplast gehören zur Unternehmensbereichsebene und Einzelmarken zählen zur Ebene der strategischen Geschäftseinheiten. Unternehmensmarken und Einzelmarken sind für verschiedene **Anspruchsgruppen** auch von unterschiedlicher Bedeutung (Abbildung 78). Während Arbeitnehmer, Shareholder, Geldgeber oder die Medien stärker an der Unternehmensmarke interessiert sind, haben Endverbraucher primär ein Interesse an den einzelnen Produktmarken.

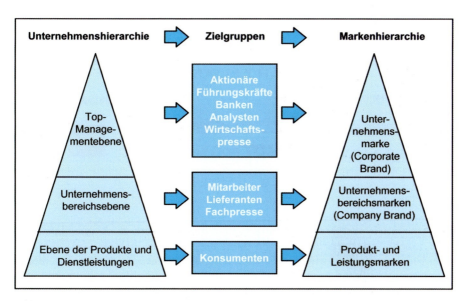

Abbildung 78: Zusammenhang zwischen Marken- und Unternehmenshierarchie
Quelle: In Anlehnung an Burmann/Meffert 2005c, S. 167.

Die **externe Markenkombination** kann auch als **Markenallianz im weiteren Sinne** bezeichnet werden. Es handelt sich hierbei um den gemeinsamen Auftritt von mindestens zwei selbständigen Marken. Aus dieser Definition lassen sich verschiedene Ausgestaltungen der Markenallianz ableiten:

- **Co-Promotions**, das heißt gemeinsame Promotionsaktionen von Marken (z. B. gemeinsame Gewinnspiele von Ford KA und Twix).
- **Co-Advertising,** das heißt gemeinschaftliche Werbeaktivitäten von Marken (z. B. Philips Bügeleisen und Downy Textilpflege).
- **Markenallianzen im engeren Sinne**, auch **Co-Branding** genannt, meint den horizontalen Zusammenschluss von Marken für die Markierung eines Produkts (z. B. Schöller und Mövenpick bei Eiscreme).
- **Ingredient Branding** bezieht sich auf den vertikalen Zusammenschluss von Marken (z. B. Süßstoff der Marke Nutrasweet in Diet-Coke).
- **Mega Brands**, das heißt der Zusammenschluss einer Reihe von Marken zu einer Supermarke (z. B. Star Alliance, Abbildung 79).
- **Unternehmenskooperationen** (z. B. Fujitsu und Siemens) stellen schließlich die weitestgehende Form von Markenallianzen dar (Blackett/Russell 1999).

Abbildung 79: Beispiel für eine Mega-Brand: Star Alliance

Ein Spezialfall von Markenallianzen liegt bei **Mergers & Acquisitions** vor. Hier taucht typischerweise das Problem auf, dass die Markenportfolios von zwei (oder mehr) Unternehmen zusammengeführt werden müssen. Bei diesen Zusammenführungen kommt es häufig zur Bildung von Markenkombinationsstrategien (auf Dachmarkenebene z. B. bei der Zusammenführung von Price Waterhouse und Coopers Lybrand zu PricewaterhouseCoopers). Nach dem Zusammenschluss liegt gemäß obiger Definition eine interne Markenkombina-

4.3 Markenkombinationsstrategien

tionsstrategie vor. Allerdings sind hier die Probleme ähnlich wie bei einer externen Markenkombinationsstrategie (d. h. Markenallianzstrategie im weiteren Sinne) beschaffen, da in beiden Fällen mehr oder minder unterschiedliche Markenkonzepte zusammengeführt werden müssen. Mitunter wird anstelle einer Markenkombinationsstrategie auch ein Markennamenswechsel vorgenommen (z. B. auf Dachmarkenebene die Umbenennung von Hoechst und Rhône-Poulenc in Aventis oder Ciba und Sandoz in Novartis; vgl. allgemein die Abschnitte 4.1 und 4.5).

Aufgrund der hohen Bedeutung des **Co-Brandings** und des **Ingredient Brandings** soll auf diese beiden Formen der externen Markenkombinationsstrategie im Folgenden näher eingegangen werden.

> Das Besondere an **Markenallianzen im engeren Sinne (Co-Brands)** besteht darin, dass Marken unterschiedlicher Eigentümer aus der gleichen Wirtschaftsstufe (= horizontal) für die Markierung eines Produkts zusammengeschlossen werden und dass sie über eine kurzfristige Zusammenarbeit hinausgehen (Blackett/Russell 1999, S. 6 ff.).

Bei der Markenallianz im engeren Sinne werden somit insbesondere Fälle ausgeschlossen, bei denen die einzelnen Marken vor der Markenallianz noch keine (ausgereiften) Marken darstellen, die einzelnen Marken von potenziellen Zielgruppen nicht isoliert wahrnehmbar sind (in diesem Fall bestünde aus Sicht der Zielgruppen kein Unterschied zur singulären Markenstrategie oder zur internen Markenkombinationsstrategie) und die Allianz nur kurzfristig ausgerichtet ist (damit entfallen insbesondere Markenallianzen im Hinblick auf Promotions und Werbung). Besondere Bedeutung in der Praxis und Forschung haben **Markenallianzen im engeren Sinne** bei **Neuprodukteinführungen** erlangt. Beispiele sind Geschenk-Services von Lindt und Deutsche Post AG

Abbildung 80: Beispiele für Markenallianzen im engeren Sinne

oder Elektrorasierer mit Schaum von Philips und Nivea. Weitere Beispiele für Markenallianzen im engeren Sinne (Co-Branding) sind in Abbildung 80 aufgeführt.

Solche Neuprodukteinführungen sind mit verschiedenen **Chancen** (Abbildung 81) **und Risiken** (Abbildung 82) verbunden.

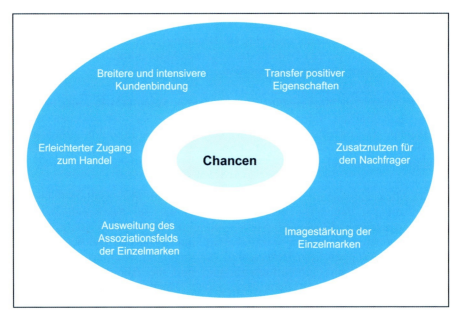

Abbildung 81: Chancen von Neuprodukteinführungen unter Verwendung von Markenallianzen im engeren Sinne

Eine wesentliche Chance wird darin gesehen, dass sich die Wissensstrukturen der beteiligten Marken ergänzen und damit eine **breitere und intensivere Kundenbindung** möglich wird (Aaker/Joachimsthaler 2000, S. 141; Park/Jun/Shocker 1996, S. 453 f.). Würden sich zum Beispiel Weight Watchers und Lindt zu einer Markenallianz zusammenschließen, um eine neue kalorienreduzierte Schokolade auf den Markt zu bringen, so mag Weight Watchers die zentralen Assoziationen Kalorien- und Gewichtsreduktion vermitteln und Lindt die Assoziationen hochwertiger Geschmack und Prestige. Durch den **Transfer bestimmter positiver Eigenschaften** kann ein Zusatznutzen für den Konsumenten realisiert und glaubwürdig kommuniziert werden. Bei einer singulären Markenstrategie mit entweder Weight Watchers oder Lindt könnten die jeweils fehlenden Assoziationen (z. B. mangelnde Glaubwürdigkeit der Gewichtsreduktion bei Lindt oder unzureichender Geschmack bei Weight Watchers) den Erfolg der neuen kalorienreduzierten Schokolade in Frage stellen. Im Erfolgsfall des Neuprodukts kann zusätzlich eine **Imagestärkung der Einzelmarken** erreicht und das **Assoziationsfeld erweitert werden**, insbesondere für zukünftige Markentransfers (Simonin/Ruth 1998, S. 31 ff.). Gelingt

4.3 Markenkombinationsstrategien

eine Bündelung der Wissensstrukturen, wie in dem angeführten Schokoladenbeispiel, so kann hierdurch über die erzeugten Pull-Wirkungen auch ein **erleichterter Zugang zum Handel** erreicht werden.

Risiken der Markenallianzstrategie sind in möglichen **Imageschädigungen der Einzelmarken** zu sehen, insbesondere bei einem Flop des Neuprodukts (Abbildung 82). Aber auch im Neuprodukterfolgsfall kann es zur Imagebeeinträchtigung der Einzelmarken kommen, insbesondere wenn die Einzelimages zum Teil widersprüchliche Assoziationen und damit einen mangelnden Fit aufweisen (z. B. mag die Prestigedimension von Lindt im obigen Beispiel durch den allenfalls mittleren Prestigewert von Weight Watcher beeinträchtigt werden).

Ferner kann durch den Einbezug des externen Markenallianzpartners ein **erhöhter Koordinationsaufwand** hinsichtlich Zeit und Kosten entstehen, unter anderem weil zwischen zwei (oder mehr) unabhängigen Unternehmen die jeweiligen Organisations-, Produktions- und Marketingprozesse aufeinander abgestimmt werden müssen (Aaker/Joachimsthaler 2000, S. 142). Eine **eingeschränkte Handlungsflexibilität** ist darin begründet, dass sämtliche strategischen und operativen Maßnahmen im Hinblick auf die eingegangene Markenallianz mit dem jeweiligen Partner koordiniert werden müssen. Unter Umständen bestehen sogar vertragliche Regelungen, die spezifische Handlungsspielräume faktisch ausschließen. Selbst wenn dies nur eingeschränkt der Fall ist, kann bei einem ausgeprägten Markterfolg der Allianz eine starke Abhängigkeit vom jeweiligen Partner entstehen, die zukünftige markenpoliti-

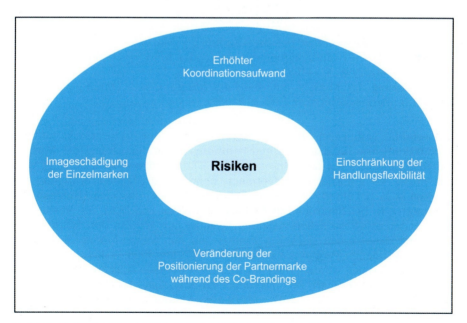

Abbildung 82: Risiken von Neuprodukteinführungen unter Verwendung von Markenallianzen im engeren Sinne

sche Entscheidungen (z. B. ein Verzicht auf die Markenallianzen bei weiteren Neuprodukteinführungen) einschränkt. Schließlich können **Umpositionierungen der Partnermarke** zu Problemen für die Markenallianz und die andere beteiligte Marke führen.

Es liegen verschiedene **empirische Befunde** zur Wirkung von Markenallianzen vor. Folgende **Erfolgsfaktoren** von Markenallianzstrategien konnten identifiziert werden:

- **Markenfit**, das heißt die beteiligten Marken müssen im weitesten Sinne zueinander passen (z. B. Baumgarth 2004, S. 244 f.; Park/Jun/Shocker 1996, S. 456 ff.; Simonin/Ruth 1998, S. 33 ff.).
- **Markenkomplementarität,** das heißt die beteiligten Marken müssen sich hinsichtlich ihrer Wissensstrukturen (vgl. Abschnitt 3) so ergänzen, dass die Vorstellungen zur Co-Brand von Relevanz für das neue Produkt sind (z. B. Esch/Herrmann/Sattler 2006, S. 212).
- **Produktfit**, das heißt es muss ein Fit (bzw. eine Ähnlichkeit) zwischen den bisherigen Produkten der an der Allianz beteiligten Marken bestehen (Baumgarth 2000; S. 35 ff.; Simonin/Ruth 1998, S. 33 ff.).
- **Transferfit** (vgl. auch Abschnitt 4.1), das heißt die beteiligten Marken müssen jeweils zu der Produktkategorie des Co-Brands passen.
- **Relative Markenstärke** der beteiligten Marken beziehungsweise die vorherige Markeneinstellung gegenüber den Marken. Eine hohe Markenstärke trägt zu einer positiven Beurteilung des Co-Brands bei (Janiszewski/van Osselaer 2000; Rao/Qu/Ruekert 1999, S. 261 ff.; Simonin/Ruth 1998, S. 33 ff.).
- **Markenvertrautheit,** das heißt die Vertrautheit der Konsumenten mit den beteiligten Marken. Der positive Einfluss der Markenstärke auf die Beurteilung des Co-Brands nimmt mit steigender Markenvertrautheit zu (Simonin/Ruth 1998, S. 34 ff.).
- **Anordnung** der Marken innerhalb der Markenallianz (Baumgarth 2000, S. 41 ff.; Park/Jun/Shocker 1996, S. 456 ff.).

Während die ersten sechs Erfolgsfaktoren die Wahl der Partnermarke und der Produktkategorie für das Co-Brand betreffen, ist die Anordnung der Marken ein Kriterium, das bei der Umsetzung der Markenallianz berücksichtigt werden muss. Als grundsätzliche Optionen stehen eine **Gleichberechtigung der Marken** (z. B. bei Handys von Sony Ericsson gegeben) und eine **Dominanzanordnung** (z. B. bei Smarties mit Haribo Goldbären gegeben) zur Verfügung. Bei Letzterem ist zusätzlich zu klären, welche der Marken den Markenkopf bildet, da dieser einen stärkeren Einfluss auf die Wahrnehmung der Eigenschaften des neuen Produkts hat (Park/Jun/Shocker 1996, S. 464). Auch kann davon ausgegangen werden, dass der Markenkopf einen stärkeren Einfluss auf die Zahlungsbereitschaft für das neue Produkt hat, da die dominierende Marke die Zuordnung des Co-Brands zu einer Produktkategorie und die damit verbundenen Preisassoziationen determiniert (Wachendorf/Baumgarth 2002). Die Festlegungen hinsichtlich der Markenanordnung bilden die Grundlage für die Gestaltung der Kommunikation und des Produktdesigns.

4.3 Markenkombinationsstrategien

Schließlich ist wie bei der Markentransferstrategie (Abschnitt 4.1) das Auftreten **positiver oder negativer Rückwirkungen** der Markenallianz auf das Image der Einzelmarken relevant und bei der Entscheidung für oder gegen die Durchführung einer Markenallianzstrategie zu berücksichtigen (Simonin/Ruth 1998, S. 31 ff.).

Während beim Co-Branding ein Zusammenschluss von Marken aus der gleichen Wirtschaftsstufe erfolgt, handelt es sich beim Ingredient Branding um eine Markenkombination auf **unterschiedlichen Wirtschaftsstufen.** Das Ingredient Branding kann somit als ein Spezialfall von Markenallianzen (im engeren Sinne) bezeichnet werden.

> Unter **Ingredient Branding** versteht man die Markierung von Materialien, Komponenten und Teilen, die als Erzeugnisbestandteile in andere Produkte eingehen und bei denen die Bestandteile von den jeweiligen Zielgruppen isoliert als Marke wahrgenommen werden (ähnlich Freter/Baumgarth 2005, S. 462).

Dabei wird häufig, aber nicht notwendigerweise, auf externe Markenallianzen zurückgegriffen. Beispiele für Ingredient Branding sind Intel und IBM bei PCs oder Lycra und Triumph bei Dessous (Abbildung 83). Ein Beispiel für Ingredient Branding ohne Verwendung von Markenallianzen stellt Plexiglas als Bestandteil von (No-Name-) Fenstern dar.

Abbildung 83: Beispiele für Ingredient Branding

Das wesentliche Ziel der Ingredient Branding-Strategie ist die Erzeugung einer **Pull-Wirkung** im Markt. Man will bei den Kunden Begehrlichkeiten für die Ingredient Brand wecken. Voraussetzung dafür ist, dass die Teile einen wichtigen Bestandteil des Endprodukts darstellen. So sind Intel-Chips wichtig für die Leistungsfähigkeit des Computers, Ceran macht Kochfelder pflegeleicht, energiesparend sowie temperaturstabil und Nutrasweet als Süßstoff ist wichtig für Light- beziehungsweise Diätprodukte. Das zentrale Problem dieser

Strategie besteht darin, dass Vorprodukte auf den nachgelagerten Marktstufen in der Regel nicht sichtbar werden, weshalb gerade hier die **Markierung** und die **klare Kommunikation der Ingredient Brand** von hoher Bedeutung ist. Die Sichtbarkeit der Ingredient Brand auf nachgelagerten Stufen lässt sich zum Beispiel dadurch erreichen, dass die entsprechenden Teile visuell gekennzeichnet werden (z. B. Laserbeschriftung von Brillengläsern mit dem Zeiss-Logo) oder Aufkleber beziehungsweise Anhänger am Endprodukt angebracht werden (z. B. Intel-inside-Aufkleber, Gore-Tex-Anhänger bei Bekleidung). Auch die Integration der Ingredient Brand in die Werbung des Endprodukts (z. B. werben viele Computerhersteller mit dem Hinweis auf „intel inside") erhöht die Sichtbarkeit auf den nachgelagerten Marktstufen.

Um eine Ingredient Branding Strategie zu realisieren, ist zunächst die **Kooperationsbereitschaft** der Hersteller der Endprodukte erforderlich. Je schneller der Aufbau einer Ingredient Brand gelingt, desto unabhängiger wird man dann vom Endprodukthersteller. So reicht heute zum Beispiel die Markierung mit „Intel inside" bereits für viele Computerkäufer aus; der Herstellername des Computers wird durch die starke Rolle der Ingredient Brand quasi bedeutungslos (Esch/Herrmann/Sattler 2006, S. 213; Kleinaltenkamp 2001, S. 268). Wesentliche **Chancen** und **Risiken** des Ingredient Brandings sind in Abbildung 84 und Abbildung 85 dargestellt.

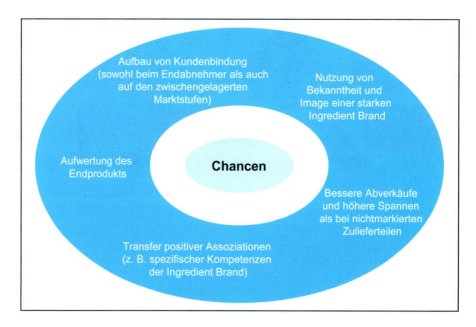

Abbildung 84: Chancen des Ingredient Brandings

Abbildung 85: Risiken des Ingredient Brandings

4.4 Internationale Markenstrategien

Die **Bedeutung internationaler Markenstrategien** ist vor dem Hintergrund wachsender internationaler Verflechtungen und zunehmender Internationalisierungsbestrebungen vieler Unternehmen zu sehen. Es verwundert deshalb auch nicht, dass weltweit präsente Marken wie Coca-Cola, IBM oder Disney (Abbildung 86) schon seit Jahren in den regelmäßig veröffentlichten Rankings der wertmäßig stärksten Marken vorderste Plätze einnehmen (s. auch Abbildung 1). Die internationale Markenführung nimmt damit eine bedeutende Stellung in der wertorientierten Unternehmens- beziehungsweise Markenführung und im Rahmen von Wachstumsstrategien ein.

Abbildung 86: Beispiele für globale Marken

Die Beweggründe für eine Internationalisierung (von Markenstrategien) können unter anderem in folgenden Punkten gesehen werden (Aaker 1991, S. 263 ff.; Keller 2003, S. 683; Ries/Ries 1998, S. 143; Schiele 1997, S. 99):

- Realisierung von **Erfahrungs- und Größeneffekten** infolge des international höheren Absatzvolumens,
- Ausweichen auf **neue internationale Märkte** bei Anbietern, die sich bisher auf Märkten mit geringen Wachstumsraten und hoher Wettbewerbsintensität bewegt haben,
- beschränktes **Potenzial alternativer Wachstumsstrategien** (insbesondere Neuproduktstrategien),
- **Risikostreuung** durch Internationalisierung,
- Fokussierung auf **international mobile Nachfrager**,
- **Stärkung des Markenwerts** durch Aufbau einer internationalen Reputation.

Vor dem Hintergrund dieser Beweggründe und der stetigen Zunahme internationaler Wirtschaftsverflechtungen stellt sich für Unternehmen ab einer gewissen Größe weniger die Frage, ob internationale Markenstrategien verfolgt werden sollen, sondern vielmehr wie diese Strategien umgesetzt werden sollen. Die Größe eines Unternehmens und damit die **Verfügbarkeit von Ressourcen** ist insofern ein kritischer Faktor, als dass zumindest mittelfristig einem kleineren, rein nationalen Anbieter nicht genügend Ressourcen für ein umfangreiches internationales Engagement zur Verfügung stehen (Schiele 1997, S. 102).

Neben der Verfügbarkeit eines Mindestmaßes an Ressourcen determiniert das **Wettbewerbsverhalten** die prinzipielle Realisierbarkeit beziehungsweise Vorteilhaftigkeit internationaler Markenstrategien. Im Zuge der wachsenden internationalen Verflechtungen sind die meisten Märkte durch eine Dominanz internationaler Wettbewerber auf horizontaler und vertikaler Ebene gekennzeichnet. Mit zunehmender Dominanz wird es für nationale Anbieter immer schwieriger, sich am Markt zu behaupten. Von daher besteht auch für diese Anbieter ein Internationalisierungsdruck, und zwar sowohl auf Hersteller- als auch auf Handelsebene.

Die Stärke des Drucks zur Internationalisierung wird weiterhin durch **politisch-rechtliche Rahmenbedingungen** der Internationalisierung bestimmt (vgl. allgemein Meffert/Bolz 1998, S. 45 ff.). Diese betreffen unter anderem die zunehmende Bedeutung wirtschaftlicher Integrationsräume (insbesondere der EU, NAFTA, ASEAN und APEC), die Konzentration der Weltwirtschaftsleistung auf wenige Länder (so entfallen laut Angaben der Weltbank 2004 circa 75% des weltweiten Bruttosozialprodukts auf die 10 Länder USA, Japan, Deutschland, Frankreich, Großbritannien, Italien, China, Mexiko, Kanada und Spanien), Fortschritte bei Welthandelsabkommen (GATT) und die Öffnung von Ländern gegenüber der Marktwirtschaft (z. B. osteuropäische Länder, China, Indien). Die internationale Markenpolitik ist jedoch auch einer Vielzahl nationaler Restriktionen unterworfen, zum Beispiel im Hinblick auf die Ein-

4.4 Internationale Markenstrategien

fuhr von Produkten (z. B. Bananen), die Verwendung bestimmter Produktinhaltsstoffe (z. B. Coca-Cola), die Schaltung von Werbung (z. B. Werbeverbot für Zigaretten) oder den Einsatz von Verkaufsförderung (z. B. Verbot bestimmter Coupons). Auch **technologische Rahmenbedingungen,** wie die Etablierung bestimmter Standards (insbesondere das Internet), haben maßgeblichen Einfluss auf die Internationalisierungsintensität.

Abbildung 87 gibt einen Überblick über den Planungsprozess der internationalen Markenführung, der den Rahmen aller internationalen Markenaktivitäten bildet. Den Ausgangspunkt der internationalen Markenführung bildet die **Situationsanalyse**. Durch eine Einschätzung der globalen Umwelt, des Marktumfeldes und des eigenen Markenpotenzials werden in dieser Phase entscheidungsrelevante Informationen zur Problemanalyse, Alternativenbewertung sowie Steuerung und Kontrolle internationaler Markenaktivitäten bereitgestellt. Die Ergebnisse der Situationsanalyse sind durch eine **Prognose** möglicher zukünftiger Entwicklungen zu ergänzen. Die **Grundsatzplanung** legt die Verhaltensprinzipien für die **Markt- und Markenauswahl** sowie für die **Markenpositionierung** fest. Sie bildet den Rahmen für die Entwicklung der internationalen Markenstrategie. Der erste Schritt der Grundsatzplanung besteht daher aus der Formulierung von markenpolitischen Zielen und der Auswahl von geeigneten Märkten. Darauf aufbauend werden in einem zweiten Schritt die Marken ausgewählt, die für die internationalen Aktivitäten in Frage kommen. In einem letzten Schritt wird die internationale Markenpositionierung geplant. Wesentliche Entscheidungsalternativen umfassen dabei die unterschiedlichen Möglichkeiten der Ausgestaltung von standardisierten und differenzierten Markenbestandteilen.

In der **Implementierungsphase** steht die Umsetzung der internationalen Markenstrategie im Vordergrund. Der Planungsprozess endet mit der **Kontrolle der internationalen Markenaktivitäten**. Im Mittelpunkt steht dabei die Revision der einzelnen Planungsschritte, ein Soll-/Ist-Vergleich der markenpolitischen Ziele und die Vorbereitung von Anpassungsmaßnahmen.

Im Folgenden soll auf die **internationale Markenauswahl** und **Markenpositionierung** eingegangen werden, da sie die zentralen Bestandteile der internationalen Markenführung bilden. Aspekte der Situationsanalyse, Prognose und Kontrolle im Rahmen von internationalen Aktivitäten werden in der Literatur zum internationalen Marketing ausführlich behandelt (z. B. Berndt/Fantapié Altobelli/Sander 2005).

> Für die Internationalisierung von Markenstrategien stehen einem Unternehmen im Wesentlichen vier Alternativen der **Markenauswahl** zur Verfügung (Abbildung 88).

Der **geographische Markentransfer** (vgl. auch Abschnitt 4.1) ist dadurch gekennzeichnet, dass eine bereits bestehende Marke auf neue geographische Märkte räumlich transferiert wird (unternehmensintern) oder dass die Lizenz einer bereits bestehenden Marke an ein ausländisches Unternehmen vergeben wird (unternehmensextern). Neben dem geographischen Marken-

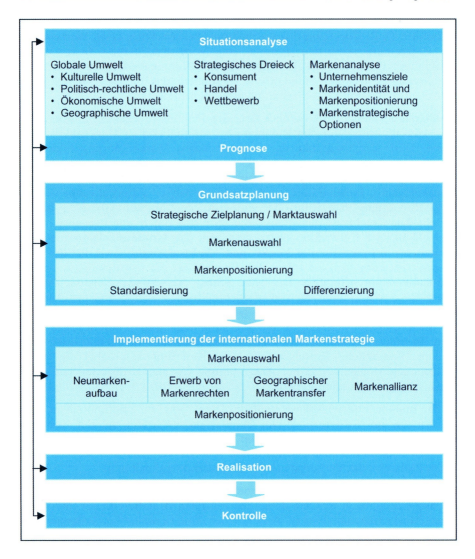

Abbildung 87: Planungsprozess der internationalen Markenführung

transfer gibt es die Möglichkeit des **internationalen Neumarkenaufbaus**. Bei dieser Option wird eine komplett neue Marke geschaffen und in einen ausländischen Markt eingeführt. Eine weitere Option bilden **internationale Markenallianzen**. Schließlich ist der **internationale Erwerb von Markenrechten** zu nennen, bei dem zwischen dem Erwerb von Unternehmen/Marken (Mergers & Acquisitions) und dem Erwerb von Markenlizenzen unterschieden werden kann.

4.4 Internationale Markenstrategien

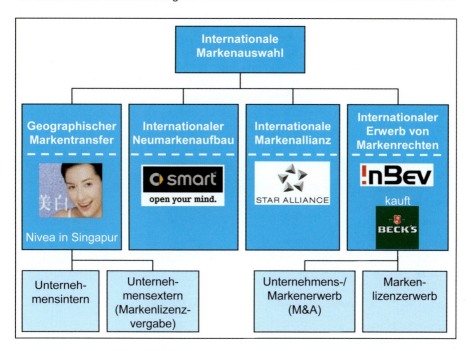

Abbildung 88: Optionen der internationalen Markenauswahl

Im Rahmen der **internationalen Markenpositionierung** ist das grundsätzliche Entscheidungsproblem zu lösen, ob eine **international standardisierte oder differenzierte Markenstrategie** verfolgt werden soll.

Die beiden Entscheidungsalternativen der internationalen Markenpositionierung stellen Extrempunkte eines Kontinuums unterschiedlichen Grades der Standardisierung beziehungsweise Differenzierung dar. Eine extreme Standardisierung liegt bei einer Weltmarke (**Global Brand**) mit weltweit identischem Markenzeichen, identisch realisierten Positionierungen, Markenwissensstrukturen und sonstigen strategischen Grundausrichtungen vor. Einen dermaßen hohen Grad an Standardisierung findet man in der Praxis kaum. Selbst Coca-Cola als Paradebeispiel einer global standardisierten Markenstrategie erfüllt die genannten Kriterien nur eingeschränkt. So werden Markenzeichen von Coca-Cola teilweise an nationale Besonderheiten angepasst (z. B. andere Schriftzeichen in Teilen Asiens und Nordafrikas), Werbekampagnen zur Aktualisierung der Markenpositionierung national zum Teil unterschiedlich eingesetzt oder Produktformeln aufgrund nationaler Gesetze oder heterogener Nachfragerpräferenzen modifiziert. Dennoch ist Coca-Cola ein Beispiel für eine global stark standardisierte Markenstrategie. Andere, ebenfalls weltweit agierende Unternehmen, wie zum Beispiel Procter & Gamble, setzen hingegen eher auf eine markenpolitische Differenzierung mit regional differenzierten Marken (**Regional Brands**), etwa im Waschmittelbereich mit differenzierten Markenzeichen, Positionierungen und Produkten (z. B. die Waschmittelmarken Tide in den USA und Ariel in Deutschland). Abbildung 89 zeigt die Ergebnisse einer Studie von Schuiling/Kapferer (2004) zur Anzahl und Nutzung von Marken mit einer eher standardisierten Markenstrategie versus Marken mit einer eher differenzierten Markenstrategie in verschiedenen Ländern im Food-Bereich.

	Anzahl der Marken	Anzahl lokaler Marken (% von gesamt)	Anzahl globaler Marken (% von gesamt)
Alle Länder	744	397 (53%)	347 (47%)
Frankreich	172	74 (43%)	98 (57%)
Deutschland	226	139 (62%)	87 (38%)
Italien	177	108 (61%)	69 (39%)
UK	169	76 (45%)	93 (55%)
	Lokale Marken	**Globale Marken**	
Markennutzung:	42,9%	37,4%*	

* signifikanter Unterschied zwischen lokalen und globalen Marken, p < 5%

Abbildung 89: Globale versus lokale Marken
Quelle: Schuiling/Kapferer 2004, S. 104 ff.

Unterschiedliche Grade der Standardisierung beziehungsweise Differenzierung von internationalen Markenstrategien beziehen sich in erster Linie auf das Markenzeichen und die inhaltliche Ausgestaltung der Positionierung der Marke.

Entsprechende Beispiele sind in Abbildung 90 aufgeführt. Hinsichtlich des **Markenzeichens** reichen die Alternativen von einer international (weitgehend) einheitlichen Verwendung des Zeichens (Standardisierung) über eine Teilstandardisierung bis hin zu einer (weitgehenden) Differenzierung. Die Teilstandardisierung kann in unterschiedlichen Formen erfolgen, zum Beispiel Standardisierung bestimmter Symbole bei unterschiedlichen Markennamen (z. B. das Herzsymbol bei Eiscreme von Unilever) oder Standardisierung des gesamten Markenzeichens bis auf die Schriftart des Markennamens (z. B. Nivea bei Körperpflegeprodukten). Häufig werden bei diesen Teilstandardisierungen Markenkombinationsstrategien eingesetzt, bei denen ein Markenelement zur Anpassung an lokale Verhältnisse verwendet wird (z. B. unterschiedliche Namenszusätze bei Nescafé).

4.4 Internationale Markenstrategien

		Markenname und Markenzeichen		
		Standardisiert	Teilstandardisiert	Differenziert
Inhaltliche Ausgestaltung der Positionierung	Standardisiert	Marlboro (Zigaretten, Philipp Morris)	Magnum von Langnese in Deutschland und Magnum von Streets in Australien, jeweils ein Herz als einheitliches Markenzeichen (Eiscreme, Unilever)	Vim in Deutschland und Glorix in den Niederlanden (WC-Frischesteine, Unilever)
	Differenziert	Domestos als antibakterieller WC-Reiniger in Großbritannien und als Allzweckreiniger in Deutschland (Reiniger, Unilever)	Nescafé Unser Bester in Deutschland und Nescafé Silka in den USA (Instantkaffee, Nestlé)	Ariel in Deutschland und Tide in den USA (Waschmittel, Procter & Gamble)

Abbildung 90: Beispiele für international unterschiedlich standardisierte Markenstrategien

Auch die **inhaltliche Positionierung** der Marke kann in sehr unterschiedlichem Grad standardisiert beziehungsweise differenziert werden (Waltermann 1989). Zum Beispiel wird das international einheitlich verwendete Markenzeichen Domestos in Großbritannien als antibakteriell wirkender WC-Reiniger und in Deutschland als Allzweckreiniger positioniert. Allgemein kann sich die Standardisierung auf eine oder mehrere der in Abschnitt 3.2 diskutierten Positionierungsdimensionen beziehen.

Darüber hinaus sind internationale Standardisierungsentscheidungen hinsichtlich der angebotenen technisch-physikalischen Produkte zu treffen. Beispielsweise ist das Unternehmen Unilever dafür bekannt, markenpolitische Elemente in Richtung von Regional Brands zu differenzieren, die Produktpolitik hingegen so weit wie möglich zu standardisieren (Schiele 1997, S. 109). Solche produktpolitischen Entscheidungen tangieren die Markenpolitik jedoch nur sekundär.

Bei Modifikationen internationaler Markenstrategien in Richtung einer stärkeren Standardisierung werden vielfach **Markennamenswechsel** vorgenommen (z. B. Umbenennung der in den USA etablierten Katzenfuttermarke Kal Kan in die international einheitliche Marke Whiskas, Aaker 1991, S. 263 f. oder Namenswechsel in Deutschland von Raider zur international einheitlichen Marke Twix, Liedtke 1992, S. 403).

> Es existiert eine Reihe von **Einflussfaktoren**, die einen **spezifischen Grad der Standardisierung beziehungsweise Differenzierung** von Marken nahe legen, von denen insbesondere folgende zu nennen sind:
> - Schutzfähigkeit von Marken,
> - Media-Spillover,
> - strategische Grundausrichtung,
> - Nachfragerverhalten.

Eine spezifisch markenpolitische Voraussetzung zur Implementierung einer internationalen Markenstrategie ist die **Schutzfähigkeit von Marken** in den jeweils relevanten Ländern (vgl. Abschnitt 2.1). Die Hauptschwierigkeit besteht darin, dass die Erlangung eines (im Extremfall weltweiten) Markenschutzes unter anderem aufgrund bestehender Markenrechte, bürokratischer Hemmnisse oder fehlender Durchsetzbarkeit von Markenrechten mit zum Teil erheblichen prinzipiellen Schwierigkeiten verbunden ist. Die Deutsche Industrie- und Handelskammer schätzt den jährlichen Schaden, der durch **Markenfälscher** entsteht, weltweit auf 500 Milliarden Euro pro Jahr (vgl. Abschnitt 2.5.1). Diese Probleme verstärken sich üblicherweise mit zunehmendem Grad der Standardisierung. Selbst wenn die Schwierigkeiten überwunden werden können, erfordert der rechtliche Markenschutz einen nicht zu vernachlässigenden Ressourcenaufwand. Beispielsweise betrugen die Kosten der Registrierung der Ende der 80er Jahre neu geschaffenen Marken Swirl, Toppits und Aclimat beim Unternehmen Melitta (Abbildung 63) in circa 100 Ländern etwa 90.000 DM pro Marke (Raithel 1987, S. 67).

Ein Faktor, der eine internationale markenpolitische Standardisierung favorisiert, ist das **Media-Spillover**-Phänomen (Kreutzer 1989, S. 571). Dieser Effekt entsteht dadurch, dass bestimmte Medien, in denen markenpolitische Wissensstrukturen kommuniziert werden, über das eigentliche Zielgebiet (z. B. ein bestimmtes Land) hinaus genutzt werden. Zum Beispiel war die Marke Coca-Cola in Indien lange vor Einführung der Marke in diesem Land bekannt, da weite Teile der Bevölkerung die Marke durch dort sehr populäre US-amerikanische Kinofilme kennen gelernt hatten (vgl. auch Abschnitt 4.1). Auch durch andere „Überreichweiten" (z. B. bei TV-Spots oder Bandenwerbung internationaler Sportveranstaltungen) oder die internationale Mobilität von Nachfragern (z. B. Tourismus) kann Media-Spillover auftreten. Eine Nutzung der Spillovers wird dadurch begünstigt, dass die „beworbene" Marke in den geschalteten Ländern verfügbar ist, was eine Standardisierung favorisiert.

Weiterhin hängt die jeweils implementierte internationale Markenstrategie von der **unternehmensstrategischen Grundausrichtung** ab. Hierbei kann insbesondere eine **polyzentrische** und eine **geozentrische Orientierung** unterschieden werden (Meffert/Bolz 1998, S. 26). Bei der ersten erfolgt eine strategische Ausrichtung an den Besonderheiten beziehungsweise Erfordernissen des

4.4 Internationale Markenstrategien

jeweiligen Landes (Differenzierung) und bei der zweiten wird eine von den Landesspezifika weitgehend unabhängige Unternehmensstrategie verfolgt (Standardisierung). Die polyzentrische Orientierung zielt primär auf die Erlangung lokaler Wettbewerbsvorteile, die geozentrische hingegen auf die Erlangung von Kostenvorteilen durch Standardisierung.

Schließlich begünstigen ähnliche **Verhaltensmuster von Konsumenten** über geographische Grenzen hinweg die Wahl einer standardisierten Markenstrategie und umgekehrt (Theodosiou/Leonidou 2003, S. 154).

> Die Notwendigkeit zur Differenzierung hängt entscheidend von länderspezifischen Besonderheiten des **Nachfragerverhaltens** ab, wobei insbesondere die Konvergenz von Nachfragerpraktiken, kulturspezifische Besonderheiten und Herkunftslandeffekte zu nennen sind.

Auf der einen Seite ist für viele Produkte eine **Konvergenz von Nachfragepraktiken** zu beobachten, und zwar verstärkt bei bestimmten Ländergruppen (z. B. Westeuropa und Nordamerika), Generationen (insbesondere jüngeren Personen) und Produktgruppen (Tragos 1998, S. 124 f.). So weisen Konsumenten aus unterschiedlichen Ländern und gleichen Altersgruppen für bestimmte Produktgruppen aufgrund der fortschreitenden Globalisierung oft mehr gemeinsame Verhaltensmuster und Werte auf als Konsumenten, die aus dem gleichen Land stammen (Hofstede/Steenkamp/Wedel 1999, S. 1). Auch zeigt sich, dass zwischen den EU-Mitgliedsstaaten die Unterschiede unter anderem im Hinblick auf die Produkt- und Markenwahl zunehmend geringer werden und dass es einen Trend zu einem einheitlichen Makro-Marketing-Raum gibt (Leeflang/van Raaij 1995). Hinsichtlich der Produktgruppen wird vermutet, dass wenig kulturgebundene Güter (z. B. Flugzeuge, Uhren), High-Tech-Produkte (z. B. Computer, Kameras), Lifestyle-Produkte (z. B. Coca-Cola, Jeans) und Prestige-Produkte (z. B. Kosmetika, Parfums) ein hohes Standardisierungspotenzial aufweisen, während technische Produkte mit Design-Komponenten (z. B. Haushaltsgeräte) ein mittleres und Verlagsprodukte sowie Grundnahrungsmittel ein relativ geringes Standardisierungspotenzial aufweisen (Meffert/Bolz 1998, S. 183).

Auf der anderen Seite bestehen **kulturspezifische Besonderheiten** von Nachfragern (Abbildung 91; Hofstede 1983), die sich in einer unterschiedlichen Markenbindung und -bedeutung niederschlagen. So differieren laut einer Untersuchung der GfK die Bedeutungsgewichte von Marken (in Relation zu den Produkteigenschaften Garantie, Preis, Qualität, Verpackung) selbst zwischen den vermeintlich relativ kulturhomogenen Ländern Italien (8% Markenbedeutung), Deutschland (27%), Frankreich (36%), Großbritannien (36%) und Spanien (56%) deutlich (Anders 1991, S. 4). Ein ähnlicher Befund zeigt sich in einer anderen Studie hinsichtlich der relativen Bedeutung der Marke für die Glaubwürdigkeit von Produktvorankündigungen zwischen verschiedenen Ländern (Sattler/Schirm 1999, S. 71 ff.). Unabhängig von prinzipiellen länderspezifischen Unterschieden in der Markenbindung und -bedeutung sind im Einzelfall kulturspezifische Wahrnehmungsprozesse hinsichtlich Markenzeichen und -farben, Aussprechbarkeit, Assoziationen und Mehrdeutigkeit zu beachten und im Zweifelsfall durch Namenstest zu überprüfen (Berndt/Fantapié Altobelli/Sander 2005, S. 212; Herstatt 1985, S. 312 ff.). So zeigen Studien, dass sich Probanden in englischsprachigen Ländern besser an eine Kombination aus dem Markennamen und akustischen Markenzeichen erinnern, während sich Probanden in Ländern aus dem asiatischen Raum besser an den Markennamen erinnern, wenn dieser mit einem visuellen Markenzeichen kombiniert wird (Tavassoli/Han 2002). Auch wird das Markensymbol des Tigers bei Esso in Europa mit Stärke, in Asien hingegen eher mit Gefahr assoziiert (Keegan 1989, S. 498), prägnante Farben von Marken (z. B. das Grün der Dresdner Bank) werden länderspezifisch wahrgenommen (Grün wird z. B. in Italien mit Neid und Geldknappheit, in Pakistan hingegen mit Glück und Frömmigkeit verbunden, Wilkes 1977, S. 112) oder es werden Markennamen mit unvorteilhaften Assoziationen verbunden (in Deutschland z. B. die in Großbritannien kreierte Automarke Silver Mist).

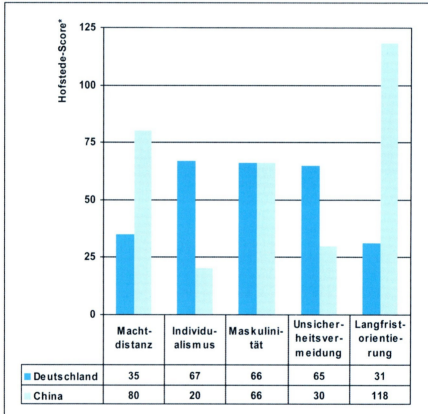

Abbildung 91: Kulturdimensionen nach Hofstede beispielhaft für Deutschland und China
Quelle: www.geert-hofstede.com (Abruf: 11.1.2007).

4.4 Internationale Markenstrategien

Die Bedeutung von Marken aus Nachfragersicht wird häufig durch **Herkunftslandeffekte** moderiert (Sattler 1991, S. 75 ff.), und zwar insbesondere dann, wenn eine Marke stark mit einem bestimmten Land verbunden wird. Herkunftslandeffekte resultieren aus mentalen Assoziationen und Anschauungen, die durch ein Land ausgelöst werden (Kotler/Keller 2005, S. 686) und beeinflussen dadurch die Wahrnehmung eines Produkts. Positive Effekte können dann auftreten, wenn vorteilhafte landesspezifische Assoziationen genutzt werden können, zum Beispiel bei Uhren aus der Schweiz, Wein aus Frankreich, Automobilen aus Deutschland, elektronischen Produkten aus Japan oder Kleidung aus Italien (Ries/Ries 1998, S. 143 ff.). Negative Effekte können bei entsprechend unvorteilhaften Assoziationen oder bei starker Neigung zum Kauf einheimischer Produkte entstehen (Anime/Chao/Arnold 2005; Nijssen/Douglas 2004; Sattler 1991, S. 9 ff.). Neuere Studien zeigen, dass vor dem Hintergrund globaler Marken die Kenntnis der Produktions- und Markenherkunft eine abnehmende Bedeutung bei der Produktbeurteilung spielt (Liefeld 2004; Madden 2003; Samiee/Shimp/Sharma 2005).

Sofern die soeben diskutierten Einflussfaktoren eine **Standardisierung** der Markenpolitik nahe legen, lassen sich erhebliche **Kostendegressions- und Synergieeffekte** gegenüber einer Nicht-Standardisierung realisieren (Schiele 1997, S. 106 ff.). Diese resultieren unter anderem aus den angesprochenen Media-Spillover-Effekten, dem Einsatz identischer Markierungskonzeptionen (z. B. im Hinblick auf Werbung und Verkaufsförderung) in mehreren Ländern, der Nutzung effizienter Kommunikationsträger durch Zusammenlegung von Kommunikationsbudgets, Logistikvorteilen infolge uniformer Verpackungen und dem Einsatz eines einheitlichen Informations-, Planungs- und Kontrollsystems im Hinblick auf das Markenmanagement. Darüber hinaus entstehen Kostendegressions- und Synergieeffekte in der Produktion, die jedoch nur bedingt der Markenpolitik zurechenbar sind.

Ein weiterer Vorteil der internationalen markenpolitischen Standardisierung besteht im Aufbau eines **international renommierten Images**, im Extremfall eines Weltmarkenimages (Aaker 1991, S. 265; Hamel/Prahalad 1986, S. 94). Betrachtet man einmal die in Abbildung 1 aufgeführten Marken, so handelt es sich hierbei ausschließlich um Global Brands. Dies kann allerdings noch nicht als Hinweis auf die Vorteilhaftigkeit von Global gegenüber Regional Brands interpretiert werden, da regionale Marken aufgrund ihres begrenzten Einsatzgebiets zwangsläufig nicht die Wertdimensionen von Global Brands erreichen können.

Nachteile einer internationalen markenpolitischen Standardisierung (und damit Vorteile einer Differenzierung) bestehen darin, dass Nachfrager im Hinblick auf die **Idealpositionierungen weniger gezielt ansprechbar** sind und **weniger flexibel** auf die jeweiligen lokalen **Wettbewerbsverhältnisse** eingegangen werden kann (Schiele 1997, S. 117 ff.). Darüber hinaus bestehen Schwierigkeiten der Durchsetzung **internationaler Preisdifferenzierungen**, insbesondere vor dem Hintergrund immer transparenter werdender Märkte infolge des Internets (Skiera 2001, S. 267 ff.).

Bei der Entscheidung für oder gegen eine **markenpolitische Standardisierung** muss im Wesentlichen ein **Trade-Off** zwischen den Kostendegressions- und Synergieeffekten sowie den Markenwertsteigerungen durch Etablierung eines international renommierten Images einerseits und den Deckungsbeitragsverlusten durch eine suboptimale Positionierung und eingeschränkte wettbewerbsbezogene Flexibilität andererseits gemacht werden.

Erkenntnisse aus der bisherigen Literatur lassen kaum eindeutige Hinweise auf die Größenordnungen des Trade-Offs zu.

4.5 Markenevolutionsstrategien

Markenportfolios müssen von Zeit zu Zeit adaptiert werden, zum Beispiel aufgrund von markenmotivierten Merger & Acquisition-Aktivitäten, unharmonisch gewachsenen Markenportfolios oder Neuausrichtungen der Markenpolitik. Dies kann dazu führen, dass Marken aus dem Markenportfolio entfernt oder einzelne Marken in eine andere Marke überführt werden müssen. Neben einer solchen Bereinigung des Markenportfolios kann sich über die Zeit auch die Notwendigkeit ergeben, das Leistungsprogramm bestimmter Marken zu erweitern, neue Marken bei gleichem Leistungsumfang hinzuzufügen oder Marken zu revitalisieren. Die hier angesprochenen Möglichkeiten einer dynamischen Weiterentwicklung von Marken lassen sich unter dem Begriff Markenevolutionsstrategien zusammenfassen (Burmann/Meffert/Blinda 2005, S. 184 ff.).

Bei der Gestaltung von Markenevolutionsstrategien lassen sich grundsätzlich folgende Handlungsalternativen unterscheiden:

- **Markeneliminationsstrategien** (z. B. Heiße Tasse Trockenfertiggericht oder Atari Computer), das heißt Desinvestition von Ressourcen bei einzelnen Marken.
- **Markenmigrationsstrategien**, das heißt vollständige Ersetzung eines bislang verwendeten Markenzeichens durch eine neue Markierung (z. B. Migration der Marke D2-Mannesmann zu Vodafone oder Texaco zu DEA bzw. zu Shell).
- **Markenexpansionsstrategien**, das heißt zusätzliche Bindung von Ressourcen, insbesondere in Form von Markentransfers (vgl. Abschnitt 4.1), einer Expansion in neue, geographische Absatzmärkte (vgl. Abschnitt 4.4) oder einer Hinzufügung weiterer Marken bei Konstanz des Leistungsumfangs des Markenportfolios (Markenrestrukturierung).
- **Markenrevitalisierungsstrategien**, das heißt die Wiedereinführung von bereits vom Markt genommenen Marken (z. B. VW-Beetle oder die Getränkemarke Bluna).

Markenelimination

Die Bereinigung des Markenportfolios beinhaltet die Aufgabe, einzelne oder mehrere Marken aus dem Markenportfolio zu entfernen und so eine **Ertrags- und Wertoptimierung** über das gesamte Markenportfolio zu schaffen (Keller 2003, S. 668 f.).

Ein bekanntes Beispiel für diese Strategie ist Unilever. Der Konzern beschloss, das Markenportfolio von 1.600 Marken im Jahr 2000 auf rund 400 Marken im Jahr 2004 zu reduzieren. Betroffen waren insbesondere lokale und regionale Marken wie Livio, Biskin oder CD (Abbildung 92).

Abbildung 92: Bereinigung des Markenportfolios bei Unilever

Die Gründe für eine Markenbereinigung sind vielfältig. In Konzernen wie Unilever oder Henkel passen lokale, überregionale oder kleine transnationale Marken nicht mehr in die Strategie, die sich auf globale Marken ausrichtet. Darüber hinaus können sich infolge von Zusammenschlüssen Überschneidungen im Sortiment ergeben, die eine Markenelimination erforderlich machen oder das Kartellamt verpflichtet zum Verkauf von Marken (Hanser 2006, S. 29). Weiterhin werden durch die Freisetzung von Ressourcen Stärkungsinvestitionen für die verbleibenden Marken möglich. Markenbereinigungsstrategien zielen damit auf die **Reallokation von Ressourcen** im Markenportfolio mit dem Ziel, Markenführungskosten zugunsten der Förderung starker Marken zu reduzieren und Kernmarken zu schaffen. Die Reduzierung der Marken des Portfolios soll die Kernkompetenzen der verbleibenden Marken klarer herausstellen und auf diese Weise positiv zu einer überschneidungsfreien Positionierung im Wettbewerbsumfeld beitragen (Raabe 2004, S. 860 f.).

Oftmals geht einer endgültigen Elimination eine **Abschöpfung und/oder Fokussierung** voraus, sofern kurz- bis mittelfristig eine ausreichende Kapitalrendite durch einen hinreichend großen Stamm loyaler Kunden und eine Senkung der Markenführungskosten gewährleistet werden kann (Keller 2003, S. 668). Hierzu werden gezielt Desinvestitionen vorgenommen, in der Regel insbesondere in Form einer Reduzierung des Kommunikationsbudgets und anderer abverkaufsfördernder Maßnahmen. Darüber hinaus erfolgt vielfach eine Fokussierung des Leistungsprogramms der Marken, indem die Anzahl der Produkte und Produkttypen reduziert und das Serviceniveau verringert wird (Burmann/Meffert/Blinda 2005, S. 186 f.). Die Marke lebt bis zur Elimination von ihrer Substanz, die sich ohne Unterstützung langsam abbaut. Ein Beispiel für diese Strategie ist die Marke CD. Von Unilever im Jahr 1961 als erste transparente Seife auf den Markt gebracht, hatte sie als regionale Marke gegenüber der globalen Marke Dove keine Chance bei der Verteilung der Marketingbudgets. Von 1999 bis 2004 gab es keine Kommunikation mehr für die Marke. Im Jahr 2004 wurde die Marke schließlich aus dem Portfolio eliminiert und an die Lornamead-Gruppe verkauft, welche die Marke revitalisierte (siehe auch weiter unten in diesem Abschnitt).

Markenmigration

Eine weitere Strategie zur Veränderung des Markenportfolios bildet die Markenmigration (Abbildung 93; synonym Markensubstitution, Markenüberführung). Bei einer **Markenmigrationsstrategie** bleibt das vorhandene Leistungsprogramm einer Marke meist weitestgehend unverändert, aber die bislang verwendeten Brandingelemente werden vollständig durch eine neue Markierung ersetzt.

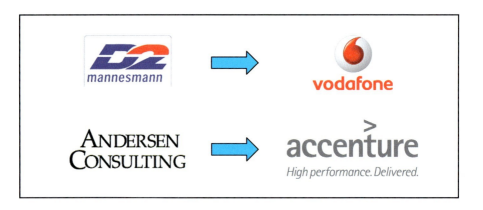

Abbildung 93: Beispiele für Markenmigrationsstrategien

Die Markenmigration wird häufig im Rahmen einer **Internationalisierungsstrategie** (vgl. Abschnitt 4.4) eingesetzt, um nationale Marken durch internationale Marken zu ersetzen. So wurde einer globalen Markenstrategie folgend beispielsweise der nur in Deutschland verwendete Markenname Raider (für einen

4.5 Markenevolutionsstrategien

Schokoriegel) durch die international verwendete Markierung Twix substituiert, da Twix in circa 70 Ländern weltweit bekannt war. Neben der Schaffung internationaler Marken sind Markenportfolioveränderungen durch **Mergers & Acquisitions** (z. B. Substitution der Marke Genion durch O_2), grundlegende **Umpositionierungen** (z. B. Substitution der Marke Andersen Consulting durch Accenture) und **rechtliche Zwänge** (z. B. Substitution der Marke Texaco durch DEA) weitere Gründe für eine Markenmigrationsstrategie.

Obwohl eine Markenmigration insbesondere im Hinblick auf die zunehmenden Internationalisierungsprozesse zahlreiche Vorteile besitzt, ist sie auch mit einer Reihe von Risiken verbunden. Knudsen et al. (1997) kommen zu dem Ergebnis, dass ein Markennamenswechsel nur in einem von fünf Fällen gelingt. Ein Beispiel ist das Geschirrspülmittel Fairy auf dem deutschen Markt, das im Jahr 2000 in den US-Namen Dawn überführt wurde. Der Marktanteil fiel daraufhin von 11,9% auf 4,7%. Anderthalb Jahre nach dem Wechsel zu Dawn wurde aus Dawn wieder Fairy (Bauer/Mäder/Valtin 2004, S. 59).

Eine Markenmigration kann grundsätzlich schrittweise beziehungsweise sukzessive oder schlagartig erfolgen. Bei einer **schrittweisen Markensubstitution** werden die alte und neue Marke für eine begrenzte Zeit parallel verwendet (Backhaus/Bieling 2002, S. 9 ff.). Durch den kommunikativ unterstützten und zumeist länger dauernden Prozess der Überführung der alten in die neue Marke sollen die Nachfrager langsam an die neue Markierung gewöhnt werden. Damit besteht auch die Möglichkeit, Bekanntheit und Image der alten Marke auf die ersetzende Marke zu übertragen. Beispiele für eine sukzessive Migration sind der Übergang der Marke D2-Mannesmann zu Vodafone und die Überführung der Marke Eurocard in MasterCard (Abbildung 94).

Abbildung 94: Beispiele für eine schrittweise Markensubstitution

Bei einer **schlagartigen Markensubstitution** kommt es hingegen nicht zu einem zeitweise parallelen Auftritt des alten und neuen Markenzeichens. Vielmehr wird die alte Markierung umgehend durch das neue Markenzeichen ersetzt. Diese Umsetzungsform sollte unter anderem insbesondere dann gewählt werden, wenn die substituierende Marke über eine grundlegend andere Positionierung verfügen soll als die zu ersetzende Marke und/oder ein klarer Bruch zur Vergangenheit und Herkunft der alten Marke angestrebt wird (Burmann/Meffert/Blinda 2005, S. 189). Ein wesentliches Risiko der abrupten Migration wird in der weitgehenden Vernichtung des über die Zeit aufgebauten Markenwerts der ersetzten Marke gesehen. Bauer/Mäder/Valtin (2004) vergleichen in diesem Zusammenhang die Auswirkungen eines Markennamenswechsels auf den Markenwert bei einer schlagartigen und schrittweisen Markenmigration. Sie kommen zu dem Ergebnis, dass beide Strategien ein ähnlich **geringes Potenzial** aufweisen, den Markenwert der alten Marke auf die ersetzende Marke zu übertragen.

Markenexpansion

Während die bislang diskutierten Strategieoptionen (Markenelimination und Markenmigration) auf eine Bereinigung des Markenportfolios abzielen, kann sich im Zeitablauf auch die Notwendigkeit ergeben, ein bestehendes Markenportfolio zu vergrößern. Dies bietet sich insbesondere dann an, wenn im Portfolio Marken existieren, die über noch **nicht ausgeschöpfte Umsatz- beziehungsweise Gewinnpotenziale** verfügen. Diese können insbesondere in neuen Produkten oder in neuen geographischen Märkten liegen (Burmann/Meffert/Blinda 2005, S. 192).

> Als grundsätzliche Ausgestaltungsformen der **Markenexpansionsstrategie** lassen sich die folgenden Alternativen unterscheiden:
>
> - Vergrößerung des Leistungsprogramms bei konstanter Markenanzahl durch die Realisation von **Markentransfers**,
> - Vergrößerung des Leistungsprogramms bei konstanter Markenanzahl durch die **Ausweitung des geographischen Absatzraumes** einer Marke, die über noch nicht ausgeschöpfte Umsatz- beziehungsweise Gewinnpotenziale verfügt, auf bisher nicht bearbeitete Absatzmärkte.

Sowohl die Markentransferstrategie als auch die Internationalisierung von Marken wurden bereits ausführlich behandelt (vgl. die Abschnitte 4.1 und 4.4), sodass an dieser Stelle auf eine weitere Diskussion der Vor- und Nachteile dieser Strategieoptionen verzichtet wird.

Markenrevitalisierung

Die erhebliche Wertsteigerungskraft von Marken verbunden mit den hohen Kosten des Neumarkenaufbaus haben dazu geführt, dass „historische" beziehungsweise vor geraumer Zeit eingestellte Marken, von denen man sich ein gewisses Potenzial verspricht, heute zunehmend wieder belebt (revitalisiert) werden (Abbildung 95).

4.5 Markenevolutionsstrategien

> Bei der Markenrevitalisierung erfolgt die Wiedereinführung einer vorübergehend eingestellten Marke.

Ausgangspunkt der Wiederbelebung einer Marke bilden die Gedächtnisspuren in Form von Bekanntheit und Image, welche die Marke bei den Konsumenten hinterlassen hat. Beispielsweise war die Marke CD in den Köpfen der Verbraucher nach wie vor präsent, auch wenn von 1999 bis 2004 keine Kommunikation stattfand. Im Jahr 2004 wurde die Marke mit verändertem Design und Werbung neu belebt. Heute ergänzen 80 % der Bundesbürger den Claim „An meine Haut lasse ich nur Wasser und ..." richtig mit „CD" (Hanser 2006, S. 29).

Abbildung 95: Beispiele für revitalisierte Marken

Die Markenrevitalisierungsstrategie knüpft somit an teilweise noch **latent vorhandene Imagedimensionsausprägungen** an und aktualisiert diese. Grundelemente der revitalisierten Marke müssen dabei für die Konsumenten ersichtlich sein. Nur so lassen sich die in der Vergangenheit gesammelten Erfahrungen mit der Marke im Rahmen der Revitalisierung nutzen. Neben Brandingelementen aus der Vergangenheit treten dabei **zeitgemäße, innovative Produkt- und Markenelemente**, damit die Markenleistung den aktuellen Qualitätsansprüchen genügt.

Konsumenten ermöglicht die Markenrevitalisierung die Befriedigung nostalgischer Bedürfnisse in einer schnelllebigen Welt, indem sie sich an traditionsreichen Marken als Zeitanker orientieren können. Retro-Marken stiften Gemeinschaft, indem sie ein Wir-Gefühl einer gemeinsamen Konsumgeschichte vermitteln. Ihnen liegt das gesellschaftliche Phänomen zugrunde, dass sich die Menschen durch ein Besinnen auf die Vergangenheit der eigenen Position versichern wollen. Positive Erinnerungen sind dabei oft an Erfahrungen mit Marken geknüpft. Erfolgreiche Retro-Marken machen sich dies zu nutze (Brown/Kozinets/Sherry 2003, S. 20). Beispielsweise entdecken die Menschen in Marken wie Bluna oder Afri-Cola ihre Jugendgetränke wieder. Beide Marken knüpfen an den Erfahrungen der Menschen und den damit verbundenen Erinnerungswerten an und erzählen so ein Stück vergangene Konsumgeschichte neu.

Die erfolgreiche Positionierung einer neu belebten Marke baut insbesondere auf vier Eigenschaften auf (Brown/Kozinets/Sherry 2003):

- **Allegory** (d. h. die Marke sollte über eine Markengeschichte verfügen),
- **Arcadia** (d. h. die Marke sollte durch stark positive Erinnerungswerte ein Gemeinschaftsgefühl vermitteln, das in eine idealisierte Markengemeinschaft aufgeht),
- **Aura** (d. h. die Marke sollte über vorteilhafte, einzigartige Assoziationen verfügen, die ihr Authentizität verleihen) und
- **Antinomy** (d. h. die Marke sollte ein Spannungsverhältnis zwischen Vergangenheit und Gegenwart verkörpern).

Die vorangegangenen Ausführungen machen deutlich, dass sich nicht jede Marke zur Wiederbelebung eignet. Eine **Bewertung des Wiederbelebungspotenzials** der Marke ist somit unerlässliche Voraussetzung für den Erfolg einer Revitalisierungsstrategie.

> Folgende Grundregeln sind bei der Revitalisierung einer Marke zu beachten:
>
> - Die Marke muss zu ihrer „Lebenszeit" über starke, vorteilhafte und einzigartige Markenassoziationen verfügt haben.
> - Die Marke muss in Erinnerung geblieben sein, das heißt in den Köpfen der Konsumenten müssen (latent vorhandene) spezifische Wissensstrukturen existieren, die durch die Markenpolitik aktualisiert werden können.
> - Die Marke muss bei ihrer Wiederbelebung an eine Geschichte anknüpfen können und gleichzeitig den aktuellen Qualitätsansprüchen genügen.

4.6 Handelsmarkenstrategien

Neben den Herstellern von Sachgütern und Dienstleistungen betreiben auch Handelsunternehmen eine eigenständige Markenpolitik. Die Markenführung gewinnt im Handel zunehmend an Bedeutung. Analog zur Markenführung bei Sachgütern und Dienstleistungen entstehen dabei zum Teil vielschichtige Markenarchitekturen (Abbildung 96). Auf der obersten Markenhierarchieebene ist die Führung des Handelsunternehmens als Corporate Brand angesiedelt. Unterhalb der Markenebene der Corporate Brand lassen sich drei grundsätzliche, miteinander kompatible Ausprägungsformen der Markenführung im Handel differenzieren (Abbildung 96):

4.6 Handelsmarkenstrategien

- Der **Name der Handelskette beziehungsweise Einkaufsstätte** fungiert als Marke (**Store Brand**).
- Das Handelsunternehmen führt **Eigenmarken** (sog. **Handelsmarken**) auf unterschiedlichen Ebenen und in verschiedenen Produktbereichen.
- Das Handelsunternehmen steuert das **Herstellermarkenangebot**.

Auf diese drei Bereiche wird im Folgenden näher eingegangen.

Abbildung 96: Relevanz von Marken für Handelsunternehmen am Beispiel der Metro AG

Handelsketten als Marke (Store Brands)

Handelsketten verfolgen vielfach **eigenständige Markenkonzepte**, mit denen sie sich gegenüber anderen Handelsketten profilieren wollen. Die Markenbildung schließt in diesem Fall die gesamte Betriebsform mit ein und zielt unter anderem darauf ab, dass Konsumenten die Kompetenz einer Handelskette nicht mehr über einzelne Produkte oder Warengruppen beziehungsweise das angebotene Sortiment definieren, sondern über den **Namen der Einkaufsstätte**. Beim Aufbau einer Store Brand wird teilweise auch dazu übergegangen, alle Produkte unter einem einheitlichen Namen anzubieten. So bot beispielsweise der amerikanische Textilhändler Gap bis etwa Mitte der 80er-Jahre Levi's Jeans und andere bekannte Marken an. Heute hingegen werden sämtliche Textilien unter dem einheitlichen Label Gap geführt (Ailawadi/Keller 2004). Ein analoges Markenkonzept verfolgt das schwedische Möbelhaus Ikea. Ikea ist zugleich ein Beispiel für den Sonderfall, dass die Corporate Brand als Store Brand fungiert. Aber auch solche Händler, die weiterhin ihre Produkte unter verschiedenen (Hersteller-) Markennamen anbieten, gehen verstärkt dazu über, Store Brands aufzubauen (z.B. Saturn, Media Markt). Weitere Beispiele für Handelsketten, die versuchen, sich als Store Brand zu positionieren, sind in Abbildung 97 aufgeführt.

Bei dem Aufbau einer Store Brand geht es analog zur herkömmlichen Markenführung darum, **Markenbekanntheit** und **Markenimage** aufzubauen und wertorientiert zu gestalten.

> Der Aufbau und die Gestaltung spezifischer Wissensstrukturen erfordern wie beim herkömmlichen Markenaufbau, dass
> - die **Markenidentität** der Store Brand definiert wird,
> - die Markenidentität unter Berücksichtigung des Wettbewerbs und der Konsumenten in eine eigenständige und für das Handelsunternehmen tragfähige **Positionierung** überführt wird,
> - die Positionierung **wahrnehmbar, eigenständig und integriert umgesetzt** wird (vgl. ausführlich Kapitel 3).

Abbildung 97: Beispiele für Store Brands

Erfolgreiche Store Brands verfügen über eine hohe Markenbekanntheit (z. B. liegt die Bekanntheit von Aldi bei über 90% und von Ikea bei über 70%, Ahlert/Kenning/Schneider 2000, S. 10). Zudem sollten Konsumenten mit ihnen klare, eigenständige und relevante Gedächtnisinhalte verbinden (vgl. Abbildung 98).

Abbildung 98: Kommunikation klarer Gedächtnisvorstellungen

4.6 Handelsmarkenstrategien

Eine Präferenzbildung für eine gesamte Handelskette setzt somit eine **eigenständige Profilierung der Einkaufstätte** voraus und zielt unter anderem darauf ab, dass Konsumenten vertrauensvoll von der Store Brand auf die Produkte schließen können. Als gemeinsame Klammer steht dabei häufig eine spezifische Philosophie hinter der Store Brand, wie dies zum Beispiel bei Ikea der Fall ist („Wohnst Du noch oder lebst Du schon?").

Für den Aufbau und die Umsetzung einer bestimmten Imagepositionierung spielen insbesondere Werbeinvestitionen eine bedeutende Rolle. Dies wird auch zunehmend von Handelsseite erkannt. Entsprechend zeigt sich, dass unter den Top 10 der werbetreibenden Unternehmen in Deutschland im Jahr 2004 drei Handelsunternehmen zu finden sind (Abbildung 99).

Unternehmen	Werbeinvestitionen in Mio. Euro
Media Markt + Saturn, Ingolstadt	348,71
Procter & Gamble, Schwalbach	344,30
LIDL, Neckarsulm	334,78
Axel Springer AG, Hamburg	292,57
Aldi, Mühlheim	245,23
Ferrero, Frankfurt	231,74
L'Oréal, Düsseldorf	213,89
Gruner & Jahr, Hamburg	165,31
C & A, Düsseldorf	158,78
Unilever Bestfoods, Hamburg	158,09

Abbildung 99: Die Top 10 Werbetreibenden 2004 in den klassischen Mediagattungen
Quelle: ACNielsen Media Research 2005.

Vielfach fällt dem Handel eine Profilierung jedoch schwer. So werden zahlreiche Einkaufsstätten von den Konsumenten als austauschbar wahrgenommen, da sie sich weder hinsichtlich der Ladengestaltung und -atmosphäre noch in Bezug auf Serviceleistungen oder andere Marketinginstrumente voneinander unterscheiden. Auch ist teilweise eine Diskrepanz zwischen Kommunikationsinhalten und den durch die Outlets vermittelten Inhalten zu beobachten. Als Beispiel sei die Imagekampagne von C&A genannt, in der ein avantgardistisches Image vermittelt wurde, das durch die Ladengestaltung nicht eingelöst wurde.

> Eine zentrale Bedeutung bei der Gestaltung von Store Brands hat die **Abstimmung** zwischen den **Kommunikationsinhalten** und den vermittelten Inhalten durch die **Outlets**.

Je heterogener die Outlets sind, desto schwieriger wird diese Abstimmung zwischen massenmedialer Kommunikation und Umsetzung vor Ort. Hier kann auch bei Store Brands die Nutzung einer **Markenarchitektur** sinnvoll sein (Ailawadi/Keller 2004, S. 338), indem in sich möglichst homogene und zueinander heterogene Outlet-Gruppen gebildet und diese mit einem Sub-Branding versehen werden (vgl. Abschnitt 4.3).

Angebot von Handelsmarken durch Handelsunternehmen

Handelsmarken oder synonym **Eigenmarken** sind von Handelsunternehmen für ein bestimmtes Sortiment angebotene Marken (Abbildung 100). Sie sind im Gegensatz zu Herstellermarken nur eingeschränkt, das heißt nur innerhalb der Handelsgruppe, distribuiert und werden üblicherweise zu über die Zeit einheitlichen Preisen angeboten (vgl. Abschnitt 1).

Abbildung 100: Handelsmarke angeboten von Pick 'n Pay

Für ein Handelsunternehmen stellt sich das grundsätzliche Entscheidungsproblem, Handelsmarken anzubieten oder hierauf zu verzichten. In Abbildung 101 sind **Motive für ein Angebot von Handelsmarken aus Hersteller- und Handelssicht** gemäß einer 1994 in England durchgeführten Unternehmensbefragung im Lebensmittelbereich dargestellt (zu strukturell ähnlichen Befunden in Deutschland vgl. Peters 1998, S. 119 ff.; Dölle 1997, S. 383 f.). Aus Herstellersicht dominieren die Motive Umsatzsteigerung und Kostenreduktion (durch Nutzung freier Kapazitäten) sowie der implizit vielfach bestehende Zwang zur Zusammenarbeit mit dem Handel aufgrund der gestiegenen Handelsmacht. Aus Handelssicht wird in erster Linie eine Ertragssteigerung und eine eigenständige Einkaufsstättenprofilierung (u.a. durch Handelsmarken mit einem attraktiven Preis-Leistungs-Verhältnis) mit dem Ziel der Kundenbindung angestrebt. Angesichts der näherungsweisen Ubiquität von Herstellermarken sind Handelsmarken ein zentrales sortimentspolitisches Differenzierungsinstrument von Handelsbetrieben.

4.6 Handelsmarkenstrategien

Herstellerperspektive		Handelsperspektive	
Motiv	Prozentuale Wichtigkeit	Motiv	Prozentuale Wichtigkeit
Umsatzsteigerung	23%	Ertragssteigerung	20%
Verbesserte Zusammenarbeit mit dem Handel	21%	Verbessertes Preis-Leistungs-Verhältnis	20%
Zunehmende Kontrolle	20%	Abgrenzung zur Konkurrenz	18%
Keine andere Wahl	19%	Reduktion der Herstellermacht	15%
Nutzung freier Kapazitäten	16%	Zunehmende Einkaufsstättentreue	15%

Abbildung 101: Motive für ein Angebot von Handelsmarken aus Hersteller- und Handelssicht
Quelle: Wolters 1997, S. 308 f. unter Bezug auf Samways 1995 und Datamonitor.

Eine Umfrage der Private Label Manufacturers Association unter führenden europäischen Händlern unterstreicht die **zunehmende Bedeutung von Handelsmarken** (www.lz-net.de; Abruf: 11.1.2007). Über 90% der Händler planen, ihr Handelsmarkenprogramm in nächster Zeit zu erweitern. Etwa die Hälfte der Befragten denkt dabei insbesondere an wertschöpfende Sortimente. Gut 40% gaben an, auch die preisgünstigen Sortimente weiter ausbauen zu wollen. Auch das Verhältnis des Handels zu den Herstellern seiner Eigenmarken war Gegenstand der Studie. Dabei zeigte sich, dass ein Großteil der Händler den Wertschöpfungsprozess neuer Produkte aktiv gestaltet und gezielt nach geeigneten Produzenten für seine Produkte sucht. Die Kosten für die Produktentwicklung trägt dabei zum großen Teil die Industrie.

> Der Handel setzt in fast allen Bereichen sowohl national als auch international mit zunehmenden **Wachstumsraten** auf ein Angebot von Handelsmarken.

Dabei sind nicht nur zwischen verschiedenen Warengruppen (vgl. Abbildung 102 und Abbildung 103) und Ländern, sondern auch zwischen den Handelsunternehmen selbst Unterschiede festzustellen (vgl. Abbildung 104).

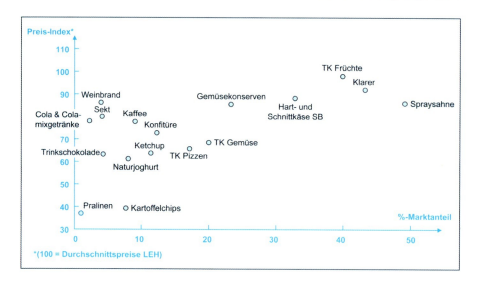

Abbildung 102: Marktanteile und Preise von Handelsmarken in Deutschland für den Foodbereich
Quelle: Kornobis 1997, S. 253.

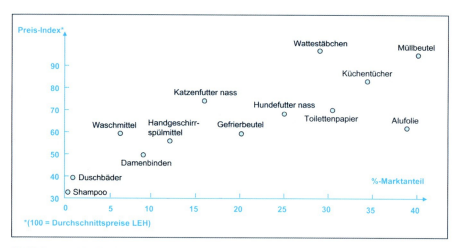

Abbildung 103: Marktanteile und Preise von Handelsmarken in Deutschland für den Non-Foodbereich
Quelle: Kornobis 1997, S. 256.

4.6 Handelsmarkenstrategien

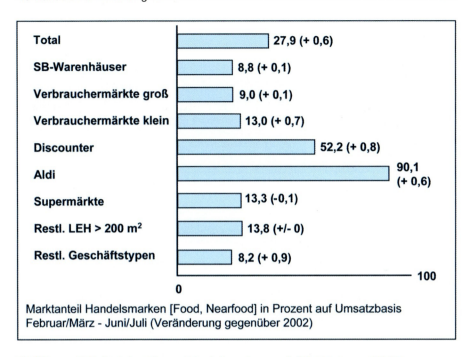

Abbildung 104: Marktanteile von Handelsmarken nach Betriebstypen (2003)
Quelle: ACNielsen.

Die unterschiedliche **Verbreitung von Handelsmarken** kann auf diverse **Einflussgrößen** zurückgeführt werden. In Abbildung 105 sind maßgebliche Größen typisiert, die im Folgenden näher erläutert werden. Die Einflussgrößen können auch als Erfolgsfaktoren von Handelsmarken interpretiert werden und damit Hinweise auf den **allgemeinen Erfolg von Handelsmarkenstrategien** geben (unabhängig von den weiter unten beschriebenen, spezifischen Formen alternativer Handelsmarkenstrategien).

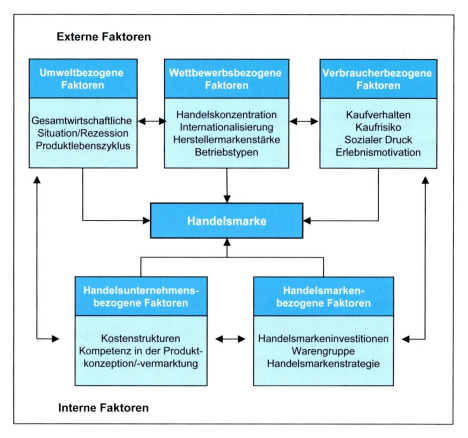

Abbildung 105: Erfolgsfaktoren von Handelsmarken

Umweltbezogene Faktoren

Als **unternehmensexterne Erfolgsfaktoren** von Handelsmarken spielen unter anderem umweltbezogene Faktoren eine Rolle. Zunächst ist die **gesamtwirtschaftliche Situation** zu nennen. So konnte in verschiedenen Ländern beobachtet werden, dass Handelsmarkenanteile in Rezessionsphasen zunehmen und in konjunkturstarken Zeiten abnehmen oder zumindest konstant bleiben (Corstjens/Lal 2000, S. 281; Lamey et al. 2007). Allerdings weisen aktuelle Entwicklungen darauf hin, dass Handelsmarken deutlich schneller als Herstellermarken wachsen und auch ein deutlich höheres Marktanteilsniveau als in Rezessionsphasen realisieren können (Corstjens/Lal 2000, S. 281 f.). Ein weiterer umweltbezogener Faktor ist der **Produktlebenszyklus**. Da zumindest klassische Handelsmarken nicht in den ersten Phasen eines Produktlebenszyklus eingeführt werden, sind Branchen mit vergleichsweise kurzen Sättigungs- und Degenerationsphasen unterproportional durch Handelsmarken vertreten (vgl. allgemein Bruhn 1997, S. 129 ff.).

Wettbewerbsbezogene Faktoren

Ein wettbewerbsbezogener Faktor ist die **Handelskonzentration**. Mit der kontinuierlich wachsenden Konzentration im Handel und der damit verbundenen Handelsmacht können Handels- gegenüber Herstellermarken stärker unterstützt werden. Darüber hinaus begünstigt der Konzentrationsprozess das Erreichen einer kritischen Größe unter anderem zur Realisierung von Kostenvorteilen. Da die Distribution von Handelsmarken auf eine einzelne Handelsorganisation beschränkt ist, ist dieser Faktor von besonderer Wichtigkeit. In ähnlicher Weise können Kostenvorteile auch durch die zunehmende **Internationalisierung** im Handel erreicht werden (Bodenbach 1996, S. 35 ff.; Hammann/Niehuis/Braun 2001, S. 985 f.). Weiterhin ist die **Herstellermarkenstärke** ein wichtiger wettbewerbsbezogener Faktor der Diffusion von Handelsmarken. Je stärker die Position der Herstellermarke ist, desto geringer ist die Wahrscheinlichkeit einer Substitution durch Handelsmarken (Hoch/Banerji 1993, S. 64; Tomczak/Schögel/Feige 2005, S. 1100). Allerdings deuten empirische Untersuchungen darauf hin, dass nur wenige Herstellermarken über eine gesicherte Position im Handel verfügen (Tomczak/Schögel/Feige 2005, S. 1097 f.). Die Herstellermarkenstärke wird durch die Konzentration auf eine Pull- im Verhältnis zur Push-Strategie determiniert. Auch die **Betriebstypenentwicklung** beeinflusst die Handelsmarkenentwicklung. Hier sind insbesondere Discounter zu nennen, bei denen Handelsmarken einen weit überproportionalen Marktanteil aufweisen (Abbildung 104 und Kornobis 1997, S. 249). Aufgrund der seit Jahren zunehmenden Bedeutung von Discountern wird die Diffusion von Handelsmarken positiv beeinflusst.

Verbraucherbezogene Faktoren

Hierzu zählen verschiedene **Kaufverhaltenstrends** wie zum Beispiel das hybride Kaufverhalten (Bruhn 2001, S. 25 ff.). Ein solches Kaufverhalten kann sich beispielsweise darin äußern, dass ein und derselbe Nachfrager Grundbedarfsprodukte stark preisorientiert erwirbt (z. B. Kauf von Handelsmarken bei Aldi) und gleichzeitig prestige- oder erlebnisorientierte Produkte mit einer sehr geringen Preissensitivität nachfragt (z. B. Kauf von Premium- oder Luxusmarken bei Exklusivhändlern wie Leysieffer). Durch die zunehmende Verbreitung hybriden Kaufverhaltens ist nicht nur der allgemein preisorientierte Handelsmarkenkäufer, sondern auch der nur partiell preissensitive hybride Käufer an Handelsmarken verstärkt interessiert. Als entscheidendes Kriterium für einen Handelsmarkenkauf kristallisiert sich dabei ein ausgewogenes Preis-Leistungs-Verhältnis heraus (Abbildung 106). Auch das empfundene **Kaufrisiko** bestimmt die Handelsmarkendiffusion. So werden insbesondere solche Produktgruppen beim Handelsmarkenkauf bevorzugt, die durch einfache Möglichkeiten der Qualitätseinstufung (u. a. Stiftung Warentest) und kurze Anwendungsdauern gekennzeichnet sind (Abbildung 107).

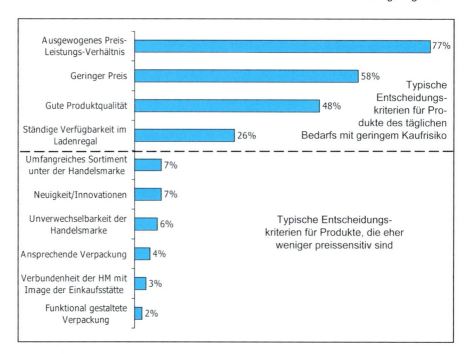

Abbildung 106: Argumente für einen Handelsmarkenkauf

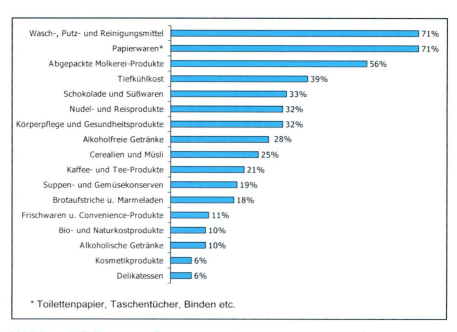

* Toilettenpapier, Taschentücher, Binden etc.

Abbildung 107: Bevorzugte Produktgruppen beim Handelsmarkenkauf
Quelle: A.T. Kearney 2004.

Weitere Faktoren sind unter anderem der empfundene **soziale Druck** (inklusive demonstrativem Konsumverhalten) und die **Erlebnismotivation**. Zumindest klassische Handelsmarken können Erlebniswelten und sozial relevante Faktoren wie Prestigedimensionen nur eingeschränkt vermitteln.

Handelsunternehmensbezogene Faktoren

Einen wichtigen handelsunternehmensbezogenen Faktor stellt die **Kostenstruktur** dar. Von zentraler Bedeutung ist, welche Funktionen der Handel innerhalb des Prozesses von der Produktkonzeption bis zur Vermarktung einer Handelsmarke übernimmt. Das Variantenspektrum reicht von einer in der Praxis überwiegend zu beobachtenden „schlanken" Handelsmarke (Variante 1 in Abbildung 108) bis zu einer „breiten" Handelsmarke, bei der sämtliche Funktionen von der Marktanalyse bis zum Abverkauf abgedeckt werden (Variante 3 in Abbildung 108). Stellt der Hersteller im Wesentlichen seine Produktionskapazitäten inklusive des Know-hows der Produktentwicklung und der Beschaffung von Rohstoffen zur Verfügung (Variante 1 in Abbildung 108), müssen die Kostenelemente der Vermarktung bei der Kalkulation des Herstellers von Handelsmarken nicht berücksichtigt werden. Der wesentliche Kalkulationsunterschied zwischen Handels- und Herstellermarkenartikel liegt somit im Wegfall der Vermarktungskosten auf der Herstellerseite. Es ist jedoch möglich, dass zwischen Hersteller und Handel bestimmte Leistungen der Vermarktung verabredet werden (z. B. Einsatz des Außendienstes oder Merchandising-Maßnahmen). Diese Leistungen müssen finanziell bewertet und entweder extra oder in Form eines Preisaufschlags honoriert werden (Vanderhuck 2001, S. 117 f.). Die Vorteilhaftigkeit unterschiedlicher Varianten von Handelsmarken richtet sich somit insbesondere nach den relativen Kosten für Handelsmarken im Vergleich zu den Möglichkeiten der Industrie (Müller-Hagedorn 2001, S. 106 ff.). Ein Beispiel für ein mögliches Prüfschema findet sich in Abbildung 109.

Variante	Funktionen					
	Marktanalyse	Produktentwicklung	Markttest	Produktion	Imagebildung	Abverkauf
1					✔	✔
2				✔	✔	✔
3	✔	✔	✔	✔	✔	✔

Abbildung 108: Varianten von Handelsmarken nach übernommenen Funktionen
Quelle: In Anlehnung an Müller-Hagedorn 2001, S. 103.

In einem engen Zusammenhang mit der Kostenstruktur steht das Ausmaß der vorhandenen **finanziellen Ressourcen** (Bruhn 2001, S. 39 f.). Durch die Übernahme zusätzlicher Funktionen im Rahmen der Handelsmarkenpolitik

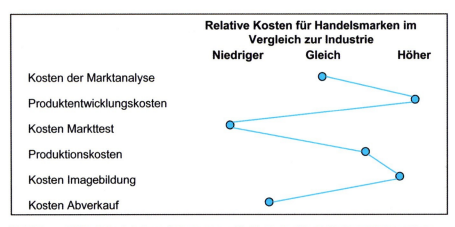

Abbildung 109: Beispiel eines Schemas zur Prüfung der Vorteilhaftigkeit alternativer Varianten von Handelsmarken
Quelle: In Anlehnung an Müller-Hagedorn 2001, S. 111.

entsteht ein erheblicher finanzieller Mehrbedarf. Der Umfang des zusätzlich einzusetzenden Budgets hängt unter anderem davon ab, wie viele Funktionen übernommen werden, ob eine ausgeprägte Imagepositionierung vorgenommen wird (s. u.) oder eine internationale Handelsmarke geschaffen werden soll (s. u.). Neben den Kostenstrukturen und vorhandenen finanziellen Ressourcen ist auch die allgemeine **Kompetenz in der Produktkonzeption und -vermarktung** hinsichtlich der einzelnen Funktionen aus Abbildung 108 von Bedeutung. Dabei ist zu beachten, dass die meisten dieser Funktionen nicht in den klassischen Kernkompetenzbereich von Handelsunternehmen fallen.

Handelsmarkenbezogene Faktoren

Mit der Frage der finanziellen Ressourcen eng zusammenhängend bestimmt der handelsmarkenbezogene Faktor **Handelsmarkeninvestitionen** wesentlich die Verbreitung von Handelsmarken. Hoch/Banerji (1993, S. 63 f.) können in den USA empirisch einen positiven Einfluss der Produktqualität von Handelsmarken auf deren Marktanteil nachweisen. Investitionen in die Produktqualität lassen sich auf die Industrie abwälzen, sofern die Funktionen Produktentwicklung und Produktion durch die Industrie wahrgenommen werden. Aus einer Befragung deutscher Konsumgüterhersteller Mitte der 90er Jahre weiß man, dass 78% der befragten Industrieunternehmen, die Handelsmarken produzieren, diese auf den vorhandenen Fertigungsanlagen herstellen (Dölle 1997, S. 384). In diesen Fällen kann vermutet werden, dass Handelsmarken zumindest nach objektiven Kriterien eine zu den Herstellermarken vergleichbare Qualität aufweisen.

4.6 Handelsmarkenstrategien

Die jeweilige **Warengruppe** hat offensichtlich einen starken Einfluss auf die Diffusion von Handelsmarken (Abbildung 102 und Abbildung 103). Verschiedene Faktoren können als Erklärung herangezogen werden. Empirisch konnte unter anderem nachgewiesen werden, dass ceteris paribus die Verbreitung von Handelsmarken höher ist, wenn das wahrgenommene Kaufrisiko in der Warengruppe niedrig ist (Batra/Sinha 2000, S. 182 ff.), die Varianz der wahrgenommenen Qualität von Produkten in einer Warengruppe niedrig ist (Hoch/Banerji 1993, S. 64) oder Such- gegenüber Erfahrungseigenschaften in der Warengruppe dominieren (Batra/Sinha 2000, S. 182).

Auch die implementierte **Handelsmarkenstrategie** hat einen Einfluss auf die Handelsmarkendiffusion. Für Handelsmarken bieten sich grundsätzlich die gleichen Strategiealternativen wie bei Herstellermarken an, das heißt, es können in prinzipiell gleicher Weise markenbezogene Integrationsstrategien, Mar-

Systematisierungskriterium	Strategiealternativen	Beispiel	Grundsatzstrategien
Anzahl von Produkten pro Marke	• Ein Produkt: **Monomarkenstrategie** • Mehrere Produkte: **Markentransferstrategie** in Form von **Dach-/Markenfamilienstrategien**	Tandil (Aldi) Rio Grande (Edeka)	Markenbezogene Integrationsstrategien
Positionierung	• **Positionierungsdimensionen**: – z. B. hinsichtlich Preis-/Qualitätsdimensionen – z. B. hinsichtlich nicht-produkteigenschaftsbasierter Dimensionen in Form von **Markenerlebnisstrategien** • **Positionierungsentwicklung**: – Festhalten an der Positionierung (**Markenfortführungsstrategie**) – Repositionierung (**Markenrepositionierungsstrategie**)	Ja! (Rewe) Rodeo (C&A) Tandil (Aldi) Ikea	Markenpositionierungsstrategien
Anzahl von Marken pro Produktmarkt	• Eine Marke: **Singuläre Produktmarkt-Markenstrategie** • Mehrere Marken: **Mehrmarkenstrategie**	Füllhorn (Rewe) Erlenhof und Ja! (Rewe)	Mehrmarkenstrategien
Anzahl von Markennamen pro Produkt	• Ein Markenname: **Singuläre Markenstrategie** • Mehrere Markennamen: – **Interne Markenkombinationsstrategie** (ein Markenanbieter) – **Externe Markenkombinationsstrategie** (mehrere Markenanbieter)	Fielmann Rodeo (C&A) Fijutsu-Siemens-Quelle	Markenkombinationsstrategien
Anzahl von Ländern/Regionen pro Unternehmen	• Ein Land/eine Region: **Nationale/regionale Markenstrategie** • Mehrere Länder/Regionen: **Internationale/überregionale Markenstrategie**	Arko A&P (Tengelmann)	Internationale Markenstrategien

Abbildung 110: Alternativen von Handelsmarkenstrategien

kenpositionierungsstrategien, Mehrmarkenstrategien, Markenkombinationsstrategien und internationale Markenstrategien verfolgt werden. In Analogie zur Abbildung 39 sind entsprechende handelsmarkenbezogene Beispiele in Abbildung 110 aufgeführt. Da im Rahmen der weiteren Ausführungen auch den handelsmarkenspezifischen Besonderheiten von Positionierungsstrategien Rechnung getragen werden soll, sind diese – abweichend zu Abbildung 39 – ebenfalls in Abbildung 110 aufgeführt.

Im Folgenden sollen einige handelsmarkenspezifische Besonderheiten der fünf Grundsatzstrategien aus Abbildung 110 erörtert werden. Allgemein gelten die in den Abschnitten 4.1 bis 4.4 diskutierten **Chancen und Risiken**, insbesondere vor dem Hintergrund, dass Konsumenten vielfach nicht in der Lage sind, Handels- von Herstellermarken zu unterscheiden, wie Abbildung 111 illustriert (Meyer/Pogoda/Küthe 1995, S. 251).

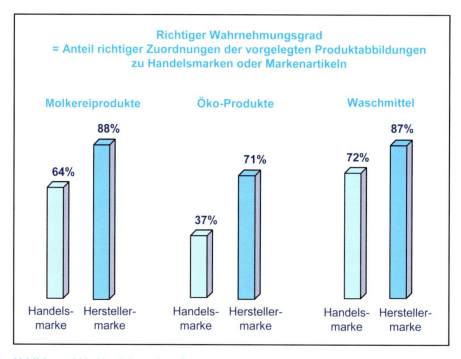

Abbildung 111: Handelsmarken-Awareness
Quelle: A.T. Kearney 2004.

Handelsmarken weisen typischerweise einen hohen **markenbezogenen Integrationsgrad** auf (Abbildung 110), insbesondere in Form von Markenfamilienstrategien. Der Hauptgrund hierfür ist darin zu sehen, dass Handels- im Vergleich zu Herstellermarken geringe Distributionsgrade und damit Absätze erzielen. Dies hat zur Folge, dass pro abgesetzter Einheit überproportional hohe Kosten

4.6 Handelsmarkenstrategien

für den Aufbau und die Erhaltung handelsmarkenspezifischer Wissensstrukturen anfallen. Unter diesen Bedingungen ist der kostenintensive Aufbau einer Monomarke kaum aussichtsreich. Dementsprechend sind Monomarken im Handel typischerweise nur dann zu finden, wenn sie nicht aktiv vermarktet werden. Zum Beispiel erfährt die Monomarke Tandil von Aldi keine direkte kommunikative Unterstützung.

Hinsichtlich der **Positionierungsstrategie von Handelsmarken** (Abbildung 110) ist zunehmend eine aktive Kommunikationspolitik für Handelsmarken zu beobachten. Während zum Beispiel noch 1995 lediglich 44% der Handelsmarken in exponierten Regalplätzen positioniert wurden, hat sich dieser Anteil bis 1999 mit 85% fast verdoppelt. Die Positionierungsdimensionen von Handelsmarken entfernen sich zunehmend von der klassischen Position mit einem niedrigen oder mittleren Preis- und Qualitätsniveau. Laut einer Untersuchung der GfK Marktforschung (GfK 2000) beurteilen 70% der deutschen Verbraucher im Jahr 2000 die Qualität von Handelsmarken als ebenbürtig im Vergleich zu Herstellermarken. 1994 waren es lediglich 53%. Auch KPMG (2006) kommt in einer aktuellen Studie zu dem Ergebnis, dass viele Konsumenten zwischen Hersteller- und Handelsmarke keine qualitativen Unterschiede mehr wahrnehmen. Preislich werden Handelsmarken teilweise auf einer Stufe mit führenden Herstellermarken positioniert. In Großbritannien – wo die Diffusion von Handelsmarken sehr weit fortgeschritten ist – sind Handelsmarken vielfach auch im Premiumsegment mit einer entsprechenden Qualität und vergleichsweise hohen Preisen anzufinden. Laut einer Untersuchung von A.T. Kearney (2004) ist für über die Hälfte der befragten Konsumenten in Deutschland ein Kauf von Handelsmarken im Premiumsegment vorstellbar.

In Abhängigkeit von der jeweiligen Positionierungsstrategie für Handelsmarken werden (ähnlich zu Herstellermarken) spezifische Wissensstrukturen bei potenziellen Nachfragern im Hinblick auf die Handelsmarke aufgebaut (vgl. Abschnitt 3; ein spezifisches Konzept für Handelsmarken schlagen Burton et al. 1998 vor). Diese Wissensstrukturen können den Aufbau eines Markenwerts bewirken. Empirische Untersuchungen zeigen, dass auch Handelsmarken Markenwerte in Form zusätzlicher Zahlungsbereitschaften gegenüber nicht markierten Produkten und in Teilsegmenten sogar in Relation zu etablierten Herstellermarken aufbauen können (Lingenfelder/Lauer 2000, S. 138 ff.; Sattler 1998b, S. 440 ff.).

Mehrmarkenstrategien (Abbildung 110) sind aus Handelssicht aufgrund der erläuterten überproportional hohen Kosten für den Aufbau und die Erhaltung von Handelsmarken typischerweise weniger vorteilhaft. Dementsprechend findet man diese Strategie in der Praxis auch vergleichsweise selten.

Markenkombinationsstrategien (Abbildung 110) bieten sich für den Handel insbesondere in Form eines Co-Brandings mit etablierten Herstellermarken an, da hierdurch die Handelsmarke vom Image einer unter Umständen stark profilierten Herstellermarke profitieren kann (z.B. Fijutsu-Siemens und Quelle; vgl. allgemein Abschnitt 4.3). Allerdings ist es für den Handel nicht einfach, einen entsprechenden Partner aus der Industrie zu finden, da negative Rückwirkungen auf die Herstellermarke infolge der Markenallianz nicht auszuschließen sind. Besonders starke positive Wirkungen für den Handel sind dann zu erwarten, wenn die Markenkombination exklusiv in einem Handelsunternehmen erhältlich ist. Ähnliche Effekte können realisiert werden, wenn ein Handelsunternehmen eine Herstellermarke kauft und diese dann exklusiv in seinen Geschäften in Kombination mit einer Handelsmarke vertreibt (z. B. Dual von Karstadt).

Internationale Markenstrategien (Abbildung 110) sind für Handelsmarken in erster Linie zur Realisierung von Kostenvorteilen (s. o.) und zur Erschließung neuer Absatzmärkte relevant (Hammann/Niehuis/Braun 2001, S. 985). Größere Internationalisierungsbestrebungen sind in Deutschland erst ab Mitte der 80er Jahre zu beobachten. Schwierige Bedingungen im Heimatmarkt und die Attraktivität insbesondere der geographisch nahe liegenden osteuropäischen Märkte haben die Auslandsaktivitäten der meisten Unternehmen in den letzten Jahren relativ stark ansteigen lassen. Der Internationalisierungsgrad fällt allerdings je nach Branche unterschiedlich aus. Im deutschen Lebensmitteleinzelhandel beispielsweise erwirtschaften alle großen Unternehmen inzwischen einen beträchtlichen Anteil ihres Umsatzes im Ausland (KPMG 2006). Abbildung 112 zeigt den Internationalisierungsgrad der größten deutschen Einzelhändler im Jahr 2005.

Abbildung 112: Auslandsaktivitäten der größten deutschen Einzelhändler im Jahr 2005
Quelle: KPMG 2006, S. 24.

4.6 Handelsmarkenstrategien

Nachdem die in Abbildung 105 aufgeführten Einflussgrößen auf die Diffusion beziehungsweise den Erfolg von Handelsmarken erörtert worden sind, soll weiterhin auf die **Profitabilität von Handelsmarken** eingegangen werden. Interessant sind in diesem Zusammenhang verschiedene empirische Untersuchungen, wonach Handelsmarken im direkten Vergleich zu Herstellermarken weniger profitabel sind (vgl. zusammenfassend Corstjens/Lal 2000, S. 282 f.; Abbildung 113). Jedoch kann auch unter diesen Bedingungen der Einsatz von Handelsmarken vorteilhaft sein, indem sie – in erster Linie solche mit hoher Qualität – als Differenzierungsinstrument gegenüber konkurrierenden Handelsunternehmen fungieren (Corstjens/Lal 2000, S. 282 ff.).

	Handelsmarke: % vom Umsatz	Herstellermarke: % vom Umsatz
Brutto-Deckungsbeitrag	28,80	11,60
Brutto-Deckungsbeitrag nach Dealbacks	32,30	24,40
Geschäftspersonal	9,80	3,00
Verkaufsfläche/-ausrüstung	1,50	1,50
Lagerkosten	4,90	0,00
Transport	3,60	0,00
Zahlungsverkehr	0,02	0,03
Reklamationen	0,41	0,12
Netto-Deckungsbeitrag	10,50	19,70

Abbildung 113: Profitabilität von Handels- und Herstellermarken in Kanada
Quelle: Corstjens/Lal 2000, S. 283 unter Bezug auf Price Waterhouse und Cott Corporation.

Ailawadi/Harlam (2004) kommen im Rahmen einer empirischen Studie zu dem Ergebnis, dass Handelsmarken in der Regel höhere prozentuale, aber geringere absolute Margen haben und dass starke Handelsmarken mit höheren Margen bei Herstellermarken einhergehen. Auch zeigt sich interessanterweise, dass Heavy User von Handelsmarken weniger zum Gewinn beitragen als Light User von Handelsmarken und Herstellermarkenkäufer.

Für Händler bedeuten diese Ergebnisse, dass ein **ausgewogener Mix** von **Hersteller- und Handelsmarken anzustreben** ist.

Handelsunternehmen steuern Herstellermarkenangebot

Der Handel ist in zahlreichen Märkten ein wichtiger **Gatekeeper** für Herstellermarken. Er kontrolliert den für die Hersteller knappen und unentbehrlichen Regalplatz und beeinflusst auf diese Weise Umfang und Form der markenspezifischen Marketingaktivitäten.

Der Handel legt insbesondere fest,
- ob eine Herstellermarke überhaupt im Einzelhandel erhältlich ist (**Listung, Distributionsgrad**),
- ob die Herstellermarke aus Sicht des Herstellers in strategieadäquaten **Betriebstypen** positioniert wird (Image),
- in welcher Form die Herstellermarke den Konsumenten physisch und **kommunikativ präsentiert** wird (Platzierung, Umfeld der Platzierung, Beratung, Preis),
- in welcher Form und in welchem Umfang **Kundendienstleistungen** vor und nach dem Kauf erbracht werden (Tomczak/Schögel/Feige 2005, S. 1090).

Der Handel fungiert zwar einerseits als Gatekeeper, ist aber andererseits auch **Nachfrager starker Marken**. Herstellermarken sind für den Handel dann sinnvoll, wenn durch ihre Vermarktung die Attraktivität des gesamten Sortiments erhöht werden kann. Je nachdem, in welchem Bereich Marken angeboten werden, ist folglich der Aufbau einer Pull-Wirkung gegenüber dem Handel leichter oder schwerer zu realisieren. Bei Massen-/Standardleistungen mit überwiegend austauschbaren Marken, die für ein Handelsunternehmen nur von untergeordneter Bedeutung sind, müssen andere Wege der Zusammenarbeit mit dem Handel gefunden werden als bei Marken mit hoher strategischer Relevanz für den Handel (Tomczak/Schögel/Feige 2005, S. 1092 f.). Neben der Kundenansprache ist ein auf den Handel ausgerichtetes Markenmanagement erforderlich. Hersteller setzen ein breites Spektrum unterschiedlicher **Leistungen beziehungsweise Anreize** ein, um den Handel für eine Gegenleistung (Regalplatz in bestimmten Quantitäten und Qualitäten) zu motivieren (Abbildung 114). Aus Herstellersicht lassen sich die Anreize **drei Gruppen** zuordnen:

- **Pull-Anreize** basieren auf einer durch den Endverbraucher ausgelösten Sogwirkung.
- **Push-Anreize** setzen direkt beim Handel an und beziehen sich auf den „Hineinverkauf" oder den „Abverkauf".
- **Kooperationsanreize** beziehen sich auf Synergien, die durch die Integration von Hersteller- und Handelsaktivitäten erzielt werden können.

Pull-, Push- und Kooperationsanreize sind so zu bündeln, dass den jeweiligen Handelsunternehmen daraus Vorteile erwachsen.

Bei starken Marken, die eine Pull-Wirkung erzeugen, liegt in der Regel eine hohe Markentreue vor, die auch für Handelsunternehmen vorteilhaft sein kann. So stellen Diller/Goerdt (2005) Beziehungen zwischen der Markentreue und der Einkaufsstättentreue von Konsumenten fest. Sie finden Produktbereiche und Marken, bei denen die Einkaufsstättentreue die Markentreue dominiert und umgekehrt. Aus der offensichtlich bestehenden Beziehung zwischen der Bindung an Marken und Einkaufsstätten ergibt sich ein starker Anreiz für eine **kooperative Bindungspolitik** im vertikalen Mar-

4.6 Handelsmarkenstrategien

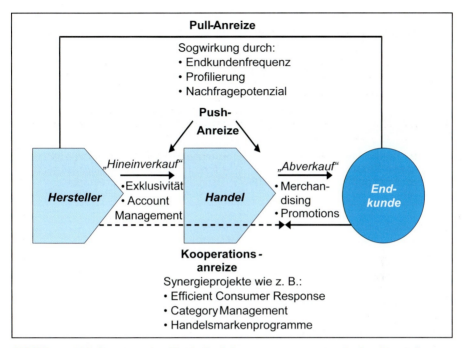

Abbildung 114: Ansatzpunkte für ein Beziehungsmanagement zwischen Herstellern und Handel
Quelle: Tomczak/Schögel/Feige 2005, S. 1096.

keting. Je nachdem, ob die Einkaufsstättentreue oder die Markentreue hoch beziehungsweise niedrig ist, lassen sich entsprechende Marktbearbeitungsstrategien für Hersteller und Handelsunternehmen ableiten. Dies ist insofern wichtig, weil ein hoher Handelsmarkenanteil nicht zwangsläufig eine höhere Einkaufsstättentreue nach sich zieht. Vielmehr zeigen Analysen der GfK, dass 80% des Zuwachses bei Handelsmarken durch den Wechsel der Einkaufsstätte selber – zugunsten der Discounter – erklärbar sind (Lange 2003, S. 26).

Nach der Betrachtung von Herstellermarkenstrategien gegenüber dem Handel soll abschließend aus Herstellersicht auf die Produktion von Handelsmarken für den Handel eingegangen werden. Hersteller stehen vor dem grundsätzlichen Entscheidungsproblem, ausschließlich Herstellermarken (**reine Herstellermarkenstrategie**, das heißt Verzicht auf Handelsmarkenproduktion) oder parallel Handels- und Herstellermarken (**duale Markenstrategie**) zu produzieren (der Spezialfall der ausschließlichen Produktion von Handelsmarken wird hier nicht näher betrachtet, vgl. hierzu Dawson 1990, S. 34 ff.; Hammann/Niehuis/Braun 2001, S. 991). Der größte Teil führender Markenartikelhersteller setzt auf eine duale Markenstrategie (vgl. Dölle 1997, S. 383; Hammann/Niehuis/Braun 2001, S. 991; Kornobis 1997, S. 259). Diese Strategie hat für viele Unternehmen eine erhebliche Bedeutung erlangt. Damit verbinden sich für Hersteller nicht nur Chancen, sondern auch Risiken. Entscheidet sich zum Beispiel ein großes Handelsunternehmen zur Auslistung von durch Markenartikelhersteller produzierte Handelsmarken, so sehen auch international führende Hersteller hierin eine nicht unerhebliche Bedrohung (Dietz 1992, S. J8 ff.). **Chancen und Risiken einer dualen Markenstrategie** sind in Abbildung 115 zusammengestellt und sollen im Folgenden näher erläutert werden.

Chancen	Risiken
• Erschließung neuer Wertschöpfungsmöglichkeiten • Geringerer Ressourcenbedarf • Aufbau einer positiven Beziehung zum Handel	• Kannibalisierungseffekte • Imageschädigung von Herstellermarken • Einschränkung der Handlungsflexibilität durch Bindung an den Handel

Abbildung 115: Chancen und Risiken einer dualen Markenstrategie

Eine erste Chance besteht in der **Erschließung neuer Wertschöpfungsmöglichkeiten**. Zusätzliche Wertschöpfung kann insbesondere durch die Ansprache von Marktsegmenten realisiert werden, die durch die bisher angebotene(n) Herstellermarke(n) nicht oder nur eingeschränkt abgedeckt werden konnten. Mit klassischen Handelsmarken werden insbesondere preissensible und unterdurchschnittlich qualitätsorientierte Käuferschichten angesprochen. Möchte ein Hersteller von Premiummarken dieses Segment bedienen, so bleibt als wesentliche Alternative zur dualen Markenstrategie nur die Entwicklung von Zweitmarken, was jedoch mit erheblichen Kosten verbunden ist.

Im Vergleich zum Aufbau einer Herstellermarke bietet die Verwendung einer Handelsmarke im Rahmen der dualen Markenstrategie verschiedene Chancen eines **geringeren Ressourcenbedarfs** (Müller-Hagedorn 2001, S. 106 ff.; Schiele 1997, S. 63 ff.; Vanderhuck 2001, S. 116 ff.). Da die Vermarktung der Handelsmarke durch den Handel vorgenommen wird, entfallen weitgehend diesbezügliche Kosten für die Kommunikationspolitik (z. B. Werbung, Verkaufsförderung), die Distribution (z. B. Außendienst, Listungsgebühren an den Handel) und die Marktforschung. Auch im Produktionsbereich können Ressourceneinsparungen realisiert werden, unter anderem durch ein höheres Auslastungsniveau von Produktionsanlagen. In der Forschung und Entwicklung kann weitgehend auf vorhandene Prozesse und Produkte zurückgegriffen werden. Weiterhin entfallen verschiedene Planungs- und Koordinationskosten (Schiele 1997, S. 76 ff.).

Eine weitere wichtige Chance dualer Markenstrategien besteht im **Aufbau einer positiven Beziehung zum Handel**. Angesichts der zunehmenden Handelsmacht gewinnt dieser Punkt immer mehr an Bedeutung. Im Zuge des **Category Managements** wird vom Category Leader erwartet, dass er ein umfassendes Sortiment inklusive Handelsmarken anbietet (vgl. allgemein Barth/Hartmann/Schröder 2007). Häufig haben Hersteller auch keine andere Wahl, als auf den Wunsch des Handels nach der Produktion von Handelsmarken einzugehen, da andernfalls Nachteile bei der Distribution der Herstellermarken bis hin zur Auslistung zu befürchten sind (Schiele 1997, S. 66). Im günstigsten Fall kann ein Hersteller durch eine Handelsmarkenkooperation am Wachstum von Handelsunternehmen partizipieren. So profitierte der Hygienepapierhersteller PWA Waldhof durch eine Kooperation mit Aldi zur Entwicklung und Vermarktung der Handelsmarke Solo-Hygienepapier von der internationalen Expansion von Aldi. Ohne die Internationalisierung der Marke Solo selbst vorangetrieben zu haben, konnte die Marke durch die Eröffnung von Aldi-Filialen in den niederländischen und dänischen Markt eindringen (Braun/Schiele/Schlickmann 1996, S. 155).

Risiken einer dualen Markenstrategie bestehen unter anderem in der **Kannibalisierung** zwischen Handelsmarke und eigenen Herstellermarken. Das Kannibalisierungsrisiko ist umso höher, je ähnlicher Hersteller- und Handelsmarken positioniert sind. Bei klassischen Handelsmarken ist dieses Risiko für Zweitmarken höher als für Erstmarken. Ein besonders starker Kannibalisierungseffekt mit zusätzlicher **Imageschädigung der Herstellermarken** ergibt sich für Fälle, bei denen niedrig-preisige Handels- und hochpreisige Herstellermarken aus identischen Produkten bestehen und diese Tatsache von Nachfragern wahrgenommen wird. Würde zum Beispiel bekannt werden, dass die hochpreisige Sektmarke M mit einem identischen Produkt auch als niedrigpreisige Handelsmarke bei Aldi erhältlich ist, so würden bei der Sektmarke M erhebliche Umsatz- und Imageeinbußen zu verzeichnen sein. Sofern identische Produkte gleichzeitig unter einer Hersteller- und einer Handelsmarke angeboten werden sollen, empfiehlt es sich, die beiden Marken so weit wie möglich voneinander zu differenzieren. Einen Überblick zu verschiedenen Differenzierungsinstrumenten gibt Abbildung 116.

Marketing-Instrumente	Maßnahmen	Beispiele
Produktpolitik	Ergänzung oder Modifikation des Produktkerns	• Differenzierte Packungsgestaltung • Differenzierter Kundendienst • Differenzierte Garantie
Kommunikationspolitik	Schaffung unterschiedlicher Wissensstrukturen über Marken	• Erlebnis- versus Preisgünstigkeitspositionierung • Differenzierte Kommunikation von Vertrauenseigenschaften
Preispolitik	Differenzierte Preise und/oder Konditionen	• Vermarktung von Handels- und Herstellermarken in unterschiedlichen Preissegmenten
Distributionspolitik	Nutzung unterschiedlicher Absatzwege	• Belieferung eines Handelsunternehmens entweder mit der Hersteller- oder der Handelsmarke

Abbildung 116: Möglichkeiten der Differenzierung von Handels- und Herstellermarken bei einer dualen Markenstrategie
Quelle: In teilweiser Anlehnung an Bauer 1976, S. 95 und Schiele 1997, S. 89.

Eine weitere wesentliche Risikokomponente stellt die **eingeschränkte Handlungsflexibilität durch die Bindung an den Handel** dar (von Matt 1988, S. 161; Schiele 1997, S. 80 f.). Der Handel übernimmt üblicherweise unabhängig vom Hersteller die wesentlichen markenpolitischen Entscheidungen hinsichtlich der Handelsmarke. Die Bindung an den Handel wächst mit zunehmender Bedeutung von Handelsmarken in Relation zu den vom jeweiligen Hersteller angebotenen Herstellermarken. Werden zum Beispiel für die Bereitstellung von Handelsmarken zusätzliche Produktionskapazitäten aufgebaut, so ist die Abhängigkeit stärker, als wenn Handelsmarken ausschließlich bei nicht ausgelasteten Produktionskapazitäten hergestellt werden. Typischerweise erfolgt die Produktion von Handelsmarken auf Grundlage eines Belieferungsvertrags, in dem unter anderem Vorgaben im Hinblick auf Menge, Qualität, Verpackung und Preis der zu liefernden Ware vereinbart werden (Huber 1988, S. 170). Durch den Abschluss langfristiger Belieferungsverträge kann das Absatzrisiko vermindert werden. Je stärker die Elemente des Belieferungsvertrags an den jeweiligen Handelsbetrieb angepasst werden, desto schwieriger ist ein Wechsel zu anderen Handelsbetrieben zu realisieren.

Wie schon bei den anderen in Kapitel 4 diskutierten Grundsatzstrategien lassen sich im Einzelfall **aufgrund der erörterten Chancen und Risiken** auch bei Handelsmarkenstrategien **nur bedingt Entscheidungsalternativen eindeutig auswählen**. Für eine detaillierte Analyse markenstrategischer Entscheidungsalternativen empfehlen sich Instrumente einer **wertorientierten Markenpolitik**. Das **Grundprinzip** besteht darin, für die einzelnen Entscheidungsalternativen jeweils ursächlich auf die Marke(n) zurückzuführende Einzahlungsüberschüsse zu prognostizieren und auf einen Entscheidungszeitpunkt zu diskontieren. Der hieraus resultierende markenspezifische Kapitalwert (d. h. Markenwert) für die einzelnen Markenstrategiealternativen kann dann für die Alternativenauswahl herangezogen werden.

> Eine zentrale Motivation für die Bewertung von Marken ist die Entscheidungsunterstützung bei der Auswahl geeigneter Markenstrategiealternativen im Rahmen der Markenführung.

5 Marken wertorientiert führen

In Abschnitt 1 wurde aufgezeigt, dass Marken zu den bedeutendsten Vermögensgegenständen von Unternehmen zählen. Von daher ist eine wertorientierte Markenpolitik essentiell. Im Sinne von Value-Based-Planning-Ansätzen gilt es, den immateriellen Vermögensgegenstand Marke mit dem Ziel einer langfristigen Markenwertsteigerung zu führen. Wissenschaft und Praxis haben sich intensiv damit beschäftigt, das Wertschöpfungspotenzial von Marken in Form der Messung eines Markenwerts zu quantifizieren und im Rahmen einer wertorientierten Unternehmensführung zur Planung, Steuerung und Kontrolle von Marken einzusetzen.

> Unter dem **Markenwert (Brand Equity)** eines Produkts versteht man denjenigen Wert, der mit dem Namen oder Symbol der Marke verbunden ist.

Der Markenwert wird häufig als inkrementaler Wert aufgefasst, der gegenüber einem (technisch-physikalisch) gleichen, jedoch namenlosen Produkt besteht (Aaker 1991). Problematisch ist diese Definition insofern, als dass in vielen Märkten keine namenlosen Produkte vertrieben werden oder nicht unerhebliche (technisch-physikalische) Unterschiede zwischen markierten und nicht markierten Produkten bestehen. Ersatzweise zu einem nicht markierten Produkt wählt man häufig ein Produkt, das mit minimalen Markeninvestitionen vertrieben wird. Sofern verfügbar handelt es sich hierbei häufig um Handelsmarken (z. B. Ailawadi/Neslin/Lehmann 2003). Mit zunehmendem Markenbewusstsein des Einzelhandels ist eine solche Operationalisierung allerdings kritisch zu sehen. Auch Handelsmarken können einen erheblichen Wert haben (Sattler 1998b). Gegebenenfalls sollten so weit wie möglich schwach profilierte Handelsmarken als Bezugsobjekt verwendet werden.

Aus dem Wortlaut des Begriffs Markenwert scheint hervorzugehen, dass es sich hierbei um eine monetäre Größe handelt. In der Literatur ist es allerdings üblich, unter diesem Begriff sowohl monetäre als auch nichtmonetäre Maße zu subsumieren. **Nichtmonetäre Markenwertmaße** finden sich insbesondere in der verhaltensorientierten Forschung (z. B. Esch 2005a). Im Zentrum steht die Messung von Brand Value Drivern beziehungsweise Markenwertindikatoren, insbesondere in Form von **Markenbekanntheit und Markenimage** (vgl. Abschnitt 3). Aus einer **monetären, finanzorientierten Perspektive** wird der Markenwert dagegen als Barwert zukünftiger markenspezifischer Einzahlungsüberschüsse definiert. Die markenspezifischen Einzahlungsüberschüsse sollen hier auch als **Brand Specific Earnings (BSE)** bezeichnet werden.

Weiterhin kann ein Markenwert weit oder eng abgegrenzt werden. So kann ein monetärer Markenwert für lediglich eine Periode (z. B. ein Jahr) oder über mehrere Perioden (z. B. analog zu einer ewigen Rente) ermittelt werden. Weiterhin kann ein Markenwert mit oder ohne Einbezug zukünftiger, bisher nicht realisierter Wertschöpfungsmöglichkeiten (so genannter markenstrategischer Optionen), wie zum Beispiel Markentransfers (vgl. Abschnitt 4.1), gemessen werden.

> Je nach vorgenommener Markenwertdefinition kann es zu erheblichen Unterschieden in der Markenwertmessung kommen.

Darüber hinaus ist zu beachten, dass sich Wertbeiträge einer Marke nicht nur im Hinblick auf Kunden generieren lassen, sondern sich auch auf diverse andere Zielgruppen beziehen können (Abbildung 117). Aufgrund ihrer besonderen Relevanz konzentrieren sich die folgenden Ausführungen auf Kunden.

Zielgruppen	Indikatoren	Mögliche Wertbeiträge
Kunden	• Höhere Kundenbindung • Höhere Kaufwahrscheinlichkeit	• Marken-Preis-Premium • Marken-Mengen-Premium
Handel	• Höhere Handelstreue • Bessere Listung • Höhere VKF-Unterstützung	• Preisvorteile (Handelsspannen) • Mengenvorteile (Regalplatz)
Wettbewerber	• Markteintrittsbarrieren • Kooperationsbereitschaft	• Preisvorteile (durch weniger Wettbewerb) • Mengenvorteile (durch weniger Wettbewerb)
Mitarbeiter	• Mehr und bessere Bewerbungen • Höhere Mitarbeiterbindung • Verbesserte Arbeitsleistung	• Geringere Personalkosten (Preis-Premium) • Mehr und bessere Arbeitskräfte (Mengen-Premium)
Lieferanten	• Höhere Lieferantenbindung • Bessere Lieferbereitschaft • Höhere Produktqualität	• Preisvorteile • Mengenvorteile
Kapitalgeber	• Höhere Aktionärsbindung • Höhere Bankenbindung • Erhöhte Kaufbereitschaft • Erhöhte Kredit-Vergabebereitschaft	• Geringere Eigenkapitalkosten (Preis-Premium) • Geringere Fremdkapitalkosten (Preis-Premium) • Erhöhte Eigenkapitalnachfrage (Mengen-Premium) • Erhöhtes Fremdkapitalvolumen (Mengen-Premium)
Öffentlichkeit	• Erhöhte Empfehlungsbereitschaft • Erhöhte Akzeptanz • Erhöhte Fehlertoleranz	• Preisvorteile • Mengenvorteile

Abbildung 117: Zielgruppenspezifische Wertbeiträge

Im folgenden Abschnitt 5.1 sollen zunächst **Anwendungszwecke** einer Markenbewertung und damit spezifische Anlässe einer wertorientierten Markenpolitik dargestellt werden. Besonderes Augenmerk wird dabei auf die Praxisrelevanz der Anwendungszwecke gelegt.

Anschließend wird ein breiter **Überblick zu Grundproblemen und Instrumenten der Markenbewertung** gegeben. Schließlich erfolgt in Abschnitt 6 für die wichtigsten Anwendungszwecke eine Illustration einer wertorientierten Markenpolitik anhand von **Fallbeispielen**.

5.1 Anwendungszwecke

Die Motivation für eine Markenbewertung ist vielfältig. Abbildung 118 gibt einen Überblick über wichtige Verwendungszwecke von Markenbewertungen. In der Tabelle sind auch die Ergebnisse der bereits erwähnten Umfrage von PwC/GfK/Sattler/Markenverband (2006) unter den 100 größten deutschen Unternehmen sowie den Mitgliedern des Deutschen Markenverbands hinsichtlich der Bedeutung dieser Verwendungszwecke wiedergegeben. Die Befunde basieren auf 96 Antworten von insgesamt 480 angeschriebenen Unternehmen. Befragt wurden pro Unternehmen ein oder mehrere für Marken verantwortliche Spitzenführungskräfte. Zudem ist die Tabelle ergänzt um Informationen aus einer analogen Studie von PwC/Sattler (2001). Die Werte der Vorgängerstudie können vor allem herangezogen werden, um Veränderungen der Tendenzen im allgemeinen Stimmungsbild der Unternehmenspraxis wiederzugeben.

Häufigster Verwendungszweck von Markenbewertungen sind **Markentransaktionen**, gefolgt von Markenführungsaspekten. Insbesondere nach dem „Merger & Acquisition-Boom" der letzten Jahrzehnte besteht ein verstärktes Bedürfnis zur finanziellen Bewertung von Marken. Neben dem häufig im Mittelpunkt stehenden Erwerb von Markenrechten ergibt sich auch bei der Ermittlung von Lizenzgebühren ein Bewertungsproblem der betreffenden Marken. Die Bedeutung des Lizenzgeschäfts in Deutschland wird deutlich, wenn man den durch verkaufte Lizenzen erwirtschafteten Umsatz betrachtet. Schon 2001 belief sich dieser Umsatz auf circa 24 Milliarden Euro. Bis 2004 ist dieser Wert mit 8% noch weiter deutlich angestiegen, sodass der Markenbewertung zur Bestimmung von Lizenzpreisen eine große Bedeutung zukommt (Reinstrom/Sattler/Lou 2006).

Der Stellenwert der Markendokumentation als Bewertungsanlass hat sich aufgrund verschiedener Neuerungen in den letzten Jahren deutlich erhöht. So hat das International Accounting Standards Board (IASB) 2004 analog zu US-GAAP eine Neuregelung der **Markenbilanzierung** bei Unternehmenszusammenschlüssen veröffentlicht (Mackenstedt/Mussler 2004). Danach sind die einzelnen Vermögenswerte (inklusive der Marken) im Rahmen der Kaufpreisverteilung des erworbenen Unternehmens zu identifizieren und mit ihrem Zeitwert (Fair Value) anzusetzen. Bei unbegrenzter Nutzungsdauer, wovon bei etablierten Marken auszugehen ist, ist eine Abschreibung nur noch über eine

*) Gemessen auf einer Skala von 1 (unwichtig) bis 7 (sehr wichtig). Ausgewertet wurden Antworten von 96 deutschen Großunternehmen. Die Klammerausdrücke stammen aus einer analogen Studie von PwC/Sattler (2001).

Abbildung 118: Verwendungszwecke von Markenbewertungen und deren Bedeutung aus Unternehmenssicht
Quelle: PwC/GfK/Sattler/Markenverband 2006.

zwingend vorgeschriebene, jährlich durchzuführende Werthaltigkeitsprüfung (Impairment Test) möglich.

Dennoch ist die Markendokumentation im Vergleich zu den übrigen Bewertungszwecken immer noch relativ unbedeutend. Ebenso gering ist bislang der Stellenwert der Markenfinanzierung. Dies mag damit zusammenhängen, dass vielen Unternehmen die diesbezüglichen Möglichkeiten noch nicht hinreichend bewusst und Banken skeptisch gegenüber Markenbewertungsverfahren sind.

Auffällig erscheint die Rolle der **Markenführung** als Bewertungsanlass. In diesem Bereich haben Markenbewertungen zur Überprüfung des Erfolgs der Markenführungsaktivitäten die erste Priorität. Die besondere Relevanz dieser Thematik kann einerseits bedeuten, dass nichtmonetäre Markenwertmaße herangezogen werden, um die Erfolgswirkungen der umgesetzten Markenführungsstrategie zu prüfen. Andererseits kann zu diesem Zweck auch ein monetäres Maß verwendet werden, mithilfe dessen Erfolgswirkungen explizit anhand der Veränderung des Markenwertes erfasst werden können. Eine solche quantitative Grundlage zur Bestimmung von Erfolg oder Misserfolg der Markenführung würde Marketing-Manager zu einer langfristigen Ausrichtung der Markenstrategie bewegen und damit der oftmals kritisierten kurzfristigen Orientierung entgegenwirken.

Eine ebenfalls hohe Bedeutung kommt gleichermaßen der Erfassung des **Markenimages** sowie der Analyse von Stärken und Schwächen der Marke zu. Diese Ziele können schwerpunktmäßig durch den Einsatz nichtmonetärer Markenbewertungsverfahren erreicht oder als Teilinformation bei der Ermittlung eines monetären Wertes gewonnen werden. Eine ähnliche Studie unter 344 Markenverantwortlichen in Deutschland bestätigt die sehr häufige Verwendung nichtmonetärer Markenwertmaße im Rahmen der Markenführung. Die drei wichtigsten Bewertungszwecke sind hier die Positionierung von Marken, die Erfassung des Markenimages sowie die Planung von Kommunikationsmaßnahmen (Schimansky 2004).

> Markenbewertungen sind für weitreichende Zwecke relevant und werden auch von der Unternehmenspraxis für wichtig erachtet. Zur Umsetzung der Markenbewertung sind adäquate Messinstrumente notwendig.

Betrachtet man die in Abbildung 118 aufgeführten Markenbewertungszwecke unter messtechnischen Gesichtspunkten, so wird deutlich, dass die meisten Verwendungszwecke ein **monetäres, das heißt wertorientiertes Messkonzept** erfordern. Dies trifft unmittelbar für die Zwecke Markentransaktionen, Markenschutz im Bereich Schadensquantifizierung, Markenführung im Bereich Budgetaufteilung, Markendokumentation im Bereich der Bilanzierung und Markenfinanzierung zu. Auch für die anderen Zwecke sind monetäre Markenbewertungen von hohem Nutzen, insbesondere dann, wenn wertorientierte Managementkonzepte im Vordergrund der Unternehmensphilosophie stehen. Von daher stehen im Folgenden monetäre Ansätze zur Markenwertmessung im Mittelpunkt.

5.2 Zentrale Markenbewertungsprobleme

Soll für ein breites Spektrum an Bewertungszwecken eine Markenbewertung vorgenommen werden, so entstehen vier zentrale Markenbewertungsprobleme (Sattler 2005).

> Ein erstes Problem einer Markenbewertung besteht in der Identifikation und Quantifizierung von **Brand Value Drivern** oder synonym Markenwertindikatoren.

Brand Value Driver stellen nichtmonetäre Größen dar, die den monetären Wert einer Marke nachhaltig beeinflussen. Von zentraler Bedeutung sind **Markenbekanntheit und Markenimage**. Diese Konstrukte wurden ausführlich in Abschnitt 3 behandelt. Die Identifikation und Quantifizierung von Brand Value Drivern ist insbesondere für Zwecke der Markenführung relevant. Die Brand Value Driver erlauben eine Ursachenanalyse der Markenwertentstehung und hierüber eine effektive Markenwertsteuerung. Neben der Quantifizierung der Wirkungsstrukturen zwischen den Brand Value Drivern ist es essentiell, die Wirkung von Brand Value Drivern auf den (langfristigen) monetären Markenwert zu messen. Kann der Zusammenhang mit dem monetären Markenwert nicht hinreichend nachgewiesen werden, so ist eine Analyse von Brand Value Drivern aus ökonomischer Sicht letztendlich wertlos.

> Ein zweites Problem ergibt sich dadurch, dass bei der Ermittlung von Einzahlungsüberschüssen für die zu bewertende Marke nicht die gesamten Einzahlungsüberschüsse aus dem mit der Marke verbundenen Produkt relevant sind, sondern nur diejenigen, die spezifisch auf die Marke zurückzuführen sind (**Isolierungsproblem**).

Betrachtet man bei den Einzahlungen die Umsatzerlöse aus einem Produkt, so sind dementsprechend nicht die gesamten Umsatzerlöse relevant, sondern nur der Teil von ihnen, der spezifisch auf die Marke zurückzuführen ist. So würde ein Teil der Umsatzerlöse auch erzielt werden, wenn für das jeweilige Produkt keine (bzw. eine unbekannte oder sehr schwach profilierte) Marke verwendet wird. Entsprechend sind auch nur diejenigen Auszahlungen zu berücksichtigen, die durch die Marke selbst verursacht werden. Das zweite Problem besteht also in einer Isolierung von Einzahlungsüberschüssen, die spezifisch durch die Marke verursacht werden. Bei diesem Isolierungsproblem ist gegebenenfalls zusätzlich zu berücksichtigen, dass Marken neben direkten Effekten auf die Umsatzerlöse von Produkten und damit verbundenen Auszahlungen weitere monetäre Effekte hervorrufen können (Abbildung 117). Hierunter fallen beispielsweise **markenbedingte Einsparungen** in den Bereichen **Personal** (z. B. kostengünstigere(s) **Recruiting** und Personalbindung bei Unternehmen mit attraktiven Marken, wie etwa BMW), **Finanzierung** (z. B. Aktienemissionen der Deutschen Telekom) und **Beschaffung** (z. B. verbesserte Lieferantenkonditionen für starke Marken). Inwiefern eine Quantifizierung solcher zusätzlichen markenspezifischen Einzahlungsüberschüsse über die markenspezifischen Umsatzerlöse und dazugehörigen Auszahlungen relevant ist, hängt von ihrer relativen Bedeutung ab. Letztendlich ist entscheidend, welchen Stellenwert Marken für unterschiedliche Zielgruppen haben. Häufig beschränkt man sich bei der Isolierung auf die Kunden als Zielgruppe, markenspezifische Umsatzerlöse und dazugehörige Auszahlungen.

> Ein drittes Problem besteht darin, dass sich die Wirkungen von Marken über sehr lange Zeiträume erstrecken (**langfristiges Prognose-und Diskontierungsproblem**).

5.2 Zentrale Markenbewertungsprobleme

Allgemein zeigt die Existenz klassischer Markenartikel über einen Zeitraum von über 100 Jahren die (potenziell) langfristige Wirkung von Markenstrategien (Abbildung 119). Anhand einer Marke wie Datsun, die Anfang der 1980er Jahre eingestellt wurde, wird die Langfristwirkung noch deutlicher. Obwohl hier die letzten Markeninvestitionen mehr als zehn Jahre zurücklagen, genoss diese Marke in den 90er Jahren weiterhin einen hohen Bekanntheitsgrad und positive Einstellungswerte (Aaker 1991). Für die Markenbewertung in Form einer Ermittlung diskontierter zukünftiger Einzahlungsüberschüsse bedeutet dies, dass Prognosezeiträume von fünf, zehn oder sogar noch mehr Jahren relevant werden können. Aufgrund des Prognoserisikos gilt es, die **Risiken** zu quantifizieren und bei der **Diskontierung** der zukünftigen Einzahlungsüberschüsse zu berücksichtigen.

Abbildung 119: Marken mit über 100 Jahren Erfolg
Quelle: www.markenmuseum.com (Abruf 11.1.2007)

> Als viertes zentrales Problem muss schließlich berücksichtigt werden, dass das Wertschöpfungspotenzial einer Marke wesentlich durch **markenstrategische Optionen** beeinflusst wird.

Diese Optionen bestehen in erster Linie darin, dass die zu bewertende Marke in Form eines Markentransfers auf neue Produktbereiche und Märkte ausgedehnt werden kann (vgl. Abschnitt 4.1).

In Abbildung 120 sind die skizzierten Grundprobleme einer Markenbewertung zusammenfassend dargestellt. Es wird deutlich, dass der Gesamtwert einer Marke in die beiden Komponenten Fortführungswert (Going-Concern-Markenwert) und Wert markenstrategischer Optionen aufgeteilt werden kann. Für beide Komponenten müssen markenspezifische Zahlungen isoliert und langfristig prognostiziert werden. Bei diesen Zahlungen handelt es sich gemäß dem Value-Based-Planning-Ansatz (Day/Farhey 1988) um eine zahlungsorientierte markenspezifische Gewinngröße (Brand Earnings). Beim Going-Concern-Markenwert wird davon ausgegangen, dass die zu bewertende Marke zukünftig unter den gegenwärtigen Rahmenbedingungen (bisherige Produkte, Märkte, Positionierungen und Kooperationen) fortgeführt wird. Der Wert markenstrategischer Optionen ergibt sich hingegen aus den Wertschöpfungsmöglichkeiten, die mit der betrachteten Marke aus zukünftig durchführbaren Handlungsmöglichkeiten im Hinblick auf neue Produkte, Märkte, Positionierungen oder Kooperationen realisiert werden können. In den folgenden vier Abschnitten werden die vier Grundprobleme näher betrachtet.

Abbildung 120: Grundprobleme einer Markenwertmessung

5.3 Identifikation und Quantifizierung von Brand Value Drivern

Bislang ist insbesondere in der Unternehmenspraxis eine fast unüberschaubare Vielzahl an Instrumenten zur Messung von Brand Value Drivern entwickelt worden (z. B. Frahm 2004; Schimansky 2004). Dabei spielt die Markenstärke (Brand Strength) – häufig auch synonym zum Begriff Brand Value Driver verwendet – eine zentrale Rolle und wird zumeist mehrdimensional (insbesondere Markenbekanntheit und -image, Keller 1993), mitunter aber auch eindimensional (z. B. Markennutzen, Brockhoff/Sattler 1996) gemessen. Weder hinsichtlich der als relevant zu erachtenden Brand Value Driver beziehungsweise der einzelnen Dimensionen der Markenstärke noch bezüglich der relativen Bedeutung der einzelnen Driver besteht Einigkeit. Insbesondere bei vielen von der Unternehmenspraxis vorgeschlagenen Verfahren kann man sich nicht des Eindrucks erwehren, dass die einzelnen Brand Value Driver rein aus Plausibilitätsüberlegungen heraus gewählt und willkürlich gewichtet werden. Hierzu zählt zum Beispiel der weltweit verbreitete Brand Asset Valuator von Young & Rubicam mit den auf einfachen Rating-Skalen gemessenen Markenwert-

5.3 Identifikation und Quantifizierung von Brand Value Drivern

indikatoren Markendifferenzierung, Markenrelevanz, Markenansehen und Markenvertrautheit (Richter/Werner 1998). Hier werden Vorteile im Hinblick auf Kosten, Zeit und Einfachheit mit gravierenden Validitätsproblemen erkauft. Gleiches gilt für Verfahren, die sich isoliert auf *einzelne* Indikatoren des Markenwerts, wie zum Beispiel Markenbekanntheit, Markenqualität, Markenassoziationen und Markenverbundenheit, konzentrieren (zusammenfassend Frahm 2004).

Wichtig ist, dass die verwendeten Markenwertindikatoren beziehungsweise Brand Value Driver und deren strukturverknüpfende Elemente einer eingehenden empirischen Validitätsprüfung unterzogen werden, insbesondere was ihren Zusammenhang mit dem monetären Wertschöpfungspotenzial einer Marke anbelangt. Dies ist beispielsweise der Fall für die von den Marktforschungsunternehmen Icon und GfK angebotenen Verfahren „Markeneisbergmodell" (Musiol et al. 2004) beziehungsweise „Brand Potential Index – BPI" (Hupp 2001) sowie für ein von Sattler und der GfK vorgeschlagenes Indikatorenmodell (Sattler 1997). Um einen Eindruck diesbezüglicher Ansätze zu vermitteln, sollen das Markeneisbergmodell und das letztgenannte Indikatorenmodell kurz erläutert werden. Eine vergleichende, umfassende Validitätsprüfung steht in jedem Fall bei diesen und anderen Ansätzen aus.

Das **Markeneisbergmodell** besteht aus den zwei Indikatorenklassen „Markenbild" und „Markenguthaben". Das Markenbild bildet die kurzfristigen Wirkungen der Marketing-Mix-Instrumente auf die Markenwahrnehmung der Konsumenten ab und umfasst die Einzelindikatoren Markenbekanntheit, subjektiv empfundener Werbedruck, Einprägsamkeit der Werbung, Markenuniqueness, Klarheit sowie Attraktivität des inneren Bildes. Das Markenguthaben erfasst die über die Marketing-Mix-Instrumente induzierten langfristigen Veränderungen von Konsumenteneinstellungen und beinhaltet die Indikatoren Markensympathie, Markenvertrauen und Markenloyalität. Viele der Einzelindikatoren finden sich auch im **BPI-Ansatz** wieder (Hupp 2001). Die Messung erfolgt bei beiden Modellen durch Konsumentenbefragungen auf Basis einer Batterie von Rating-Skalen.

Das Indikatorenmodell von Sattler und der GfK beruht hingegen auf einer umfassenden Managerbefragung (n = 78; überwiegend Marketingdirektoren deutscher Konsumgüterhersteller) zur Bedeutung von sechs zentralen Markenwertindikatoren hinsichtlich der langfristigen Wertschöpfungsmöglichkeiten kurzlebiger Konsumgütermarken. Die Ergebnisse zur relativen Bedeutung der Indikatoren sind in Abbildung 121 veranschaulicht. Die Bedeutungsgewichte wurden auf Basis einer über alle Experten gepoolten Regressionsanalyse empirisch geschätzt und validiert. Mit 44,1% nimmt das Markenimage eine herausragende Stellung unter den Markenwertindikatoren ein (zur Markenimagemessung vgl. ausführlich Abschnitt 3.4).

> Markenimage ist der zentrale Driver des Markenwerts.

Die historische Entwicklung (24,1%) und der wertmäßige Marktanteil (11,5%) folgen in der Rangfolge der Wichtigkeit auf Platz 2 und 3. Mit relativen

Bedeutungen von weniger als 10% schließen sich die Wiederkaufrate (9,4%), die gewichtete Distribution (6,5%) und die gestützte Bekanntheit (4,4%) an (Sattler 1997).

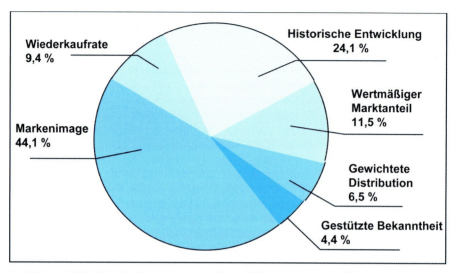

Abbildung 121: Relative Bedeutung von Brand Value Drivern gemäß dem Indikatorenmodell von Sattler (1997)
Quelle: Sattler 1997.

Sämtliche Markenbewertungsverfahren, die sich auf die Ermittlung (und ggf. Verknüpfung) von Brand Value Drivern beschränken und damit ein nichtmonetäres Maß darstellen, weisen den Nachteil auf, dass sie sich für die meisten praktisch relevanten Markenbewertungszwecke (Abbildung 118) nicht unmittelbar einsetzen lassen und damit unzweckmäßig sind. Allerdings können diese Maße insofern verwendet werden, als dass sie als Basis für eine Transformation in monetäre Größen dienen können (Agarwal/Rao 1996; Frahm 2004; Francois/MacLachlan 1995). Grundsätzlich gilt, dass Indikatoren, die relativ weit von einer Kaufentscheidung entfernt sind – wie zum Beispiel die Markenbekanntheit – nur geringe Zusammenhänge mit monetären Markenwertmaßen aufweisen.

> Für eine wertorientierte Markenpolitik ist es essentiell, den Einfluss von Brand Value Drivern auf Kaufentscheidungen und den damit verbundenen monetären Markenwerten valide zu quantifizieren.

5.4 Isolierung markenspezifischer Zahlungen

Das Isolierungsproblem soll zunächst bezüglich **markenspezifischer Auszahlungen** erörtert werden. Hierbei handelt es sich um Mehrauszahlungen im Vergleich zu einem nicht markierten Produkt. Letzteres entspricht näherungsweise einer schwach profilierten Marke mit sehr geringer Marketingunterstützung. Bei den Mehrauszahlungen sind zunächst **Kommunikationsbudgets** für Aufbau, Veränderung oder Erhaltung der jeweils anvisierten Markenwissensstruktur relevant. Diese Kommunikationsbudgets werden in der Praxis häufig als ein bestimmter Prozentsatz vom Umsatz bemessen. Ungefähre Hinweise zu diesbezüglich relevanten Größenordnungen finden sich in Abbildung 122.

Produktgruppe	%-Anteil Werbeinvestitionen am Umsatz
Armband- & sonst. Uhren und Teile	15,9%
Spiele, Spielzeuge	13,1%
Schallplatten, Kassetten, CDs	10,5%
Getränke	7,6%
Möbel & Einrichtung	7,6%
Leder- und Lederprodukte	6,4%
Zigaretten	5,9%
Eiscreme und TK-Desserts	5,1%
Zeitungen	4,8%
Gastronomie	4,1%
Hotels & Motels	3,2%
Bäckereiprodukte	2,7%
DOB	2,0%

Abbildung 122: Anteil des Werbebudgets am Umsatz ausgewählter Warengruppen (USA)
Quelle: Schonfeld & Associates, Inc.
www.naa.org/marketscope/databank/97/ADV.htm' (15.3.2001)

Teilweise können auch **Auszahlungen für die Produktpolitik** (oder Forschung und Entwicklung) relevant sein, sofern sie die Wahrnehmung von Marken beeinflussen. Fasst man den Markenwert jedoch streng als denjenigen Wert auf, der gegenüber einem technisch-physikalisch gleichen, jedoch namenlosen Produkt besteht (vgl. die Einführung zu Abschnitt 5), so können produktspezifische Auszahlungen vernachlässigt werden.

Das **Distributionsbudget** bezieht sich bei kurzlebigen Konsumgütern in erster Linie auf Budgets für Handels-Promotions (u. a. Listungsvergütungen, Werbekostenzuschüsse, Sonderrabatte und die Bereitstellung von Displays), den Verkaufsaußendienst und Key-Account-Manager (Gedenk 2002; Sattler 1997). Bei der Quantifizierung des markenspezifischen Distributionsbudgets ist zu beachten, dass nicht sämtliche mit der Distribution eines Produkts verbundenen

Auszahlungen markenspezifisch sind, da auch für namenlose bzw. sehr schwach profilierte Marken Distributionsauszahlungen anfallen. Es kann vermutet werden, dass die genannten Budgets teilweise von der jeweiligen Markenwissensstruktur abhängen. So kann angenommen werden, dass eine starke Marke im Vergleich zu einer schwachen Marke geringere Budgets insbesondere für Handels-Promotions, den Verkaufsaußendienst und Key-Account-Manager erfordert (Sattler 1997). Diese Annahme steht allgemein im Einklang mit der Pull-Strategie eines Herstellers, wonach zur Erzielung einer bestimmten Distributionsquote primär eine Stimulierung der Nachfrage beim Konsumenten durch markenbezogene Werbung und Verbraucher-Promotions vorgenommen wird und weniger ein Einsatz der genannten handelsbezogenen Budgets. Demnach scheint ein Trade-Off zwischen dem Einsatz handelsgerichteter Budgets und der Investition in Marken (u. a. in Form von Werbung und Verbraucher-Promotions) zu bestehen. Wird eine starke Markenposition aufgebaut, so kann also damit gerechnet werden, dass im Vergleich zu einer näherungsweise unbekannten Marke Einsparungen bei den Budgets für Handels-Promotions, den Verkaufsaußendienst und Key-Account-Manager realisiert werden können. In gleicher Weise kann vermutet werden, dass starke Marken gegenüber sehr schwach profilierten Marken geringere Handelsspannen entrichten müssen.

In der Praxis ist eine exakte Zurechnung markenspezifischer Zahlungen insbesondere für den Distributionsbereich mit besonderen Schwierigkeiten behaftet. Liegen für die Bewertung einer Marke keine detaillierten Informationen zu den einzelnen markenspezifischen Auszahlungen vor, so kann als grobe Näherungslösung ein warengruppenabhängiger Prozentsatz vom Umsatz in Analogie zu Abbildung 122 geschätzt werden. Allgemein hat sich sowohl die Forschung als auch die Praxis bisher wenig mit dem Problem der Messung markenspezifischer Auszahlungen beschäftigt.

Bei der Ermittlung einer markenspezifischen Erfolgsgröße ist weiterhin zu berücksichtigen, dass Auszahlungen in Form bestimmter Herstellkosten von Produkten, welche die Wahrnehmung beziehungsweise Wissensstrukturen einer Marke nicht beeinflussen (z. B. das Material von Kesseln bei der Produktion von Bier), zwar nicht im engeren Sinne ursächlich mit der Marke zusammenhängen und damit nicht zu den **markenspezifischen Auszahlungen im engeren Sinne** gehören, trotzdem aber im Rahmen der Markenwertschöpfung anfallen. Erzielt ein Hersteller einen bestimmten Betrag an markenspezifischen Einzahlungen durch den Absatz von Marken, so sind mit diesem Absatz (neben mehr oder minder gut isolierbaren markenspezifischen Auszahlungen im engeren Sinne) auch zwangsläufig bestimmte Herstellkosten verbunden, auch wenn diese nicht ursächlich mit der Marke in Verbindung stehen. Solche Herstellkosten sollen hier zusammen mit den markenspezifischen Auszahlungen im engeren Sinne als **markenspezifische Auszahlungen im weiteren Sinne** bezeichnet werden.

> Die Quantifizierung markenspezifischer Auszahlungen ist mit besonderen Schwierigkeiten verbunden und bislang wenig erforscht.

5.4 Isolierung markenspezifischer Zahlungen

Im Gegensatz zu den markenspezifischen Auszahlungen ist zur Lösung des Isolierungsproblems im Hinblick auf **markenspezifische Einzahlungen** in der Literatur eine Vielzahl von Vorschlägen entwickelt worden (vgl. zusammenfassend Sattler 2005). Im Folgenden sollen vier weit verbreitete Ansätze näher betrachtet werden:

(1) Preis- und Mengenpremium
(2) Markenkorrigierter Umsatz
(3) Markenkorrigierter Gewinn
(4) Lizenzpreisanalogie

Zu 1: Preis- und Mengenpremium

Die am häufigsten eingesetzte Vorgehensweise zur Isolierung markenspezifischer Zahlungen basiert auf der Ermittlung eines Preis- und/oder Mengenpremiums. Der Grundgedanke besteht darin, dass eine Marke, in die verschiedene Markeninvestitionen, wie zum Beispiel Werbung, getätigt wurden, gegenüber einer Referenzmarke (mit keinen oder minimalen Markeninvestitionen wie z. B. bei einer schwach profilierten Handelsmarke) am Markt einen höheren Preis (Preispremium) und/oder eine höhere Absatzmenge (Mengenpremium) erzielen kann.

> Werden unter zwei Marken die gleichen Produkte unter gleichen Marktbedingungen angeboten, so stellen Preis- und Mengenpremium unmittelbar ein Maß für markenspezifische Zahlungen dar.

Preis- und Mengenpremien werden unmittelbar ersichtlich bei grundsätzlich gleichen Produkten, die von verschiedenen Markenartikelherstellern angeboten werden. So sind die Fahrzeuge der Marken VW Sharan und Ford Galaxy

Abbildung 123: Preis- und Mengenpremium VW Sharan versus Ford Galaxy
Quelle: Meckes/Gehring 2006 unter Bezug auf Simon-Kucher & Partners.

in Ausstattung und Leistung nahezu gleich, Preise und Absatzmengen unterscheiden sich hingegen deutlich (Abbildung 123). Der VW Sharan kann gegenüber der Referenzmarke Ford Galaxy sowohl ein Preis- als auch ein Mengenpremium erzielen.

Allgemein können je nach Stärke und Richtung der erzielbaren Preis- und Mengenpremien vier Fälle unterschieden werden (Abbildung 124). Preis- und Mengenpremium zusammen ergeben das **Umsatz- oder „Revenue-Premium"** (Ailawadi/Neslin/Lehmann 2003). Fall A in Abbildung 124 kennzeichnet eine ideale Situation für die betrachtete Herstellermarke. Die Marke erzielt im Vergleich zur Referenzmarke einen höheren Preis und eine höhere Absatzmenge. Das resultierende Umsatz-Premium wird durch die grau schraffierte Fläche beschrieben. In Fall B kann die Herstellermarke einen höheren Preis als die Referenzmarke durchsetzen. Mit dem höheren Preis geht jedoch eine niedrigere Absatzmenge einher. In Abhängigkeit von der relativen Größe des positiven Preis- und negativen Mengenpremiums fällt das Umsatz-Premium positiv oder negativ aus. In Fall C erzielt die Herstellermarke ein positives Mengenpremium, erkauft sich dieses jedoch durch ein negatives Preispremium. Erneut hängt das Vorzeichen des resultierenden Umsatz-Premiums von der relativen Größe des positiven Mengen- und negativen Preispremiums ab. Fall D kennzeichnet schließlich die Situation eines negativen Umsatz-Premi-

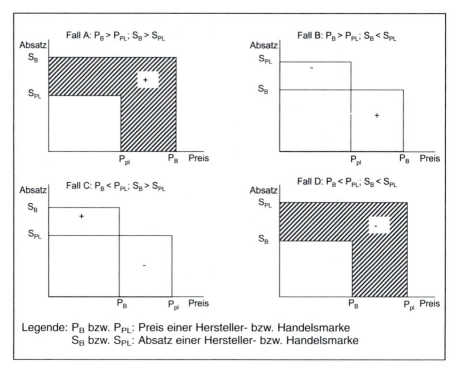

Abbildung 124: Alternative Konstellationen für ein Preis- und Mengenpremium
Quelle: Ailawadi/Lehmann/Neslin 2003.

ums. Die Unterscheidung der vier Fälle ist insbesondere für eine Analyse der Ursachen des ermittelten Umsatz-Premiums relevant. Aufbauend auf einer solchen Analyse ist zu untersuchen, inwiefern das Umsatz-Premium durch Einsatz markenpolitischer Instrumente verbessert werden kann.

Die Daten zur Messung des Preis- und Mengenpremiums können direkt aus unternehmensinternen Daten, zum Beispiel Paneldaten, entnommen werden. Ein erstes **Problem** besteht darin, dass die betrachteten Preise und Absatzmengen starken kurzfristigen Schwankungen unterliegen können, zum Beispiel infolge von Verkaufsförderungsmaßnahmen, insbesondere Preispromotions (Gedenk 2002). Darüber hinaus werden keine Wettbewerber und Wettbewerbsreaktionen berücksichtigt. Auch Distributionseffekte werden vernachlässigt. Weiterhin ist unklar, inwiefern die zu bewertende Marke und die Referenzmarke (näherungsweise) identische Produkte beziehungsweise Produkteigenschaften anbieten. Schließlich besteht nicht die Möglichkeit, eine Ursachen- und Wirkungsanalyse der Markenwertentstehung für Zwecke der Markenführung vorzunehmen, das heißt es besteht keine unmittelbare Verknüpfung mit Brand Value Drivern.

Ein Teil der Probleme kann durch die Verwendung individueller Befragungsdaten behoben werden. Häufig wird über direkte („Self Explicated"-Modelle) oder indirekte Befragungen (Conjoint-Analysen) eine zusätzliche Zahlungsbereitschaft ermittelt, die Nachfrager für eine Marke gegenüber einer Referenzmarke haben. Kennt man die Nachfragemengen pro Konsument innerhalb der gegenwärtigen Periode (z. B. innerhalb des laufenden Jahres) und hat man ein für den relevanten Produktmarkt repräsentatives Sample von Konsumenten hinsichtlich der zusätzlichen Zahlungsbereitschaft befragt, so lässt sich der gegenwärtige Wert der Marke hochrechnen. Je nach erhobenen Daten lassen sich Preis- und Mengenpremium bestimmen, gegebenenfalls korrigiert um Effekte nicht markenspezifischer Produkteigenschaften (vgl. zu Einzelheiten Abschnitt 6.3).

Zu 2: Markenkorrigierter Umsatz

Anstelle eines Umsatzpremiums, bestehend aus Preis- und Absatzpremium, kann bei der Ermittlung markenspezifischer Einzahlungen als Ausgangsbasis auch unmittelbar auf den Umsatz zurückgegriffen werden. Eine solche Vorgehensweise bietet sich insbesondere dann an, wenn davon ausgegangen werden kann, dass ein sehr großer Teil der Umsatzerlöse markenspezifisch ist. Dies ist für markendominierte Produktkategorien, wie zum Beispiel Bier, der Fall (ein Überblick zu empirisch ermittelten Produktkategorien mit hoher Markendominanz findet sich bei Fischer/Völckner/Sattler 2007 sowie Fischer/Meffert/Perrey 2004). Sattler/Högl/Hupp (2003) schlagen für solche Fälle einen Isolierungsansatz auf Basis von über Paneldaten gemessenen Umsätzen vor. Die Isolierung beziehungsweise Korrektur erfolgt im Hinblick auf nicht markenspezifische Preispromotion- und Distributionseffekte. Wie oben bei der Ermittlung des Preis- und Mengenpremiums bereits angedeutet, besteht ein Problem der Messung von Markenumsätzen darin, dass diese durch stark **kurzfristig wirkende Marketing-Mix-Instrumente verzerrt** sein können. Die Idee des Ansatzes von Sattler/Högl/Hupp (2003) besteht darin, dass man auf Grundlage einer empirisch, das heißt mithilfe von Paneldaten geschätzten Marktreaktionsfunktion diejenigen Umsätze prognostiziert, die sich bei einer über die Produktgruppe durchschnittlichen Preispromotion-Intensität ergeben würden (Sattler/Högl/Hupp 2003). Entsprechend werden Umsätze von Marken mit unterdurchschnittlichen Preispromotion-Anteilen erhöht und im Falle überdurchschnittlicher Promotionintensität reduziert. Ein Beispiel für den deutschen Premiumbiermarkt ist in Abbildung 125 illustriert. Beispielsweise wird der Umsatz der Marke Beck's um 0,2 Marktanteilsprozentpunkte infolge eines unterdurchschnittlichen Preispromotion-Anteils (6% statt durchschnittlich 16%) erhöht. Analog werden die Umsätze um Distributionseffekte korrigiert.

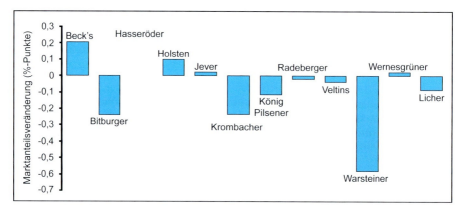

Abbildung 125: Marktanteilsveränderungen bei mittlerer (statt realer) Promotion-Intensität von 16% für alle Marken
Quelle: Sattler/Högl/Hupp 2003.

Eine andere umsatzbasierte Form der Isolierung wird bei einem von McKinsey entwickelten Instrument vorgenommen, dem so genannten Brand-related Premium Pool – BPP (Bachem/Esser/Riesenbeck 2001). Der über eine Conjoint-Analyse gemessene BPP drückt aus, welcher Anteil des Umsatzes durch die Marke bedingt wird.

Zu 3: Markenkorrigierter Gewinn

Andere Instrumente setzen bei der markenspezifischen Isolierung unmittelbar am Gewinn beziehungsweise Deckungsbeitrag an, den ein Markenprodukt erzielt hat. Beispielsweise werden beim Interbrand-Modell die Gewinne in Form der Einzahlungsüberschüsse aus einem markierten Produkt für ein bestimmtes Jahr mit einem „Role-of-Brand-Index" multipliziert (Trevillon/Perrier 1999). Letzterer misst die Bedeutung der Marke, die sie bei verschiedenen Nachfragetreibern (u. a. Preis, Produktqualität, Erhältlichkeit) eines Produkts hat. Sehr ähnlich hierzu gehen die Ansätze von Brand-Finance (Haigh 2000) und Fischer (2005) beziehungsweise McKinsey vor.

5.4 Isolierung markenspezifischer Zahlungen

Das Modell von AC Nielsen beziehungsweise Konzept & Markt (Brand Performance System, Franzen 2004) stellt auch auf einen markenkorrigierten Gewinn ab, bezieht sich allerdings auf das gesamte, langfristig erzielbare Gewinn- beziehungsweise Wertschöpfungspotenzial einer Produktgruppe. Für die zu bewertende Marke und die wichtigsten Marken der relevanten Produktgruppe wird über eine Reihe von Brand Value Drivern, deren Wirkungsstrukturen kausalanalytisch quantifiziert werden, die relative Markenstärke der zu bewertenden Marke im Verhältnis zu den übrigen Marken bestimmt. Diese relative Markenstärke wird dann mit dem Wertschöpfungspotenzial der Produktgruppe multipliziert und stellt unmittelbar einen langfristig gemessenen Markenwert dar.

Zu 4: Lizenzpreisanalogien

Eine besonders in der **Rechnungswesenpraxis** verbreitete Form der Isolierung ist die Lizenzpreisanalogie (Castedello/Klingbeil 2004). Nach diesem auch als „Relief from Royalty"-Methode bezeichneten Verfahren ergibt sich der Wert der Marke aus zukünftigen Lizenzzahlungen, die ein Unternehmen aufwenden müsste, wenn es die Marke von einem Dritten lizenzieren müsste. Die üblicherweise verwendete Bezugsbasis ist der mit der Marke generierte Umsatz. Durch Multiplikation des Lizenzsatzes mit dem Umsatz ergibt sich der Markenwert. Es wird dabei versucht, den Lizenzsatz im Wege eines **Analogieschlusses** abzuleiten. Zumeist lässt sich nur eine Bandbreite möglicher Lizenzsätze ermitteln. In den meisten Fällen wird nicht ausreichend dem Umstand Rechnung getragen, dass in der Lizenzierungspraxis neben dem umsatzbezogenen Lizenzsatz eine Reihe weiterer Größen eine entscheidende Rolle spielt, wie zum Beispiel die Zahlung von Einmalgebühren und der Ansatz garantierter Umsätze (Böll 1999).

Um den Ermessensspielraum bei der Auswahl eines geeigneten Lizenzsatzes aus einer Bandbreite möglicher Sätze zu reduzieren, wird verschiedentlich vorgeschlagen, die Auswahl des Lizenzsatzes an der Markenstärke zu orientieren (z. B. Lou/Anson 2000; Schmusch/Klein-Bölting/Esser 2004). Danach erhalten Marken mit einer sehr hoch (niedrig) ausgeprägten Markenstärke einen Lizenzsatz am oberen (unteren) Ende der Bandbreite üblicher Lizenzsätze. Notwendige Voraussetzung hierfür ist eine valide Ermittlung der Markenstärke beziehungsweise von Brand Value Drivern.

Zur Plausibilisierung von Lizenzsätzen lässt sich auch die in der Steuerpraxis anerkannte **Knoppe-Formel** anwenden (Castedello/Klingbeil 2004). Danach wird grundsätzlich nicht beanstandet, dass ein Lizenznehmer annähernd 25 bis 33% seiner „earnings before interest and tax" (EBIT) für die Zahlung von Lizenzraten verwendet.

> Insgesamt betrachtet kann die Ermittlung eines Preis- und Mengenpremiums unter Validitätsgesichtspunkten am ehesten überzeugen, insbesondere wenn zusätzliche Korrekturen um nicht markenspezifische Effekte vorgenommen werden. Verfahren auf Basis markenkorrigierter Umsätze und Gewinne wei-

> sen häufig einen erheblichen Ermessensspielraum auf. Gleiches gilt für die im Rechnungswesenbereich und in der Rechtsprechung favorisierten Lizenzpreisanalogien.

5.5 Langfristige Prognose markenspezifischer Zahlungen

Verfahren, die eine langfristige Prognose markenspezifischer Zahlungen beinhalten, nehmen typischerweise eine ganzheitliche Markenbewertung vor, indem (implizit) neben dem Prognoseproblem mindestens auch eine Lösung des Isolierungsproblems bereitgestellt wird. Entsprechende Ansätze lassen sich in drei Gruppen unterteilen:

(1) Kostenorientierte Verfahren
(2) Marktpreisorientierte Verfahren
(3) Ertragsorientierte Verfahren

Zu 1: Kostenorientierte Verfahren

Kostenorientierte Verfahren orientieren sich an der Vorstellung, welcher Betrag aufzuwenden wäre, wenn die betreffende Marke wiedererstellt werden müsste (Barwise et al. 1989). Hierbei können entweder die Wiederbeschaffungskosten der Marke geschätzt oder die historischen „Herstellungskosten" ermittelt werden. Indirekt wird hierüber versucht, eine Approximation der zukünftigen markenspezifischen Zahlungen abzuleiten. Allerdings wird vernachlässigt, dass sich die Wirkungen von für die Marke aufgewendeten Kosten (besser: Investitionen) je nach Umsetzung sehr unterschiedlich auf den zukünftigen Erfolg auswirken können. Beispielsweise haben die dreistelligen Euro-Millioneninvestitionen in die Marke E.ON bislang kaum zusätzliche markenspezifische Zahlungen erbracht.

> Die alleinige Verwendung historischer Kostendaten reicht nicht aus, um langfristige zukünftige Entwicklungen der Marke adäquat abzubilden.

Zu 2: Marktpreisorientierte Verfahren

> Marktpreisorientierte Verfahren basieren die Wertermittlung auf einer Analyse von Markttransaktionen und damit verbundenen Transaktionspreisen. Die Marktpreise können sich unmittelbar auf das relevante Unternehmen oder vergleichbare Fälle beziehen.

5.5 Langfristige Prognose markenspezifischer Zahlungen

Unternehmensbezogene Marktpreise können zum Beispiel Börsenwerte darstellen. So gehen Simon/Sullivan (1993) davon aus, dass zukünftige markenspezifische Zahlungen vom Finanzmarkt antizipiert werden und damit in den für die langfristige Prognose verwendeten Börsendaten eines Unternehmens enthalten sind. Dabei wird zunächst vom Börsenwert der Wert des materiellen Vermögens, wie er sich aus der Bilanz ergibt, subtrahiert. Der verbleibende immaterielle Wert des Unternehmens wird in drei Komponenten (Markenwert, Wert nicht markenspezifischer Faktoren (z. B. Patente) und Wert branchenspezifischer Faktoren) zerlegt und jeweils geschätzt. Für den Markenwert wird angenommen, dass er eine lineare Funktion des Markenalters, des Markteintrittszeitpunkts, der kumulierten Werbeauszahlungen und des relativen Werbeanteils ist. Selbst wenn eine langfristige Markenwertisolierung aus den Börsendaten gelingt, kann auf diese Art eine Marke nur auf Gesamtunternehmensebene bewertet werden, was nur für Unternehmen sinnvoll ist, die (im Wesentlichen) eine einzige Marke verwenden (z. B. Siemens). Für Deutschland ergeben sich weitere Einschränkungen, da nur relativ wenige Unternehmen an der Börse gehandelt werden.

Marktpreisorientierte Verfahren auf Basis vergleichbarer Transaktionen orientieren sich beispielsweise an Lizenzen (s. o.) oder Earnings-Multiples, die bei markenmotivierten Unternehmensakquisitionen realisiert wurden (vgl. Abschnitt 6.2). Erhebliche Probleme ergeben sich aus dem Nachweis der Vergleichbarkeit des Transaktionsobjekts mit der zu bewertenden Marke.

Zu 3: Ertragsorientierte Verfahren

> Ertragsorientierte Verfahren beziehungsweise Discounted-Cash-Flow-Verfahren haben aufgrund der genannten Einschränkungen und Probleme alternativer Ansätze eine weitgehende Anerkennung in der Wissenschaft, Praxis und Rechtsprechung erlangt (Castedello/Klingbeil 2004).

Die Grundidee besteht darin, die zukünftigen Erträge einer Marke, das heißt die markenspezifischen Einzahlungsüberschüsse, zu prognostizieren und auf den Bewertungsstichtag zu diskontieren. Die Diskontierung erfordert die Ermittlung eines Kalkulationszinssatzes. Um dem Prognoserisiko Rechnung zu tragen, wird vielfach ein Zinsrisikozuschlag in Ergänzung zu einem risikolosen Zinssatz angewandt (Sattler 1997).

Ertragsorientierte Markenbewertungsansätze lassen sich in Verfahren untergliedern, welche die zukünftigen markenspezifischen Einzahlungsüberschüsse (oder verwandte Gewinngrößen)

(a) durch pauschalierte Fortschreibung ermitteln,
(b) über explizite Prognosen erfassen oder
(c) unmittelbar aus Brand Value Drivern ableiten.

(a) Pauschalierte Fortschreibung: Der erste Typ von Verfahren ist dadurch gekennzeichnet, dass die markenspezifischen Einzahlungsüberschüsse in die

Zukunft pauschal fortgeschrieben werden. Eine häufige Annahme ist, dass sich die Überschüsse zukünftig (ggf. inflationsbereinigt) dauerhaft konstant entwickeln (z. B. Fischer 2005). In diesem Fall lässt sich der langfristige Markenwert sehr einfach durch Division des kurzfristigen Markenwerts (z. B. isolierte markenspezifische Zahlungen des aktuellen Jahres) durch den Kalkulationszinssatz gemäß der Formel zur Berechnung einer **ewigen Rente** berechnen. Der Faktor (1/Kalkulationszinssatz) entspricht dann einem **Brand-Specific-Earnings-Multiple**. Teilweise wird direkt an diesem Multiple bei der Prognose angesetzt. So bestimmt das Verfahren „Semion Brand Evaluation" ein Multiple anhand von sechs Hauptfaktoren im Sinne von Brand Value Drivern (Finanzwert, Markenschutz, Markenstärke, Markenimage, Markeneinfluss, internationale Markenbedeutung), die sich aus insgesamt bis zu 94 Einzelfaktoren zusammensetzen (Frahm 2004; Kaeuffer 2004). Aufgrund der willkürlich anmutenden Gewichtung der Faktoren ist dieser Ansatz mit erheblichen Validitätsproblemen behaftet. Das „Brand Rating Modell" (angeboten von Icon und Wieselhuber & Partner) setzt am Kalkulationszinssatz an und bestimmt diesen produktgruppenspezifisch in Abhängigkeit verschiedener Indikatoren, wie zum Beispiel Preis- und Mengenentwicklung und Markenrelevanz (Frahm 2004). Auch hier ist die Gewichtung kritisch zu sehen. Ein weiteres Problem der Verwendung von Brand-Specific-Earnings-Multiples besteht in der Ermittlung des kurzfristigen Markenwerts (typischerweise bezogen auf ein Jahr), da dieser zeitlichen Schwankungen unterliegen kann. Fischer (2005) schlägt deshalb vor, den durchschnittlichen Markenwert der letzten 3 Jahre als Basis zu verwenden. Allerdings können auch hiermit zukünftig stark dynamische Effekte nicht abgebildet werden und schränken den Anwendungsbereich insofern ein. Anstelle der Annahme zukünftig konstanter Entwicklungen wird teilweise auch mit konstanten Wachstumsraten gearbeitet, so zumindest teilweise beim Valmatrix-Ansatz von Consor (Lou/Anson 2000). Bei langen Prognosezeiträumen führen derartige lineare Wachstumsannahmen häufig zu eklatanten Prognosefehlern. Solche Fehler können durch explizite Prognosen vermieden werden.

(b) Explizite Prognosen: Verfahren mit einer expliziten Prognose zukünftiger markenspezifischer Zahlungen unterteilen typischerweise den Prognosezeitraum in eine Planungs- und eine Postplanungsperiode (Maul/Mussler/Hupp 2004). In der Planungsperiode sind explizite Prognosen möglich (ca. 3 bis 5 Jahre), in der Postplanungsperiode erfolgt eine pauschalierte Fortschreibung (s. o.), zumeist unter Annahme zukünftig (real) konstanter Entwicklungen. Diesbezügliche Ansätze bieten unter anderem BBDO/Ernst & Young (Brand Equity Valuation for Accounting – BEVA, Schmusch/Klein-Bölting/Esser 2004), Brand Finance (Haigh 2000), Interbrand (Stucky 2004a und 2004b), KPMG (Castedello/Klingbeil 2004), McCann-Erickson/Future Brand (Brand Analytics, Landwehr 2004) und PwC/GfK/Sattler (Advanced Brand Valuation, Maul/Mussler 2004; Sattler/Högl/Hupp 2003) an. Diese Verfahren sind ganz oder in wesentlichen Teilen von der Unternehmenspraxis entwickelt worden.

Grundlage für die Prognose bildet jeweils eine detaillierte Analyse von Daten aus dem internen und externen Rechnungswesen, inklusive historischer Daten und Plangrößen, wie zum Beispiel Planbilanzen oder Geschäftspläne. Beispielsweise werden beim Modell von BBDO/Ernst & Young auf Basis der genannten Daten vom Bewertenden Umsätze für die Planungsperiode geschätzt. Diese Umsätze werden dann gemäß dem oben beschriebenen Isolierungsverfahren mit markenspezifischen Lizenzsätzen multipliziert. Ähnlich hierzu gehen die übrigen genannten Ansätze vor, und zwar unter Berücksichtigung der jeweiligen Besonderheiten des eingesetzten Isolierungsverfahrens. Ergänzend zu den Einschätzungen der Bewertenden werden verschiedentlich Expertenschätzungen verwendet, zum Beispiel bei Interbrand (Stucky 2004a und 2004b) oder PwC/GfK/Sattler (Maul/Mussler/Hupp 2004; Sattler/Högl/Hupp 2003). Diese Einschätzungen unterliegen einem erheblichen Ermessensspielraum, wodurch die Objektivierbarkeit und Validität eingeschränkt wird. Wichtig ist, dass die gewählten Vorgehensweisen klar offen gelegt werden. Hier herrscht bei den genannten Verfahren teilweise ungenügende Transparenz. Weiterhin sollten – jenseits der Verwendung eines Risikozuschlags bei der Diskontierung (s. u.) – bei langfristigen Prognosen unvermeidliche Risiken in Form von Sensitivitäts- und Risikoanalysen quantifiziert werden. Dies wird insbesondere beim Ansatz von PwC/GfK/Sattler (Maul/Mussler/Hupp 2004; Sattler/Högl/Hupp 2003) realisiert.

Ein auch unter Objektivierungsgesichtspunkten interessanter Vorschlag aus dem Bereich der Wissenschaft ist der so genannte **Momentum-Accounting-Ansatz** (Farquhar/Ijiri 1993). Ziel ist es, im Zeitablauf beobachtete Veränderungen der mit Marken verbundenen Zahlungsströme (Momentum, z. B. Umsätze) durch bestimmte Faktoren (Impulse, z. B. Werbekampagnen) zu erklären. Ähnlich wie bei materiellen Vermögensgegenständen bestimmte Abschreibungsverläufe beobachtet werden können, versucht das Momentum-Accounting für die mit Marken verbundenen Zahlungsströme bestimmte Muster von Abschreibungs- beziehungsweise Verfallratenverläufen zu bestimmen. Gelingt es, für typische Impulse, die spezifisch auf eine Marke wirken, Standardmuster von Verfallratenverläufen zu ermitteln, so können diese für eine Prognose markenspezifischer Erfolgsgrößen verwendet werden. Wesentlicher Kritikpunkt an dem Verfahren ist, dass der Prognosezeitraum eingeschränkt ist und der Ansatz sich somit für eine langfristige Prognose mit Zeiträumen von fünf und mehr Jahren nur schwer einsetzen lässt.

(c) Unmittelbare Ableitung aus Brand Value Drivern: Eine unmittelbare Ableitung eines langfristigen Markenwerts aus Brand Value Drivern wird zum Beispiel beim oben beschriebenen Ansatz von AC Nielsen beziehungsweise Konzept & Markt vorgenommen (vgl. Abschnitt 5.4), indem die relative Markenstärke mit dem langfristigen Wertschöpfungspotenzial der relevanten Produktgruppe multipliziert wird. Die relative Markenstärke wird hierbei über verschiedene Brand Value Driver definiert (Franzen 2004). In welchem Maß die gemessene relative Markenstärke allerdings wirklich die zukünftigen markenspezifischen Einzahlungsüberschüsse valide approximieren kann, wird nicht nachgewiesen. Ein solcher Nachweis kann hingegen beim Indikatorenmodell Sattler/GfK erbracht werden (Sattler 1997). Wie oben erläutert, beruht das Modell auf einer großzahligen Managerbefragung zur Bedeutung von zentralen Brand Value Drivern (vgl. Abschnitt 5.3) hinsichtlich der langfristigen

Wertschöpfungsmöglichkeiten kurzlebiger Konsumgütermarken. Gegenüber alternativen Ansätzen weist das Verfahren von Sattler/GfK verschiedene Besonderheiten auf. Erstens erfolgt eine umfassende Validitätsprüfung der ermittelten Ergebnisse, zweitens werden Parameter des Indikatorenmodells nicht wie bei vielen bisherigen Verfahren (willkürlich) vorgegeben, sondern *empirisch* über eine umfassende Stichprobe von Expertenurteilen geschätzt und drittens erfolgen Bewertungen explizit langfristig, ohne pauschal zukünftig konstante Entwicklungen zu unterstellen (wie dies vielfach bei bisherigen Ansätzen der Fall ist). Allerdings ist das Modell an relativ enge Rahmenbedingungen gebunden (Sattler 1997).

> Sämtliche ertragsorientierten Markenbewertungsverfahren erfordern eine gegebenenfalls risikoadjustierte Diskontierung der prognostizierten Zahlungen. In Anlehnung an Praktiken der Unternehmensbewertung wird der Kapitalisierungszinssatz vielfach anhand kapitalmarkttheoretischer Modelle abgeleitet.

Das gebräuchlichste Modell zur Ermittlung von Eigenkapitalkosten ist das Capital Asset Pricing Modell (CAPM), das – gegebenenfalls modifiziert – als Näherungslösung für markenspezifische Kapitalkosten herangezogen wird. Die Diskontierung erfolgt dann häufig mit den so genannten gewichteten durchschnittlichen Kapitalkosten (WACC, z.B. Fischer 2005; Stucky 2004a und 2004b; Sattler/Högl/Hupp 2003). Eine markenspezifische Modifikation bei der Ermittlung der Kapitalkosten erfolgt beispielsweise beim Ansatz von PwC/GfK/Sattler dadurch, dass eine produktgruppenspezifisch ermittelte Bandbreite von Betafaktoren (als Determinante des Risikos) in Abhängigkeit der empirisch bestimmten Markenstärke zu einem markenspezifischen Betafaktor verdichtet wird (Sattler/Högl/Hupp 2003). Ähnlich gehen auch die Ansätze von Interbrand und Brand Finance vor (Haigh 2000; Stucky 2004a und 2004b).

Versucht man die Ansätze zur langfristigen Prognose markenspezifischer Zahlungen **zusammenfassend zu bewerten**, so ist von der alleinigen Verwendung kostenorientierter Verfahren eindeutig abzuraten. Marktpreisorientierte Verfahren eignen sich – von ganz spezifischen Datenkonstellationen abgesehen – typischerweise nur zur Ableitung einer Näherungslösung. Es verbleiben im Wesentlichen ertragsorientierte Verfahren. Sie haben vom Grundsatz her weitgehende Anerkennung in der Wissenschaft, Praxis und Rechtsprechung erlangt. Im Detail ergeben sich bei der Prognose, Diskontierung und Risikoquantifizierung allerdings erhebliche Unterschiede zwischen den vielfältigen Ansätzen. Für spezifische Anwendungskonstellationen sind viel versprechende Lösungen vorgeschlagen worden. Man ist allerdings weit von einem in großen Teilen anerkannten Bewertungsstandard entfernt. Probleme ergeben sich bei der Validität und Objektivierbarkeit, insbesondere bei einfachen Verfahren.

5.6 Bewertung markenstrategischer Optionen

> Markenstrategische Optionen stellen Wertschöpfungspotenziale dar, die mit einer Marke aus **zukünftig durchführbaren Handlungsmöglichkeiten** realisiert werden können.

Abbildung 126 systematisiert zentrale markenstrategische Optionen und verdeutlicht deren jeweilige Charakteristika anhand von Beispielen.

Eine Bewertung markenstrategischer Optionen wird bei den meisten bisher entwickelten Markenbewertungsverfahren nicht vorgenommen, zumeist mit dem Argument einer zu hohen **Bewertungsunsicherheit**. Dabei muss berücksichtigt werden, dass auch ein Verzicht auf eine Messung einer Bewertung mit 0 Euro entspricht, was in den allermeisten Fällen, insbesondere bei Bewertungen im Rahmen von markenmotivierten Unternehmensakquisitionen, zu großen Fehleinschätzungen führen kann. So zeigt eine umfassende Simulationsanalyse von Sattler (2000) anhand von Earnings-Multiples, dass in vielen Fällen der Wert markenstrategischer Optionen 50% und mehr des gezahlten Kaufpreises für Unternehmen mit sehr starken Marken ausmacht.

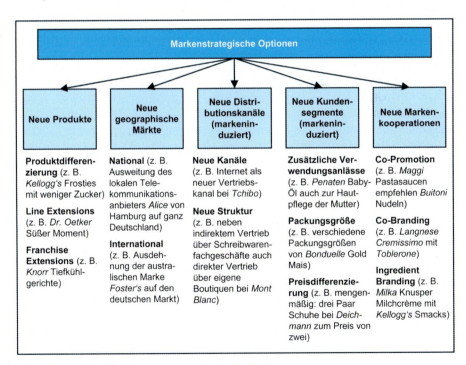

Abbildung 126: Wichtige markenstrategische Optionen
Quelle: Kaufmann/Sattler/Völckner 2006.

Sofern markenstrategische Optionen im Rahmen bisheriger Markenbewertungsinstrumente berücksichtigt werden, erfolgt dies zumeist nur über einfache **Näherungsverfahren**, zum Beispiel über ein Scoringmodell für das Markentransferpotenzial im Rahmen der Berechnung eines „Brand Future Score" beim Brand-Rating-Ansatz (Musiol et al. 2004) oder implizit im Rahmen der Messung der Markenstärke (z. B. beim Interbrand-Ansatz, Stucky 2004a und 2004b).

Der bisher umfassendste Versuch, markenstrategische Optionen in Form von **Markentransferpotenzialen** zu quantifizieren, stammt von Sattler/Högl/Hupp (2003) (siehe auch Sattler 1998a). Bei der Bewertung wird zunächst durch ein Bewertungsteam eine Auswahl besonders Erfolg versprechender Transfermärkte vorgenommen, auf welche die zu bewertende Marke zukünftig ausgedehnt werden kann. Für jeden dieser Märkte wird dann die Markentransferpotenzialstärke über einen so genannten Stretching-Score ermittelt. Dieser determiniert die Erfolgswahrscheinlichkeit zur Erreichung eines bestimmten Marktanteils auf dem Transfermarkt. Der **Stretching-Score** wird über ein Punktbewertungsverfahren ermittelt, in das eine Vielzahl von Erfolgsfaktoren von Markentransfers einfließen, unter anderem die Ähnlichkeit zwischen Marke und neuem Transferprodukt, die Muttermarkenstärke, der Erfolg und die Breite vorangegangener Markentransfers, die Marketingunterstützung und die Handelsakzeptanz auf dem Transfermarkt. Die Wirkungsstrukturen wurden kausalanalytisch geschätzt (Völckner 2003).

Ein möglicher Ansatzpunkt bei der monetären Bewertung markenstrategischer Optionen könnte die Anlehnung an die **Realoptionstheorie** darstellen. Typischerweise muss eine markenstrategische Option nicht sofort ausgeübt werden. Vielmehr besteht die Möglichkeit der Realisierung innerhalb eines bestimmten Zeitraums. Der Markeninhaber kann in dieser Zeitspanne den Markt genau beobachten und zusätzliche Informationen sammeln. Somit vermindert er das Risiko ungünstiger Umweltentwicklungen. Solche Handlungsspielräume haben einen eigenständigen Wert und können analog zu Realoptionen auf Finanzmärkten betrachtet werden. Die Übertragung solcher Überlegungen aus der Realoptionstheorie kann insbesondere bei der Strukturierung des komplexen Bewertungsproblems behilflich sein. Eine konkrete Bewertung markenstrategischer Optionen auf dieser Grundlage scheint hingegen kaum möglich (Kaufmann/Sattler/Völckner 2006).

6 Fallbeispiele

Im Folgenden werden drei Fallbeispiele einer wertorientierten Markenpolitik dargestellt. Im Mittelpunkt stehen die drei wichtigsten Bewertungszwecke Markenschutz, Markentransaktionen und Markenführung (vgl. Abschnitt 5.1). Die Fallbeispiele beruhen in weiten Teilen auf realen Anwendungsfällen, sind hier jedoch aus Vertraulichkeitsgründen anonymisiert und verfremdet.

6.1 Fall 1: Markenrechtsverletzung

Der erste Fall betrifft eine Markenrechtsverletzung vor folgendem Hintergrund: Ein eCommerce-Unternehmen hat mit zweistelligen Euro-Millioneninvestitionen seinen Markteintritt unter einem neuen Markennamen (Marke X) auf internationaler Ebene angekündigt. Kurz nach der Neumarkeneinführung hat sich herausgestellt, dass aufgrund unzureichender Recherchen eine Markenrechtskollision wegen einer Namensgleichheit mit einer primär in Deutschland vertriebenen Biermarke (ebenfalls Marke X) besteht. Nach Einschaltung eines Patentanwalts wird schnell klar, dass die Markenrechte an der Marke X in Deutschland nach dem Grundprinzip der Priorität unzweifelhaft beim Bierhersteller liegen (vgl. Abschnitt 2.2). Aufgrund der erheblichen bereits vorgenommenen Neumarkeninvestitionen durch das eCommerce-Unternehmen und des international bereits sehr gut angelaufenen Geschäfts möchte man sich mit dem Bierhersteller im Wege eines außergerichtlichen Vergleichs auf eine Nutzung der Marke X in Deutschland in Form einer Ausgleichszahlung einigen. Der Bierhersteller lässt daraufhin als Grundlage für die Verhandlungen ein Gutachten über den Wert der Biermarke X erstellen. Die im Gutachten vorgenommene Markenbewertung soll im Folgenden ausführlich dargestellt werden.

Im Gutachten galt es, einen langfristigen monetären Markenwert zu bestimmen. Markenstrategische Optionen (vgl. Abschnitt 5.6) werden bei der Bewertung ausgeklammert, da potenzielle Markentransfers für die Marke X in Form von New Market Brand Extension (d. h. Ausdehnung auf neue Märkte außerhalb Deutschlands) nicht beabsichtigt sind und international auch keine Markenrechte bestehen. New Product Brand Extensions erscheinen, genau wie weitere markenstrategische Optionen, im Rahmen der bestehenden Markenstrategie nicht oder allenfalls marginal Erfolg versprechend. Von daher ist es angemessen, einen Going-Concern-Wert der Marke X zu ermitteln. Hierbei wird in zwei Schritten vorgegangen. In einem ersten Schritt wird für das Jahr 2007 ein kurzfristiger Markenwert empirisch auf Grundlage einer Konsumentenbefragung und einer Kostenanalyse ermittelt.

Hierauf aufbauend wird im zweiten Schritt ein Indikatorenmodell zur Messung des langfristigen Werts angewandt, der dann dem Going-Concern-Wert entspricht.

Im **ersten Schritt** hat man sich aus Praktikabilitäts-, Kosten- und Zeitgründen für eine einfach durchzuführende und auszuwertende **direkte Abfrage eines Preispremiums** (d. h. einer zusätzlichen Zahlungsbereitschaft) für die Biermarke X im Verhältnis zu verschiedenen konkurrierenden Marken (u. a. einer Handelsmarke) entschieden (vgl. Abschnitt 5.4). Dieses Preispremium dient zur Ermittlung kurzfristiger markenspezifischer Einzahlungen. Von der Berechnung eines Mengenpremiums wird abstrahiert. Von den Einzahlungen sind markenspezifische Auszahlungen abzuziehen, die dann den gesuchten kurzfristigen Markenwert bilden.

Der zur Ermittlung des Preispremiums eingesetzte Fragebogen ist in Abbildung 127 dargestellt. Die Fragen 1 und 2 dienen dazu, ausschließlich potenzielle Biermarkenkäufer beziehungsweise -verwender in die Stichprobe aufzunehmen. Über Frage 3 wird der Bekanntheitsgrad der Marke X und ihrer wichtigsten Wettbewerber erfasst. Die Fragen 4 und 5 dienen zur Abgrenzung des Consideration Sets, also der Marken, die grundsätzlich für einen Kauf in Frage kommen. Aus letzteren wird die beste und die schlechteste Marke bestimmt und dazwischenliegende Marken auf einer 10-Punkte-Rating-Skala beurteilt (Fragen 6 bis 8). Über Frage 9 erfolgt schließlich die direkte Abfrage eines Preispremiums der Marke X gegenüber der Handelsmarke. Durch Verbindung der Fragen 8 und 9 kann unter bestimmten Annahmen für jedes beliebige Markenpaar aus dem Consideration Set ein (positives oder negatives) Preispremium berechnet werden. Beträgt zum Beispiel die direkt erfragte Zahlungsbereitschaft der Marke X gegenüber der Handelsmarke 2,00 Euro (Frage 9), die Rating-Werte für Marke X 7 Punkte, Krombacher 6 Punkte und die Handelsmarke 2 Punkte, so ergibt sich für die Marke X ein Preispremium von 0,40 Euro gegenüber Krombacher. (Im Beispiel entspricht die Punktdifferenz zwischen Marke X und der Handelsmarke in Höhe von 7 − 2 = 5 Punkten einem Geldbetrag von 2,00 Euro, sodass eine Punktdifferenz von 7 − 6 = 1 Punkt 0,40 Euro entspricht.)

Der Fragebogen wurde bei einer für Deutschland näherungsweise repräsentativen Stichprobe von 1.200 Konsumenten nach dem Quotenverfahren erhoben. Für die Durchführung der Interviews wurde ein Marktforschungsinstitut beauftragt, das für die Datenerhebung, Kodierung und Umsetzung in ein SPSS-Datenfile 25.000 Euro in Rechnung stellte.

Gemäß der skizzierten Vorgehensweise wurde für die 1.200 Befragten individuell ein Preispremium der Marke X gegenüber allen anderen Marken berechnet. Die Mittelwerte und Standardabweichungen sind in Abbildung 128 wiedergegeben. Gegenüber der Handelsmarke sowie der eher schwach profilierten Marke DAB ergeben sich positive mittlere Zahlungsbereitschaften in Höhe von 2,55 Euro beziehungsweise 0,81 Euro. Im Verhältnis zu den übrigen Premium-Biermarken sind hingegen durchweg negative Preispremien zu beobachten, das heißt hier haben die Premiummarken positive Zahlungsbereitschaften gegenüber der Marke X.

6.1 Fall 1: Markenrechtsverletzung

> 1) **Trinken** Sie gelegentlich Bier?
> 2) **Kaufen** Sie gelegentlich Bier?
> 3) Sagen Sie mir bitte, welche der folgenden **Marken** Sie **kennen**, wenn auch nur dem Namen nach.
>
> ☐ Warsteiner ☐ Marke X ☐ Handelsmarke
> ☐ Krombacher ☐ Veltins ☐ Jever
> ☐ Bitburger   ☐ Beck's   ☐ DAB
>
> 4) Und welche dieser Marken kommen für Sie beim Kauf in Frage?
> 5) Und welche dieser Marken kommen für Sie **beim Kauf nicht in Frage**?
> 6) Welche dieser Marken **gefällt Ihnen am besten**, sodass Sie diese am ehesten kaufen würden, wenn alle Biermarken den gleichen Preis und die gleiche Packungsgröße hätten?
> 7) Und welche der Marken **gefällt Ihnen am schlechtesten**, sodass Sie diese an letzter Stelle kaufen würden?
> 8) Nun interessiert uns Ihre Meinung über die verbleibenden Biermarken. Bitte beurteilen Sie die Marken, indem Sie auf der jeweiligen **Skala** einen Wert zwischen **10** (gefällt mir am besten) und **1** (gefällt mir am schlechtesten) angeben.
>
> | Biermarke: | gefällt mir am schlechtesten | gefällt mir am besten |
> |---|---|---|
> | Warsteiner | 1 - - - 2 - - - 3 - - - 4 - - - 5 - - - 6 - - - 7 - - - 8 - - - 9 - - - 10 | |
> | Krombacher | 1 - - - 2 - - - 3 - - - 4 - - - 5 - - - 6 - - - 7 - - - 8 - - - 9 - - - 10 | |
> | Bitburger | 1 - - - 2 - - - 3 - - - 4 - - - 5 - - - 6 - - - 7 - - - 8 - - - 9 - - - 10 | |
> | Marke X | 1 - - - 2 - - - 3 - - - 4 - - - 5 - - - 6 - - - 7 - - - 8 - - - 9 - - - 10 | |
> | Veltins | 1 - - - 2 - - - 3 - - - 4 - - - 5 - - - 6 - - - 7 - - - 8 - - - 9 - - - 10 | |
> | Beck's | 1 - - - 2 - - - 3 - - - 4 - - - 5 - - - 6 - - - 7 - - - 8 - - - 9 - - - 10 | |
> | Handelsmarke | 1 - - - 2 - - - 3 - - - 4 - - - 5 - - - 6 - - - 7 - - - 8 - - - 9 - - - 10 | |
> | Jever | 1 - - - 2 - - - 3 - - - 4 - - - 5 - - - 6 - - - 7 - - - 8 - - - 9 - - - 10 | |
> | DAB | 1 - - - 2 - - - 3 - - - 4 - - - 5 - - - 6 - - - 7 - - - 8 - - - 9 - - - 10 | |
>
> 9) Angenommen, die Marke X und die Handelsmarke hätten nun doch nicht den gleichen Preis, wie viel würden Sie pro Kiste (24 Flaschen à 0,33 Liter) für die Marke X zusätzlich mehr zahlen als für die Handelsmarke?

Abbildung 127: Fragebogen zur Erfassung eines Preispremiums für die Marke X

Zunächst wurde die markenspezifische Einzahlungskomponente des Werts der Marke X näherungsweise dadurch ermittelt, dass auf den im Jahr 2007 erzielten Absatz der Marke X in Höhe von neun Millionen Hektolitern das durchschnittliche Preispremium pro Hektoliter gegenüber der Handelsmarke angewandt wurde. Pro Hektoliter ergibt sich ein Preispremium von 31,875 Euro

Referenzmarke	Preispremium [Euro] der Marke X gegenüber der Referenzmarke	
	Mittelwert	Standardabweichung
Warsteiner	- 2,74	2,9
Krombacher	- 2,49	3,1
Bitburger	- 2,08	3,4
Veltins	- 1,77	1,9
Beck's	- 1,86	3,4
Handelsmarke	2,55	2,1
Jever	- 1,44	3,9
DAB	0,81	1,7

Abbildung 128: Preispremien der Marke X

(die 2,55 Euro aus Abbildung 128 beziehen sich auf eine Kiste mit acht Litern), was zu einem Wert von 9 Mio. · 31,875 = 286,875 Mio. Euro führt. Dabei wird davon ausgegangen, dass die Marke X und die Handelsmarke gleiche Distributionsquoten und gleiche Handelsunterstützung (z. B. in Form von Inseraten und Sonderaktionen) erhalten, das heißt das Distributionssystem wird nicht als Komponente des Markenwerts definiert.

Besonders kritisch ist bei dieser Bewertung die Verwendung des durchschnittlichen Preispremiums (angesichts der hohen Streuung (Abbildung 128) und der Verfügbarkeit individueller Daten) und die Annahme der Realisierung des vollen Preispremiums zu sehen. (Bei nicht oder nur eingeschränkt differenzierten Preisen kann nicht bei sämtlichen Nachfragern die volle Zahlungsbereitschaft abgeschöpft werden, d. h. es entstehen Konsumentenrenten.)

Aufgrund dieser Schwächen wurde zusätzlich ein alternatives Bewertungsverfahren eingesetzt. Unter der vorläufig getroffenen Annahme, dass alle Biermarken zum gleichen Preis angeboten werden (Abbildung 127), wurde für jede Marke ermittelt, wie viele Personen diese kaufen würden (vgl. Frage 6 aus Abbildung 127). Die Käufe wurden jeweils mit der ebenfalls abgefragten Kaufhäufigkeit (Kisten pro Monat) gewichtet. Dividiert man diese Käufe pro Marke durch die Gesamtzahl der gewichteten Käufe, so erhält man für die Stichprobe Marktanteile für die einzelnen Marken (Abbildung 129). Dabei werden Distributionseffekte (s. o.) und Preisunterschiede zwischen den Marken vernachlässigt. Bei Repräsentativität der Stichprobe gelten die prognostizierten Marktanteile auch für die Grundgesamtheit. Multipliziert man die Marktanteile mit dem mengenmäßigen Marktvolumen der betrachteten Marken und den durchschnittlichen Preisen, so erhält man prognostizierte Umsätze (Abbildung 129). Die Einzahlungskomponente des kurzfristigen Markenwerts ergibt sich dann aus der prognostizierten Umsatzdifferenz zwischen der Marke X und der Handelsmarke: 900 Mio. Euro – 600 Mio. Euro = 300

Mio. Euro. Diese Zahl stimmt mit der ersten Schätzung von 286,875 Millionen Euro in starkem Maße überein.

	Marktanteil	Umsatz [Mio. Euro]
Marke X	0,06	900
Warsteiner	0,17	2550
Krombacher	0,21	3150
Bitburger	0,15	2250
Veltins	0,08	1200
Beck's	0,10	1500
Handelsmarke	0,04	600
Jever	0,14	2100
DAB	0,05	750

Abbildung 129: Prognostizierte Marktanteile und Umsätze der untersuchten Biermarken

Hebt man die Annahme gleicher Preise auf, so kann ebenfalls eine Prognose der Kaufhäufigkeiten in der Stichprobe vorgenommen werden. Die Vorgehensweise soll an einem Beispiel illustriert werden. Hat eine bestimmte Person in der Befragung angegeben, dass sie bei gleichen Preisen für alle Marken am ehesten Warsteiner kaufen würde, so kann sich diese Wahl ändern, wenn ungleiche Preise bestehen, zum Beispiel bei einem überdurchschnittlich hohen Preis für Warsteiner. Für die Kaufprognose bei ungleichen Preisen kann die Schätzung eines Nutzenwerts für die einzelnen Marken vorgenommen werden. Bei gleichen Preisen entsprechen diese Nutzenwerte den erfragten Rating-Punkten aus Abbildung 127 (Frage 8). Als erstpräferierte Marke erhält Warsteiner bei gleichen Preisen 10 Rating-Punkte. Geht man von dem obigen Beispiel aus, wonach eine Punktdifferenz von 1 Punkt 0,40 Euro entspricht, so würde sich ceteris paribus bei einem um 2,00 Euro höheren Preis für Warsteiner (im Vergleich zu allen übrigen Marken des Consideration Sets) der Punkt- beziehungsweise Nutzenwert dieser Marke um 5 Punkte verringern. Geht man von der Kaufverhaltensannahme aus, dass die Marke gewählt wird, die den höchsten Nutzenwert hat, so würde im Beispiel aus Abbildung 130 bei der für Warsteiner um 2 Euro erhöhten Preiskonstellation nicht mehr Warsteiner, sondern die Marke X gewählt werden. Nach diesem Grundprinzip wurde unter Zugrundelegung der durchschnittlichen Marktpreise der einzelnen Marken eine Nutzenwertberechnung für jede befragte Person durchgeführt und analog zum Beispiel eine Kaufprognose abgeleitet. Hierauf aufbauend wurden entsprechend zur obigen Vorgehensweise wiederum Marktanteile und Umsätze für die einzelnen Marken berechnet. Im Ergebnis wurde für die Marke X ein Umsatz von 810 Millionen Euro und für die Handelsmarke von 570 Millionen Euro prognostiziert. Daraus ergeben sich markenspezifische Einzahlungen der Marke X für das Jahr 2007 in Höhe von 240 Millionen Euro.

Von diesen letztendlich zu Grunde gelegten 240 Millionen Euro an markenspezifischen Einzahlungen wurden markenspezifische Auszahlungen im weiteren Sinne subtrahiert (vgl. Abschnitt 5.4). Als wesentliche Auszahlungskomponenten wurden zum einen Kommunikationskosten in Höhe von 12% des Umsatzes angesetzt. Zum anderen wurden direkt zurechenbare Herstellkosten der Bierproduktion aus der Kostenrechnung des Herstellers der Marke X ermittelt. In der Summe ergaben sich 160 Millionen Euro markenspezifische Auszahlungen. Damit betrug der kurzfristige Markenwert 240 – 160 = 80 Millionen Euro. Dieser Wert wurde als Basis für die langfristige Prognose des Markenwerts verwendet.

	Warsteiner	Krombacher	Marke X	Handelsmarke
Rating-Punkte bei gleichen Preisen	10 (9,99 Euro)	6 (9,99 Euro)	7 (9,99 Euro)	2 (9,99 Euro)
Rating-Punkte bei ungleichen Preisen	5 (11,99 Euro)	6 (9,99 Euro)	7 (9,99 Euro)	2 (9,99 Euro)

Abbildung 130: Beispiel zur Berechnung von Nutzenwerten in Form von Rating-Punkten bei alternativen Preiskonstellationen

Zur Ermittlung des langfristigen monetären Werts der Marke X wurde im **zweiten Schritt** ein **Indikatorenmodell** von Sattler und GfK eingesetzt (vgl. Sattler 1997; Sattler 1999 sowie Abschnitt 5.5). Kern des Modells bilden sechs Markenwertindikatoren, die im Rahmen einer großzahligen Expertenbefragung als die wichtigsten bei typischen kurzlebigen Konsumgütern identifiziert wurden. Diese Indikatoren determinieren einen langfristigen Markennutzen nach folgendem Modell:

(2) $LMN_j = 51,62 + 11,51 \cdot MLJ_j + 5,47 \cdot WMA_j + 3,06 \cdot GDI_j$
$+ 2,11 \cdot BEK_j + 21,11 \cdot IMG_j + 4,49 \cdot WKR_j$ $\quad (j \in J)$

wobei:
LMN_j: Langfristiger Markennutzen der j-ten Marke,
MLJ_j: Ausprägung der Marktstellung der letzten fünf Jahre der j-ten Marke,
WMA_j: Ausprägung des wertmäßigen Marktanteils der j-ten Marke,
GDI_j: Ausprägung der gewichteten Distributionsquote der j-ten Marke,
BEK_j: Ausprägung des gestützten Bekanntheitsgrads der j-ten Marke,
IMG_j: Ausprägung des Imagevorteils gegenüber Wettbewerbern der j-ten Marke,
WKR_j: Ausprägung der Wiederkaufrate der j-ten Marke,
J: Indexmenge der Marken.

Die Zahlen (Parameter) vor den Indikatoren in Gleichung (2) geben die relative Bedeutung der Indikatoren für den langfristigen Markenwert beziehungsweise -nutzen an. Sie wurden im Rahmen der Modellentwicklung empirisch

6.1 Fall 1: Markenrechtsverletzung

geschätzt. Dazu wurde ein Experiment mit 78 Markenexperten (typischerweise für Deutschland verantwortliche Marketingdirektoren aus den Warengruppen Bier, Shampoo und Tafelschokolade) durchgeführt. Aufgabe der Befragten war es, jeweils 16 Marken hinsichtlich ihres langfristigen Markenwerts einzuschätzen. Die Marken wurden abstrakt anhand der Indikatoren aus Abbildung 131 beschrieben, wobei die Ausprägungen der sechs wichtigsten Kriterien (in Abbildung 131 dunkelblau hinterlegt) im Rahmen des Experiments systematisch variiert und die übrigen Kriterien konstant gehalten wurden. Zusätzlich wurden den Experten bestimmte Informationen als Rahmenbedingungen zur Bewertung der Marken vorgegeben (z. B. die Kostensituation, der Bewertungszweck oder das betrachtete Marktsegment). Zur empirischen Schätzung der in Gleichung (2) aufgeführten Parameter wurde eine über die Experten gemeinsame (gepoolte) Regressionsanalyse gerechnet. Dabei dienten die abgegebenen langfristigen Markenwerturteile als abhängige Variable und die sechs variierten Markeneigenschaften (kodiert als Dummyvariablen) als unabhängige Variablen.

Durch eine ebenfalls empirisch auf Basis der Expertenbefragung ermittelte **Transformationsfunktion** können die über Gleichung (2) ermittelten Markennutzen in einen monetären langfristigen Markenwert überführt werden. Für die Schätzung der Funktion benötigt man verschiedene Datenpunkte hinsichtlich des langfristigen monetären Werts der betrachteten Marken. Hierzu wurde eine indirekte Vorgehensweise gewählt, bei der die Experten angeben sollten, welche der zuvor hinsichtlich des langfristigen Markennutzens bewerteten Marken zukünftig am ehesten langfristig einen konstanten Markenwert aufweist. Der langfristige Wert dieser Marke ergibt sich bei Kenntnis des kurzfristigen Markenwerts (z. B. für das Jahr 2007) gemäß einer ewigen Rente aus:

$$(3) \quad LMW = \frac{KMW}{r}$$

wobei:
LMW: Langfristiger monetärer Markenwert,
KMW: Kurzfristiger monetärer Markenwert,
r: Kalkulationszinssatz.

Indikator	Beispiel Indikatorenausprägung
A. Historie (fünf Jahre vor Basisjahr)	
• Anteil des Kommunikationsbudgets am Umsatz (Durchschnitt der letzten fünf Jahre)	20% über dem Marktdurchschnitt
• Anteil des Verkaufsförderungsbudgets am Gesamtkommunikationsbudget (Durchschnitt der letzten fünf Jahre)	20% unter dem Marktdurchschnitt
• Marktstellung der letzten fünf Jahre (durchschnittliche jährliche Veränderung des wertmäßigen Marktanteils, der gewichteten Distributionsquote und der Handelsakzeptanz in den vergangenen fünf Jahren)	konstant
• Markengewinnbeitrag (Durchschnitt der letzten 5 Jahre)	real konstant

Indikator	Beispiel Indikatorenausprägung
• Markenalter	20 Jahre
B. Gegenwärtige Marktstellung (Basisjahr)	
• Markengewinnbeitrag	15 Mio. Euro
• Wertmäßiger Marktanteil	2,5% (= 40% vom Marktführer)
• Relative Marktstellung	3. im Markt
• Gewichtete Distributionsquote	80%
• Handelsspanne	10% über dem Marktdurchschnitt
• Akzeptanz durch den Handel laut Außendienstbefragung	Hoch
C. Gegenwärtige Konsumentenbeurteilung (Basisjahr)	
• Bekanntheitsgrad (gestützt)	90%
• Imagevorteil gegenüber Wettbewerbern laut Markenbefragung	Stark
• Wiederkaufrate	45%
D. Trend laut Marktforschungsstudie	
• Trend der Marktstellung (durchschnittliche jährliche Veränderung des wertmäßigen Marktanteils, der gewichteten Distributionsquote und der Handelsakzeptanz in den nächsten drei Jahren)	Konstant
• Trend der Konsumentenbeurteilung (durchschnittliche jährliche Veränderung des Bekanntheitsgrads, des Imagevorteils gegenüber Wettbewerbern und der Wiederkaufrate in den nächsten drei Jahren)	Konstant

Abbildung 131: Indikatoren zur Beurteilung des langfristigen Werts einer Marke
Quelle: In Anlehnung an Sattler 1997.

Weitere Datenpunkte zur Schätzung der Transformationsfunktion wurden dadurch ermittelt, dass die Experten gebeten wurden, anzugeben, um wie viel Prozent bestimmte Marken mit zukünftig wachsenden markenspezifischen Einzahlungsüberschüssen mehr wert sind als die Marke mit dem zukünftig konstanten Markenwert.

Zur **Anwendung des Indikatorenmodells** für den vorliegenden Fall wurden (neben den vorhandenen Parametern der Gleichung (2) und der Transformationsfunktion) die Ausprägungen der sechs Indikatoren im Hinblick auf die Marke X sowie ein Kalkulationszinssatz und der kurzfristige Markenwert für das Jahr 2007 (im Rahmen der Transformationsfunktion) benötigt. Letzterer lag unmittelbar als Ergebnis des ersten Bewertungsschritts für die Marke X vor.

Der **Kalkulationszinssatz** setzt sich aus einem risikolosen Zins und einem Zinsrisikozuschlag (zur Erfassung des Risikos hinsichtlich der zukünftigen Wertschöpfungspotenziale der Marke X) zusammen. Ersterer wurde aus der durch-

6.1 Fall 1: Markenrechtsverletzung

schnittlichen Umlaufrendite festverzinslicher Wertpapiere deutscher Emittenten für die Jahre 1985 bis 2000 berechnet und betrug 6,38% (Standardabweichung: 1,27). Zur Ermittlung des Zinsrisikozuschlags wurde auf das Capital Asset Pricing Model zurückgegriffen. In diesem Modell wird das systematische Risiko über Beta-Faktoren abgebildet, die empirisch auf Grundlage von Kapitalmarktdaten abgeleitet werden. Die Beta-Faktoren von Unternehmen aus der Bierbranche wurden über den kommerziellen Anbieter Bloomberg entgeltlich erworben. Durch Multiplikation der einzelnen Beta-Werte mit der so genannten Marktrisikoprämie (üblicherweise wird ein Wert zwischen 5% und 6%, hier 5,5%, angenommen, Copeland/Koller/Murrin 1993, S. 423) erhält man eine Verteilung von Zinsrisikozuschlägen, die hier einen Mittelwert von 6,06% und eine Standardabweichung von 0,91 aufweist. Als Kalkulationszinssatz ergibt sich damit bei Verwendung der Mittelwerte ein Wert von 6,38% + 6,06% = 12,44%.

Die **Ausprägungen der sechs Indikatoren** aus Gleichung (2) für die Marke X lagen für die Indikatoren Bekanntheitsgrad (auch über den Fragebogen aus Abbildung 127), Marktanteil, Distributionsgrad und Wiederkaufrate unmittelbar im Unternehmen als Sekundärdaten (jeweils als Zeitreihe) vor. Hinsichtlich des Imagevorteils gegenüber Wettbewerbern sowie der Handelsakzeptanz (als Komponente der Marktstellung der letzten fünf Jahre, Abbildung 131) mussten hingegen Primärdaten durch ein beauftragtes Marktforschungsinstitut erhoben werden. Die in die Bewertung eingeflossenen Daten sind in Abbildung 132 zusammengestellt.

	Ausprägung für das Jahr 2007	Kodierung im Rahmen des Indikatorenmodells
Marktstellung der letzten fünf Jahre	5% Steigerung pro Jahr	1,00
Wertmäßiger Marktanteil	4%	0,20
Gewichtete Distributionsquote	75%	0,50
Bekanntheitsgrad (gestützt)	83%	0,30
Imagevorteil gegenüber Wettbewerbern	überdurchschnittlich	0,75
Wiederkaufrate	42%	0,40
Kurzfristiger Markenwert (2007)	80 Mio. Euro	—
Risikoloser Zinssatz	6,38%	—
Zinsrisikozuschlag	6,06%	—

Abbildung 132: Rahmendaten zur Bewertung der Marke X

Auf Grundlage der Daten in Abbildung 132 lässt sich zunächst gemäß Gleichung (2) ein langfristiger Markennutzen berechnen. Hinsichtlich der Skalierung der Ausprägungen der sechs Markenwertindikatoren ist dabei zu beachten, dass die Ausprägungen in Gleichung (2) ursprünglich mit den Werten +1 und –1 kodiert sind, das heißt es handelt sich um effektkodierte Dummyvariablen. Ein Wert von -1 (+1) entspricht dabei der im Vergleich zu den wichtigsten am Markt existierenden Konkurrenzmarken niedrigsten (höchsten) Ausprägung. Auf dem deutschen Biermarkt ist zum Beispiel ein gewichteter Distributionsgrad von circa 60% (80%) der niedrigste (höchste) unter den 10 bedeutendsten Marken und wird dementsprechend mit -1 (+1) kodiert. Dazwischen liegende Werte werden linear interpoliert. Demzufolge entspricht für die Marke X ein gewichteter Distributionsgrad von 75% einem Wert von 0,5. Der langfristige Markennutzen der Marke X (LMN_X) berechnet sich folgendermaßen:

(4) $LMN_X = 51,62 + 11,51 \cdot 1 + 5,47 \cdot 0,2 + 3,06 \cdot 0,5 + 2,11 \cdot 0,3$
$ + 21,11 \cdot 0,75 + 4,49 \cdot 0,4$
$ = 84,0155$

wobei:
LMN_X: Langfristiger Markennutzen der Marke X.

Setzt man diesen Markennutzen unter Verwendung des im ersten Bewertungsschritt ermittelten kurzfristigen Markenwerts sowie der Zinssätze (Abbildung 132) in die (hier aus Vertraulichkeitsgründen nicht abgebildete) Transformationsfunktion ein, so ergibt sich ein **Wert für die Marke X in Höhe von 573,14 Millionen Euro**.

Wie einleitend dargestellt, sollte der ermittelte Markenwert als Verhandlungsgrundlage für einen außergerichtlichen Vergleich zwischen dem Biermarkenbesitzer und dem eCommerce-Unternehmen dienen. Auch angesichts der erheblichen Größenordnung des ermittelten Markenwerts war davon auszugehen, dass das eCommerce-Unternehmen der Wertermittlung besondere Skepsis entgegen bringt. Vor diesem Hintergrund sollte die mit der Bewertung einhergehende **Unsicherheit quantifiziert** werden. Die Bewertungsunsicherheit betrifft in erster Linie die in das verwendete Indikatorenmodell eingehenden Parameter (d. h. die Gewichtungsparameter für die einzelnen Indikatoren aus Gleichung (2) und die Parameter der Transformationsfunktion) sowie die Kalkulationszinssätze. Diese Größen sind zwar nicht von ihrer exakten Höhe her bekannt, man kennt jedoch mögliche Wertebereiche und dazugehörige Wahrscheinlichkeiten, das heißt Wahrscheinlichkeitsverteilungen für die mit Unsicherheit behafteten Inputgrößen des Indikatorenmodells. Beispielsweise wurde der Gewichtungsparameter für den Indikator Image in Gleichung (2) im Rahmen der Modellentwicklung mithilfe einer (gepoolten) Regressionsanalyse empirisch bestimmt. Aus den Ergebnissen der Regressionsanalyse weiß man, dass der Parameter (Regressionskoeffizient) im Mittel einen Wert von 21,11 annimmt (vgl. Gleichung (2)) und mit einer Standardabweichung von 0,62 um diesen Mittelwert gemäß einer Normalverteilung streut. Aus diesen Informationen können die Wahrscheinlichkeitsverteilung (Abbildung 133) und wahrscheinliche Wertebereiche des Parameters abgeleitet werden (z. B. liegt der Parameter mit rund 95% Wahrscheinlichkeit im Bereich +/- 2 Standardabweichungen vom Mittelwert, also zwischen 19,9 und 22,3, vgl. den markierten Bereich in Abbildung 133).

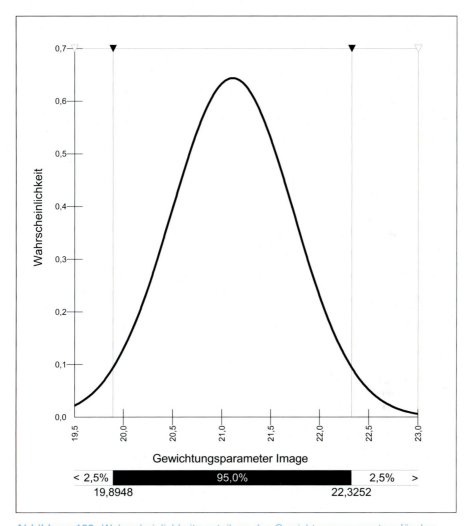

Abbildung 133: Wahrscheinlichkeitsverteilung des Gewichtungsparameters für den Markenwertindikator Image

Analog hierzu liegen Informationen zu den Wahrscheinlichkeitsverteilungen der übrigen unsicheren Inputgrößen des verwendeten Indikatorenmodells vor (Abbildung 134). Bei den Verteilungen des risikolosen Zinssatzes und des Zinsrisikozuschlags (s. o.) wurde jeweils mithilfe des Programms BestFit von PALISADE untersucht, an welche von insgesamt 18 Verteilungstypen sich die empirische Verteilung am besten anpassen lässt. In beiden Fällen wies ein χ^2-Anpassungstest die beste Annäherung an eine Normalverteilung auf.

Unsichere Inputgröße	Verteilung	Datenquelle
Parameter der Markennutzenfunktion: – Marktstellung der letzten 5 Jahre – Wertmäßiger Marktanteil – Gewichtete Distributionsquote – Gestützter Bekanntheitsgrad – Imagevorteil g. Wettbewerbern – Wiederkaufrate – Konstante	 NV (M: 11,51; SD: 0,62) NV (M: 5,47; SD: 0,62) NV (M: 3,06; SD: 0,62) NV (M: 2,11; SD: 0,62) NV (M: 21,11; SD: 0,62) NV (M: 4,49; SD: 0,62) NV (M: 51,62; SD: 0,62)	Ergebnisse einer gepoolten Regressionsanalyse im Rahmen der Indikatorenmodellentwicklung (Poolung über ein großzahliges Expertensample)
Parameter der Transformationsfunktion	Empirisch ermittelte Häufigkeiten	Bewertungen eines großzahligen Expertensamples im Rahmen der Indikatorenmodellentwicklung
Kalkulationszinssatz (in %) – Risikoloser Zinssatz – Zinsrisikozuschlag	 NV (M: 6,38; SD: 1,27) NV (M: 6,06; SD: 0,91)	Deutsche Bundesbank (Umlaufrendite); Bloomberg (Beta-Werte)

Erläuterungen: NV: Normalverteilung; M: Mittelwert; SD: Standardabweichung

Abbildung 134: Wahrscheinlichkeitsverteilungen für unsichere Inputgrößen zur Berechnung einer Verteilungsfunktion für den langfristigen Wert der Marke X

Als Instrument zur Quantifizierung der Bewertungsunsicherheit wurde eine **Risikoanalyse** in Form einer **Monte-Carlo-Simulation** durchgeführt (allgemein Hertz 1964; Köhler/Uebele 1983). Mithilfe einer Risikoanalyse kann eine Wahrscheinlichkeitsverteilung für den langfristigen Wert der Marke X bei unsicheren Inputgrößen ermittelt werden. Die hierfür notwendige Software RISK ist als Add-In zum Programm Excel verfügbar. Im Rahmen der Monte-Carlo-Simulation erfolgt die Markenwertermittlung durch wiederholte Anwendung des beschriebenen Indikatorenmodells. In einem ersten Schritt wird dabei für jede unsichere Inputgröße (z. B. den Gewichtungsparameter für den Indikator Image) per Zufallsauswahl ein Wert gezogen, wobei die Wahrscheinlichkeit für die Ziehung eines bestimmten Werts mit der vorgegebenen Wahrscheinlichkeitsverteilung der unsicheren Inputgröße korrespondiert (z. B. hat gemäß der Wahrscheinlichkeitsverteilung in Abbildung 133 der Wert 21 eine wesentlich größere Wahrscheinlichkeit, gezogen zu werden als der Wert 20). Die per Zufall gezogenen Werte werden zusammen mit den sicheren Inputgrößen (z. B. dem Marktanteil der Marke X) in das Indikatorenmodell eingesetzt, woraus sich ein bestimmter Wert für die Marke X ergibt. Dieser Schritt wird mehrere 100 bis 1000 Mal wiederholt, wobei sich in Abhängigkeit der per Zufall gezogenen Werte für die unsicheren Inputgrößen mehr oder weniger unterschiedliche Werte für die Marke X ergeben. Die Werte können in Form einer kumulierten Häufigkeitsverteilung dargestellt werden.

Im vorliegenden Fall wurden 2000 Simulationsläufe, das heißt wiederholte Markenbewertungen nach der beschriebenen Vorgehensweise, durchgeführt.

6.1 Fall 1: Markenrechtsverletzung

Das Ergebnis der kumulierten Häufigkeits- beziehungsweise Wahrscheinlichkeitsverteilung ist in Abbildung 135 wiedergegeben. Aus der Abbildung können unmittelbar Wahrscheinlichkeiten für bestimmte Markenwerte abgelesen werden. So beträgt der Wert der Biermarke zum Beispiel mit circa 85% Wahrscheinlichkeit 500 Millionen Euro oder mehr. Mit der Gegenwahrscheinlichkeit von 15% ist der Wert der Marke auf weniger als 500 Millionen Euro zu veranschlagen. Weiterhin können aus der Abbildung 135 Schwankungsintervalle entnommen werden, in denen sich der Markenwert mit einer bestimmten Wahrscheinlichkeit bewegt. Vernachlässigt man zum Beispiel die oberen und unteren 5% (10%) der Verteilungsfunktion, so bewegt sich der Wert der Marke X zwischen circa 470 und 780 (515 und 720) Millionen Euro. Der Schwankungsbereich weist also ein nicht unerhebliches Ausmaß auf, was jedoch angesichts der sehr langfristigen Prognose erwartungsgemäß ist.

Auf Grundlage dieser Bewertung forderte der Eigner der Biermarke X eine **Mindestzahlung von 400 Millionen Euro**, falls das eCommerce-Unternehmen eine exklusive Nutzung der Marke X für alle Produktgruppen anstrebt. Die Forderung wurde damit begründet, dass nahezu mit Sicherheit, das heißt nahezu 100% Wahrscheinlichkeit, der Wert der Marke X sich auf 400 Millionen Euro oder mehr beläuft (Abbildung 135). Eine partielle Abtretung der Markenrechte für die vom eCommerce-Unternehmen anvisierten Produktbereiche wurde vom Bierhersteller kategorisch abgelehnt. Angesichts dieser Situation sah sich das eCommerce-Unternehmen dazu gezwungen, auf eine Nutzung des Markennamens X in Deutschland zu verzichten, da eine Zahlung von 400 Millionen Euro ökonomisch eindeutig nicht sinnvoll erschien.

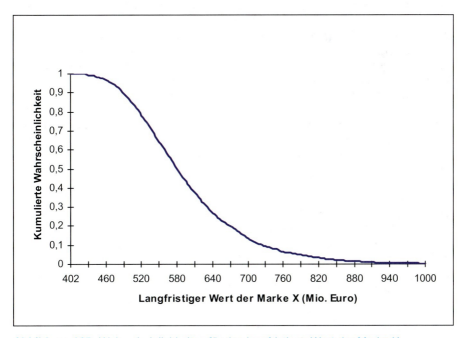

Abbildung 135: Wahrscheinlichkeiten für den langfristigen Wert der Marke X

6.2 Fall 2: Markenkauf

Im zweiten Fall geht es um den beabsichtigten Kauf eines Unternehmens, dessen wesentlicher Wert in einer Premiummarke (Marke Y) aus dem Bereich der Nahrungsmittelindustrie besteht. Der potenzielle Käufer ist ein internationaler Konsumgüterkonzern, der seine ehrgeizigen Wachstumspläne unter anderem durch den Zukauf der Marke Y realisieren möchte. Der potenzielle Verkäufer ist nur dann zu einem Verkauf bereit, wenn er einen „angemessenen" Preis für die Marke realisieren kann.

Gegenüber dem interessierten Konzern argumentiert der Eigentümer der Marke Y mit einem sehr einfachen, in der Praxis jedoch sehr häufig verwendeten Markenbewertungsansatz: Der im Jahr 2007 mit der Marke Y erzielte Umsatz beträgt insgesamt zwei Milliarden Euro. Zur Berechnung des 2007 erzielten Markenwerts wird auf den Umsatz ein **branchenüblicher Markenlizenzsatz** angewandt (vgl. Abschnitt 5.4), der in der Nahrungsmittelindustrie typischerweise zwischen 3% und 6% liegt. Im vorliegenden Fall wird ein Lizenzsatz von 5% angesetzt, was zu einem kurzfristigen Wert (Brand Specific Earnings) der Marke Y für das Jahr 2007 in Höhe von zwei Milliarden Euro · 0,05 = 100 Millionen Euro führt. Zur Ermittlung des langfristigen Markenwerts wird auf den Markengewinn des Jahres 2007 ein Gewinn- beziehungsweise **Brand-Specific-Earnings-Multiple (BSE-Multiple)** angewandt (vgl. Abschnitt 5.5). Durch Multiplikation des kurzfristigen Markengewinns mit dem BSE-Multiple erhält man den langfristigen Markenwert. Hinsichtlich der Höhe des BSE-Multiples argumentiert man, dass bei vergleichbaren Markentransaktionen häufig Multiples von 25 oder mehr realisiert worden sind. Als Beispiele werden verschiedene Fälle aus primär markenmotivierten Unternehmenskäufen angeführt (Abbildung 136). Zum Beispiel wurde Buitoni von Nestlé für 2.450 Millionen DM gekauft, wobei die (Marken-)Gewinne im Basisjahr 70 Millionen DM betrugen. Dividiert man den Kaufpreis (Gesamtmarkenwert) durch die Gewinne im Basisjahr (kurzfristiger Markenwert), so erhält man ein Multiple von 35 (Abbildung 136).

Akquiriertes Unternehmen	Käufer	Earnings-Multiples
Buitoni	Nestlé	35
Reemtsma	Imperial Tobacco	26
Bestfoods	Unilever	34
Snapple	Cadbury Schweppes	48
Quaker Oats	Pepsico	36
Slim Fast	Unilever	18

Abbildung 136: Earnings-Multiples bei Akquisitionen bedeutender Markenartikelhersteller

Vor diesem Hintergrund wird der geforderte Preis für die Marke Y mit einem BSE-Multiple von 25 auf 25 · 100 Millionen Euro = 2.500 Millionen Euro angesetzt.

6.2 Fall 2: Markenkauf

Das beauftragte Marktforschungsinstitut prüfte zunächst, welche Größenordnung von BSE-Multiples im Nahrungsmittelbereich realistisch ist, wenn man **zunächst** einmal den Wert **markenstrategischer Optionen** (vgl. Abschnitt 5.6) für die Marke Y **außer acht lässt**. Dazu bediente man sich eines Analogieschlusses, indem man für 30 in Deutschland bundesweit auf den Märkten für Bier, Shampoo und Tafelschokolade angebotene Marken deren Werte mithilfe des in Abschnitt 6.1 beschriebenen Indikatorenmodells berechnete. Pro Markt wurden 10 Marken betrachtet, die – bis auf wenige Ausnahmen – zu den jeweils 10 bedeutendsten nationalen Marken innerhalb der betrachteten Märkte zählten. Für jede Marke wurde der errechnete langfristige Markenwert durch den kurzfristigen Markenwert (d. h. den BSE des jeweiligen Basisjahres) dividiert, und man erhielt dadurch das interessierende BSE-Multiple (auf Einzelheiten der Anwendung des Indikatorenmodells zur Markenwertermittlung wird an dieser Stelle verzichtet, da das Modell bereits ausführlich in Abschnitt 6.1 dargestellt wurde). Analog zur Vorgehensweise in Abschnitt 6.1 wurde die Unsicherheit in den jeweiligen Markenbewertungen durch Risikoanalysen im Hinblick auf die unsicheren Inputgrößen des Indikatorenmodells quantifiziert. Als Ergebnis wurde für jede der 30 Marken eine Wahrscheinlichkeitsverteilung der Markenwerte analog zu Abbildung 135 berechnet. Da man jeweils die langfristigen und kurzfristigen Markenwerte kennt, kann man aus der Wahrscheinlichkeitsverteilung der Markenwerte unmittelbar eine Wahrscheinlichkeitsverteilung (d. h. ein Risikoprofil) der BSE-Multiples ableiten.

Die Ergebnisse der Risikoanalysen hinsichtlich der BSE-Multiples bei den 30 untersuchten Marken sind beispielhaft für zwei Marken in Abbildung 137 und Abbildung 138 dargestellt. Bei diesen Marken handelt es sich zum einen um die werthöchste Marke unter den 30 betrachteten (Abbildung 137). Die Marke ist Marktführer auf einem der untersuchten drei Märkte und weist große Ähnlichkeiten zu den Befunden der Marktführer in den beiden anderen Warengruppen auf. Von daher können die Ergebnisse in Abbildung 137 als typische Konstellation einer Marke des Marktführers angesehen werden. Zum anderen ist in Abbildung 138 das Risikoprofil einer „mittelstarken" Marke wiedergegeben. Dieses Risikoprofil kann als typisch für eine Marke angesehen werden, die auf dem Markt eine Nr. 3 oder Nr. 4 Position (hinsichtlich Marktanteil und BSE-Multiples) einnimmt.

Aus dem Risikoprofil können unmittelbar Wahrscheinlichkeiten für die Höhe von BSE-Multiples abgelesen werden. So beträgt das BSE-Multiple der Marke aus Abbildung 137 zum Beispiel mit circa 10% Wahrscheinlichkeit 15 oder mehr. Mit der Gegenwahrscheinlichkeit von 90% ist das BSE-Multiple auf weniger als 15 zu veranschlagen. Weiterhin können aus der Abbildung 137 Schwankungsintervalle entnommen werden, in denen sich das BSE-Multiple mit einer bestimmten Wahrscheinlichkeit bewegt. Vernachlässigt man zum Beispiel die oberen und unteren 5% (10%) der Verteilungsfunktion, so bewegt sich das BSE-Multiple der Marke aus Abbildung 137 zwischen circa 8,5 und 17 (9 und 15).

Als wichtigster Befund ist aus Abbildung 137 ersichtlich, dass Multiples von 25 oder mehr mit an Sicherheit grenzender Wahrscheinlichkeit nicht erreicht werden. Obwohl es sich bei der Marke aus Abbildung 137 um die stärkste der

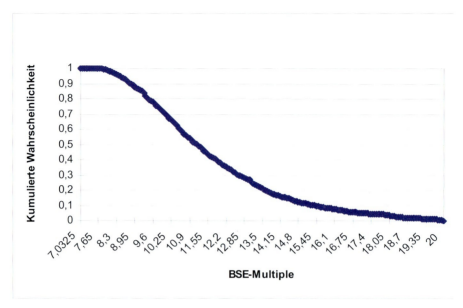

Abbildung 137: Risikoprofil des BSE-Multipliers einer starken Konsumgütermarke (Marktführer)

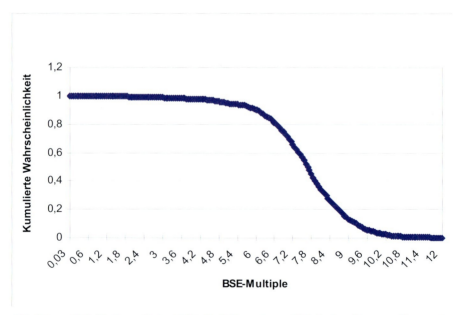

Abbildung 138: Risikoprofil des BSE-Multipliers einer mittelstarken Konsumgütermarke (Marktfolger)

30 untersuchten Marken handelt, ist also eine Investition in Höhe des 25-fachen der BSE des Basisjahrs mit an Sicherheit grenzender Wahrscheinlichkeit nicht vorteilhaft. Noch deutlicher wird das Ergebnis, wenn man statt eines typischen Marktführers eine „mittelstarke" Marke wie die aus Abbildung 138 betrachtet. Hier werden BSE-Multiples von 10 oder mehr mit weniger als 5% Wahrscheinlichkeit realisiert. BSE-Multiples von 25 oder mehr werden in keinem Fall erreicht.

Angesichts dieser Befunde rät das Marktforschungsinstitut entschieden von einem Kauf zum geforderten Preis ab, wenn nicht ganz erhebliche markenstrategische Optionen realisiert werden können. Das Management des kaufinteressierten Konzerns steht diesem Ergebnis sehr kritisch gegenüber. Die Kritik richtet sich insbesondere gegen das zugrunde gelegte Indikatorenmodell, da es nur für Situationen geeignet sei, in denen zukünftig relativ stabile Entwicklungen der BSE anzunehmen sind. Solche zukünftig eher stabilen Entwicklungen träfen zwar für die meisten Marken im Bereich der Nahrungsmittelindustrie und verwandter Märkte zu, nicht jedoch auf die Marke Y. Die Marke hat gegenwärtig relativ ungünstige Werte im Hinblick auf Marktanteil und Wiederkaufrate, jedoch herausragende Imagewerte. Es wird argumentiert, dass im Falle eines Kaufs durch ein neues Markenmanagement die bisher ungenutzten Potenziale der Marke Y aktiviert und dadurch erhebliche Wachstumsprozesse in Gang gesetzt werden können.

Vor diesem Hintergrund wird das Marktforschungsinstitut beauftragt, konkrete Rahmenbedingungen im Hinblick auf die notwendigen Wachstumsverläufe für die Marke Y zu analysieren, unter denen ein Kaufpreis mit einem BSE-Multiple von 25 vorteilhaft sein könnte. Wiederum wird zunächst der Wert markenstrategischer Optionen ausgeklammert.

Das Marktforschungsinstitut führt hierzu eine **Simulationsanalyse** durch. Dabei werden drei zentrale wachstumsbezogene Einflussgrößen auf die BSE-Multiples der Marke Y untersucht:

1. Die zukünftige Wachstums**dauer** der BSE (Value-Growth-Duration),
2. die zukünftige Wachstums**stärke** der BSE,
3. das zukünftige Wachstums**risiko** der BSE.

In Anlehnung an Value-Based-Planning-Ansätze der strategischen Planung (insbesondere **Shareholder-Value-Ansätze**) wurde davon ausgegangen, dass sich ein nachhaltiges Wachstum von BSE nur innerhalb einer bestimmten Zeit**dauer** realisieren lässt (Day/Fahey 1988, S. 51 f.). Als typische Value-Growth-Durations sind drei bis zehn Jahre anzusehen (Suckut 1992, S. 98 f.). Jenseits dieses Zeitraums wurde davon ausgegangen, dass die zuletzt erreichten BSE über einen sehr langen Zeitraum hinweg in konstanter Höhe realisiert werden können. Die Wachstums**stärke** der BSE wurde über ein prozentuales jährliches Wachstum gemessen. Da davon ausgegangen wurde, dass sich die Wachstumsstärke am Ende der Value-Growth-Duration einem Wert von null annähert, wurde angenommen, dass die prozentualen jährlichen Wachstumsraten im Laufe der Value-Growth-Duration degressiv abnehmen. Weil das Wachstum der BSE mit Unsicherheit behaftet ist, wurde schließlich das Wachstums**risiko** erfasst, und zwar in Form eines Zuschlags zum Kalkulationszinssatz.

Bei Kenntnis der drei beschriebenen Größen Wachstumsdauer, -stärke und -risiko der BSE können BSE-Multiples berechnet werden. Geht man von den 100 Millionen Euro BSE der Marke Y für das Basisjahr 2007 aus und nimmt beispielsweise an, dass die Wachstumsdauer sich auf fünf Jahre erstreckt, die BSE in diesem Zeitraum im ersten Jahr um 50%, im zweiten Jahr um 25%, im dritten um 12,5%, im vierten um 6,25% und im fünften um 3,125% wachsen (und danach konstant bleiben) und der Kalkulationszinssatz inklusive einer Risikokomponente 10% beträgt, so ergibt sich ein Markenwert in Form des Kapitalwerts der zukünftigen BSE in Höhe von 2.151 Millionen Euro und ein BSE-Multiple in Höhe von 21,51. Der Verlauf der nominalen und (mit dem Kalkulationszinssatz in Höhe von 10%) diskontierten BSE für die Perioden 1 bis 21 ist in Abbildung 139 illustriert. Hierbei ist die Summe der diskontierten BSE gleich dem Markenwert.

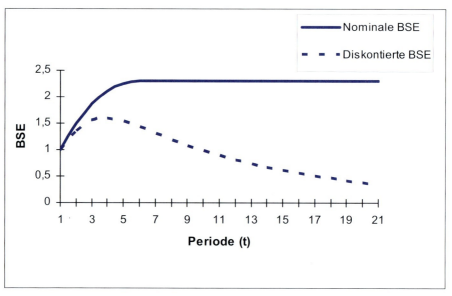

Abbildung 139: Beispiel eines zeitlichen Verlaufs der BSE [in 100 Mio. Euro] der Marke Y (Gesamtzinssatz 10%, Value-Growth-Durationfünf Jahre, BSE-Multiple 21,5).

Allgemein ergibt sich der Markenwert aus:

$$(5) \quad LMW = \sum_{t=1}^{\tau} \left(\frac{BSE_t}{(1+r)^t} \right) + \frac{BSE_{\tau+1}}{r} \cdot \frac{1}{(1+r)^{\tau+1}}$$

wobei:
LMW: Langfristiger monetärer Markenwert,
BSE_t: Brand Specific Earnings zum Zeitpunkt t,
r: Kalkulationszinssatz,
τ: Letzte Periode innerhalb der Value-Growth-Duration.

Das BSE-Multiple ist gleich:

(6) $\text{BSEM} = \dfrac{\text{LMW}}{\text{BSE}_{t=0}}$

wobei:
BSEM: Brand Specific Earnings-Multiple

Setzt man $\text{BSE}_{t=0}$ gleich 1 (wobei t = 0 dem Basisjahr entspricht), so entspricht der Markenwert unmittelbar dem BSE-Multiple.

Zur Analyse der notwendigen Wachstumsstärke zur Erreichung eines BSE-Multiples von 25 wurde folgendes Wachstumsmodell betrachtet:

(7) $\text{BSE}_t = (\text{GR}^t + 1) \cdot \text{BSE}_{t-1}$

wobei:
GR: Growth-Rate innerhalb der Value-Growth-Duration.

Für den Fall, dass GR Werte größer 0 und kleiner 1 annimmt, wird mit dem Ausdruck GR^t in Gleichung (7) für die jährlichen Wachstumsraten der BSE ein im Zeitablauf innerhalb der Value-Growth-Duration degressiver Verlauf abgebildet. Jenseits der Value-Growth-Duration wird davon ausgegangen, dass sich die BSE über die Zeit konstant in Höhe der BSE der letzten Periode der Value-Growth-Duration entwickeln. Nimmt man zum Beispiel eine anfängliche Wachstumsrate von GR = 0,5 an, so ergibt sich der in Abbildung 139 dargestellte Verlauf der BSE für die Marke Y.

Mithilfe dieses Wachstumsmodells wurden nun für unterschiedliche Konstellationen von Wachstumsstärke (GR), -dauer (τ) und -risiko (Risikoanteil von r) **Szenarien** berechnet, für die sich BSE-Multiples von 25 ergeben. Das BSE-Multiple lässt sich durch Einsetzen der Gleichung (7) in die Gleichungen (5) und (6) ermitteln. Ausgewählte Szenarien sind in Abbildung 140 wiedergegeben. Betrachtet wurden – in Anlehnung an gängige Werte in der Praxis (Suckut 1992, S. 98 f.) – lange (10 Jahre) und kurze (3 Jahre) Value-Growth-Durations sowie geringe (4%), mittlere (9%) und hohe (14%) Zinsrisikozuschläge auf den risikolosen Zinssatz in Höhe von 6% (gerundete durchschnittliche Umlaufrendite festverzinslicher Wertpapiere von 1985 bis 2000, vgl. Abschnitt 6.1). Zur Illustration des zweiten Szenarios aus Abbildung 140 sind in Abbildung 141 die dazugehörigen Verläufe der nominalen und diskontierten BSE der Marke Y illustriert. Es ist ersichtlich, dass bei einem mittleren Risiko (9% Zinsrisikozuschlag) und einer langen Value-Growth-Duration die BSE des Basisjahrs um insgesamt fast 500% gesteigert werden müssen, um BSE-Multiples von 25 zu erreichen. Bei einem in der Praxis mitunter zu beobachtenden Gesamtzinssatz von 20% (6% risikoloser Zinssatz + 14% Zinsrisikozuschlag) beträgt der kritische Wert für die anfängliche Wachstumsrate GR sogar 0,73, um ein BSE-Multiple von 25 zu erreichen. Bei deutlich kürzeren Value-Growth-Durations zeigt sich in Abbildung 140 erwartungsgemäß, dass mit einer verkürzten Wachstumsdauer der BSE die kritischen Werte für die Wachstumsstärke (je nach Wachstumsrisiko) zum Erreichen von BSE-Multiples von 25 noch weiter steigen.

Szenario	Wachstumsdauer der BSE: Value-Growth-Duration	Wachstumsstärke der BSE: Growth-Rate [%]	Wachstumsrisiko der BSE:*) Zins-risikozuschlag
1	10 Jahre	54%	4%
2	10 Jahre	66%	9%
3	10 Jahre	73%	14%
4	3 Jahre	58%	4%
5	3 Jahre	73%	9%
6	3 Jahre	84%	14%

*) Der risikolose Zinssatz beträgt jeweils 6%

Abbildung 140: Szenarien mit BSE-Multiples von näherungsweise 25

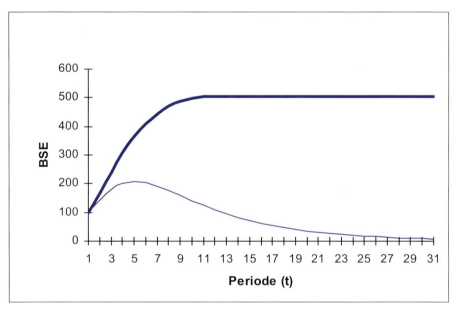

Abbildung 141: Szenario eines Wachstumsverlaufs der BSE der Marke Y für ein BSE-Multiple von 25 (obere Kurve nominale, untere Kurve diskontierte BSE in Mio. Euro, Wachstumsrate 0,66, Gesamtzinssatz 15%, Value-Growth-Duration 10 Jahre)

Die vom Marktforschungsinstitut berechneten Szenarien aus Abbildung 140 wurden vom Management des an der Marke Y interessierten Konzerns hinsichtlich ihres Realitätsgehalts geprüft. Eine Value-Growth-Duration von 10 Jahren hält man für ein optimistisches, jedoch durchaus realisierbares Szenario. Man ist sich allerdings darüber einig, dass eine dermaßen lange Wachstumsdauer mit nicht unerheblichen Risiken verbunden ist, sodass mindestens ein mittlerer Zinsrisikozuschlag angesetzt werden muss. Dies bedeutet aber, dass mindestens anfänglich 66% Wachstum erzielt werden muss (GR = 0,66), damit ein BSE-Multiple von 25 gerechtfertigt ist, das heißt, es muss mindestens ein Wachstumsverlauf erreicht werden, wie er in Abbildung 141 illustriert ist. Nach einhelliger Auffassung ist ein solches Wachstum auch bei optimistischer Einschätzung auf dem bisherigen Markt der Marke Y nicht erreichbar. Damit wird folgendes Ergebnis deutlich: Wenn keine markenstrategischen Optionen mit der Marke Y realisierbar sind – wovon bei den bisherigen Rechnungen ausgegangen wurde – so ist ein BSE-Multiple von 25 nicht zu rechtfertigen.

Deshalb wurde das Marktforschungsinstitut ergänzend damit beauftragt, weitere Szenarien unter Einbeziehung von **markenstrategischen Optionen** zu berechnen. Als wesentliche markenstrategische Option wird das **Markentransferpotenzial** der Marke Y gesehen, insbesondere die Ausdehnung der Marke in neue Produktfelder (New Product Brand Extensions). Ausgewählte Szenarien sind in Abbildung 142 wiedergegeben.

Szenario	Zusätzliche*) BSE durch Markentransfers	Wachstumsstärke der BSE: Growth-Rate		Wachstumsrisiko der BSE: Zinsrisikozuschlag ***)	
		Basismarkt	Markentransfermärkte	Basismarkt	Markentransfermärkte
1	50%	45% **)	45% **)	4%	14%
2	100%	36% **)	36% **)	4%	14%
3	50%	0%	76%	4%	14%
4	100%	0%	61%	4%	14%
5	150%	0%	45%	4%	14%
6	50%	20%	72%	4%	14%
7	100%	20%	53%	4%	14%
8	150%	20%	31%	4%	14%
9	100%	20%	63%	9%	14%
10	100%	20%	62%	4%	19%

*) gegenüber den BSE des Basismarkts
**) gleiche Wachstumsstärke auf dem Basismarkt und den Markentransfermärkten
***) der risikolose Zinssatz beträgt jeweils 0,06

Abbildung 142: Szenarien für die Marke Y mit BSE-Multiples von näherungsweise 25 unter Einbeziehung von Markentransferpotenzialen (Value-Growth-Duration 10 Jahre)

Im ersten Szenario wird angenommen, dass sich durch Markentransfers 50% zusätzliche BSE im Vergleich zu den bisherigen BSE (d. h. den BSE auf dem Basismarkt, also dem Markt, auf dem die betrachtete Marke bereits vertreten ist) erwirtschaften lassen. Geht man zusätzlich zunächst davon aus, dass sich das Wachstum auf den Märkten der Markentransfers und des Basismarkts mit den jeweils *gleichen* Wachstumsraten (Growth-Rates) gemäß Gleichung (7) entwickelt, so lassen sich wiederum unter Verwendung der Gleichungen (5) und (6) notwendige Rahmenkonstellationen für die Erreichung eines BSE-Multiples von 25 berechnen. Es wird von einem sehr niedrigen Zinssatz von 10% (6% risikoloser Zinssatz + 4% Zinsrisikozuschlag) für den Basismarkt, einem Zinssatz von 20% (6% risikoloser Zinssatz + 14% Zinsrisikozuschlag) für die Markentransfermärkte und einer jeweiligen Value-Growth-Duration von 10 Jahren ausgegangen. Ein Zinsrisikozuschlag in der Größenordnung von 14% (oder sogar mehr) für die BSE der Markentransfermärkte erscheint angemessen, da die Einführung neuer Produkte auch unter der starken Marke Y ein nicht unerhebliches Floprisiko in sich birgt (vgl. allgemein Abschnitt 4.1).

Für die beschriebene Konstellation des Szenarios 1 wird ein BSE-Multiple von 25 nur dann erreicht, wenn die (anfängliche) Growth-Rate auf beiden Märkten 0,45 respektive 45% beträgt. Selbst wenn unter sonst gleichen Bedingungen 100% anstelle von 50% zusätzliche BSE durch Markentransfers erreicht werden können, müssen die Growth-Rates auf beiden Märkten noch einen Wert von 36% annehmen, damit ein BSE-Multiple von 25 gerechtfertigt ist (Szenario 2 aus Abbildung 142). Dies bedeutet, dass – selbst für den Fall einer kurzfristigen Realisation von Markentransfers in erheblichem Umfang – sowohl die Markentransfermärkte als auch der Basismarkt deutlich wachsen müssen.

Gibt man die Annahme gleicher Wachstumsraten auf dem Basismarkt und den Markentransfermärkten auf und unterstellt zunächst für den Basismarkt langfristig konstante BSE (d.h. kein Wachstum), so ergeben sich die Szenarien 3 bis 5. Diese drei Szenarien unterscheiden sich ausschließlich in der Höhe der zusätzlichen BSE infolge von Markentransfers, und zwar in Höhe von 50%, 100% und 150% gegenüber den BSE des Basismarkts. Es zeigt sich, dass bei allen drei Szenarien ein erhebliches Wachstum der BSE auf den Markentransfermärkten notwendig ist, um BSE-Multiples von 25 zu erreichen (Abbildung 142). Selbst wenn durch Markentransfers (kurzfristig) 150% zusätzliche BSE generiert werden können, so müssen diese mit einer anfänglichen Growth-Rate von 45% wachsen.

Unterstellt man – bei sonst gleichen Bedingungen gegenüber den Szenarien 3 bis 5 – statt einer konstanten Entwicklung der BSE auf dem Basismarkt ein moderates Wachstum von (anfänglich) jeweils 20% (Szenarien 6 bis 8), so sind weiterhin erhebliche Wachstumsraten auf den Markentransfermärkten zur Erreichung von BSE-Multiples in Höhe von 25 notwendig. Lediglich bei 150% zusätzlichen BSE auf den Markentransfermärkten ist für die Wachstumsrate ein eher moderates Ausmaß in Höhe von 31% notwendig (Szenario 8). Geht man schließlich gegenüber den bisherigen Szenarien anstelle eher geringer Zinsrisikozuschläge zu höheren Werten von 9% für den Basismarkt oder 19% für die Markentransfermärkte über (Szenario 9 bzw. 10), so müssen zur Erreichung von BSE-Multiples in Höhe von 25 noch deutlich höhere Wachstumsraten der BSE für die Markentransfers erreicht werden (Abbildung 142). Gleiches gilt für (hier nicht abgebildete) Szenarien, bei denen anstelle einer Value-Growth-Duration von 10 Jahren eine von 3 Jahren unterstellt wird.

Insgesamt betrachtet ergibt sich damit folgendes Ergebnis: BSE-Multiples von 25 werden bei keinem oder lediglich moderatem Wachstum der BSE im Basismarkt nur dann erreicht, wenn in erheblichem Ausmaß BSE kurzfristig durch Markentransfers realisiert werden können, diese (je nach Ausmaß der zusätzlichen BSE) zukünftig mit deutlichen Wachstumsraten gesteigert werden können und das Wachstum über einen langen Zeitraum anhält.

Wiederum analysiert das Management des Konsumgüterkonzerns den Realitätsgehalt der verschiedenen Szenarien. Eine Value-Growth-Duration von 10 Jahren wird sowohl für den Basismarkt als auch zukünftige Markentransfermärkte der Marke Y für durchaus realisierbar gehalten. Ein Wachstum von anfänglich 20% auf dem Basismarkt wird ebenfalls als sehr realistisch eingestuft, sodass ein Zinsrisikozuschlag in Höhe von 4% für adäquat gehalten wird. Man ist sich auch darüber einig, dass die Marke Y zwar ein erhebliches Markentransferpotenzial hat, dieses allerdings mit erheblichen Risiken verbunden ist. Von daher erscheint ein hoher Zinsrisikozuschlag in der Größenordnung von 14% angemessen. Was die zusätzlichen BSE infolge von Transfers der Marke Y auf neue Produkte anbelangt, so wird ein Potenzial in Höhe von 50% der BSE des Basismarkts für sehr optimistisch angesehen. Es gibt auch Stimmen, die diese Zahl für zu optimistisch halten. Akzeptiert man trotzdem diese Zahl, so ist näherungsweise das Szenario Nr. 6 aus Abbildung 142 als adäquat einzustufen. Dies bedeutet, dass unter den angenommenen Rahmenbedingungen ein Wachstum der BSE auf den Markentransfermärkten in Höhe von anfänglich über 70% (GR = 0,72) erzielt werden muss, damit sich ein BSE-Multiple von 25 rechtfertigen lässt. Bis auf eine abweichende Meinung ist man sich darin einig, dass Wachstumsraten von anfänglich über 70% mit sehr hoher Wahrscheinlichkeit nicht realisierbar sind. Vor diesem Hintergrund in Verbindung mit der erwähnten eher skeptischen Einschätzung hinsichtlich der Realisierbarkeit von 50% zusätzlichen BSE durch Markentransfers entscheidet man sich gegen eine Akzeptanz eines Kaufpreises in Höhe des 25fachen der BSE der Marke Y für das Jahr 2007.

6.3 Fall 3: Markentransferentscheidung

Der dritte Fall behandelt eine strategische Markenführungsaufgabe. Ein weltweit operierendes Dienstleistungsunternehmen mit Schwerpunkt im Bereich Schnellrestaurants steht vor der Entscheidung, **Markentransfers** mit der bisher nahezu ausschließlich im Schnellrestaurant-Bereich genutzten Marke Z durchzuführen. Als neues Produktfeld der Marke Z wird aufgrund besonderer Wachstumschancen der Convenience-Nahrungsmittelbereich mit Vertrieb über den Lebensmitteleinzelhandel gesehen. Untersucht werden soll, welche konkreten Transfer-Warengruppen innerhalb des Convenience-Nahrungsmittelbereichs in Frage kommen und welche monetären Erfolgswirkungen durch den Transfer zu erwarten sind.

Zur Entscheidungsunterstützung soll ein Konzept angewandt werden, das in allgemeinen Grundzügen einer Veröffentlichung von Sattler (1998a) entnommen wurde und nun für die Marke Z umgesetzt werden soll. Das Konzept besteht aus **drei Bausteinen** (Abbildung 143; zu einer alternativen Vorgehensweise vgl. Abschnitt 4.1).

Beim **ersten Baustein** wird anhand einer Erfolgsfaktorencheckliste die prinzipielle Eignung der in Erwägung gezogenen Markentransfers beurteilt. Eine prinzipielle Eignung wird dann als nicht gegeben angesehen, wenn sämtliche oder nahezu sämtliche Ergebnisse hinsichtlich der zu prüfenden Erfolgsfaktoren auf einen Misserfolg des Transfers hindeuten. Zur Ableitung der Erfolgsfaktorencheckliste wurde wiederum auf veröffentlichte Forschungsergebnisse (vgl. allgemein Abschnitt 4.1) zurückgegriffen und hierauf aufbauend eine spezifische Checkliste entwickelt (Abbildung 144). Auf Grundlage intensiver Vorüberlegungen in der Marketingabteilung des Dienstleisters soll die Checkliste jeweils für die drei als potenziell aussichtsreich eingestuften Transfers der Marke Z auf die Warengruppen Tiefkühl-Pommes-Frites, Ketchup und Tiefkühl-Fertiggerichte angewandt werden. Für die Beurteilung der Checkliste wird ein Expertenteam zusammengestellt, das aus drei unternehmensinternen Mitgliedern (zwei Brand Manager und ein Mitglied aus der Geschäftsführung) und zwei externen Beratern besteht.

Die Einschätzungen der Experten mit den jeweils häufigsten Antworten sind in Abbildung 144 wiedergegeben. Beispielsweise bedeutet das Ergebnis Ja (80%) beim ersten Erfolgsfaktor Ähnlichkeit zwischen der Muttermarke Z und dem Markentransfer Pommes Frites, dass vier der fünf Experten die Ähnlichkeit als ausreichend einstufen. Bis auf lediglich zwei Ausnahmen (mit 60% Übereinstimmung) sind mindestens 80% der Experten einheitlicher Meinung. Die Urteile weisen hinsichtlich der Faktoren 1, 2, 3, 4, 7 und 8 aus Abbildung 144 bei allen drei Transfers auf eine hohe Erfolgswahrscheinlichkeit hin. Auch die Faktoren 5 und 6 legen keinen eindeutigen Ausschluss nahe. Wie in Abschnitt 4.1 herausgearbeitet, kommt den ersten beiden Faktoren Ähnlichkeit beziehungsweise Fit und Qualitätseinschätzung der Muttermarken eine sehr hohe Bedeutung zu. Kritisch sind hierbei allenfalls die zwei beziehungsweise jeweils eine abweichende(n) Expertenmeinung(en) beim Faktor Ähnlichkeit zu sehen (Abbildung 144). So meinen zwei der fünf Experten, dass bei Tiefkühl-Fertiggerichten die Ähnlichkeit zwischen der Muttermarke Z und dem Transfer nicht ausreichend ist.

Aufgrund der nur sehr bedingt gesehenen Risiken entschließt man sich einheitlich, die betrachteten drei Markentransfers nicht pauschal auszuschließen, sondern weiter zu untersuchen. Hierzu setzt man den **zweiten Baustein** aus Abbildung 143 ein und analysiert für die drei Transfers das monetäre Wertschöpfungspotenzial durch eine empirische Untersuchung. Da die Vorgehensweise für die drei Markentransfers jeweils die gleiche ist, wird im Folgenden aus Platzgründen lediglich auf einen Transfer (Tiefkühl-Pommes-Frites) näher eingegangen.

Grundlage des zweiten Bausteins bildet eine empirische Untersuchung mithilfe eines **Testmarktsimulators** (vgl. allgemein z. B. Albers/Kemnitz/Kurz 1985). Im

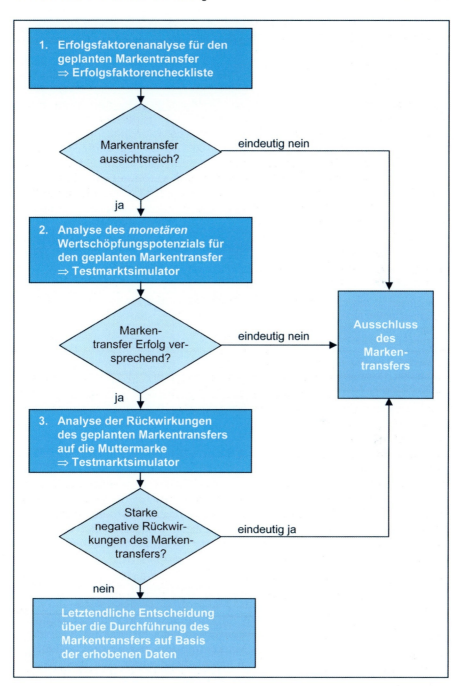

Abbildung 143: Bausteine eines Konzepts zur Beurteilung der Erfolgschancen von Markentransfers der Marke Z
Quelle: Sattler 1998a, S. 481.

Erfolgsfaktoren-Checkliste	Expertenmeinungen (% der zustimmenden Antworten) hinsichtlich des Transfers der Marke Z auf:		
	Tiefkühl-Pommes-Frites	Ketchup	Tiefkühl-Fertiggerichte
1. Ist die Ähnlichkeit zwischen Muttermarke und MT ausreichend?	Ja (80%)	Ja (80%)	Ja (60%)
2. Ist eine ausreichende Qualität der Muttermarke gegeben?	Ja (100%)		
3. Waren vorangegangene MT erfolgreich?	Ja (100%)		
4. Ist die Qualitätseinschätzung der mit einer Muttermarke bereits realisierten MT zu unterschiedlich?	Nein (100%)		
5. Wie breit ist die Produktpalette der Muttermarke?	Mittel (80%)		
6. Wie hoch ist das Involvement der Konsumenten hinsichtlich des Kaufs eines Produkts der Transferproduktkategorie?	Mittel/Niedrig (80%)	Mittel/Niedrig (80%)	Mittel (60%)
7. Welche Relevanz kommt transferierten Assoziationen in der Produktkategorie des MT zu?	Hohe Bedeutung (80%)	Hohe Bedeutung (100%)	Hohe Bedeutung (80%)
8. Wie stark ist die Nutzeneinschätzung der Muttermarke mit Produkteigenschaften der Produktkategorie der Muttermarke verbunden?	Gering (80%)	Gering (100%)	Gering (80%)

Abbildung 144: Erfolgsfaktorenanalyse potenzieller Markentransfers (MT) der Marke Z

Rahmen eines solchen Testmarktsimulators können neue Produkte (hier Tiefkühl-Pommes-Frites der Marke Z) und etablierte Produkte (hier Hauptwettbewerber der Marke Z auf dem Markt für Tiefkühl-Pommes-Frites) einer Stichprobe potenzieller Nachfrager in einer präparierten „Einkaufsstätte" unter Laborbedingungen zum Kauf angeboten werden. Im vorliegenden Fall wurden durch ein beauftragtes Marktforschungsinstitut aus der relevanten Zielgruppe 300 Personen nach einem Quotenverfahren ausgewählt und in ein Teststudio eingeladen. Dort wurden im Hauptinterview von den Befragten Daten wie Markenbekanntheit, Markenverwendung, historisches Kaufverhalten und Markenimage bezüglich des Markentransfers und der drei bedeutendsten Konkurrenzmarken erfasst. Daran anschließend wurden für diese Marken Werbespots präsentiert. Nach Abschluss der Präsentation erhielten die Befragten die Möglichkeit, in einem Studio-Testmarkt Einkäufe in der Produktklasse zu tätigen. Die Auskunftspersonen erhielten dann abschließend in jedem Fall die Testprodukte und hatten Gelegenheit, diese über mehrere Wochen zu erproben. Nach dieser Produkterprobungsphase erfolgten analog zum obigen Hauptinterview ein Nachinterview sowie eine erneute Kaufsimulation.

Hierauf aufbauend wurden **Marktanteile** für die betrachteten Markentransfers nach folgendem Modell prognostiziert (Brockhoff 1999, S. 233 ff.):

(8) $MA = ER \cdot WR \cdot BG \cdot DG$

wobei:
MA: Marktanteil,
ER: Erstkaufrate,
WR: Wiederkaufrate,
BG: Bekanntheitsgrad,
DG: Distributionsgrad.

Die ersten beiden Größen der Gleichung (8) können in Anlehnung an das Modell von Parfitt/Collins (1968) unmittelbar aus dem Testmarktsimulator abgeleitet werden. Die Höhe des Bekanntheitsgrads wurde auf Basis des Bekanntheitsgrads der Muttermarke prognostiziert. In vielen Fällen wird sich für den Markentransfer annähernd der gleiche Bekanntheitsgrad wie für die Muttermarke realisieren lassen. Zum Aufbau des Bekanntheitsgrads sind in erster Linie diejenigen potenziellen Nachfrager des Transfers anzusprechen, denen die Muttermarke bereits bekannt ist. Bei dieser Personengruppe gilt es lediglich, die Tatsache zu kommunizieren, dass der Markentransfer unter dem Namen der Muttermarke angeboten wird. Für Nachfrager, welche die Muttermarke hingegen nicht kennen, muss die Markenbekanntheit vollkommen neu aufgebaut werden. Wie die Ergebnisse des Testmarktsimulators hinsichtlich der Bekanntheit der Marke Z für das relevante Zielpublikum jedoch zeigten, ist die Marke Z in allen drei Transferkategorien nahezu 90% der befragten Personen bekannt.

Die Höhe des Distributionsgrads hängt in erster Linie von den jeweiligen Unternehmenszielen beziehungsweise dem eingesetzten Distributionsbudget ab. Prinzipiell kann angenommen werden, dass der Markentransfer einer starken Muttermarke im Vergleich zum Transfer einer schwachen Muttermarke einen höheren Nachfragesog beziehungsweise Pull-Effekt erzeugt und damit einen schnelleren Aufbau des anvisierten Distributionsgrads ermöglicht.

Vor diesem Hintergrund wurde im vorliegenden Fall durch das Expertenteam (s. den ersten Baustein) für ein gegebenes Kommunikations- und Distributionsbudget mittelfristig ein gestützter Bekanntheitsgrad von 80% und ein gewichteter Distributionsgrad von 50% für Tiefkühl-Pommes-Frites der Marke Z prognostiziert. Unter Verwendung der Daten des Testmarktsimulators (40% für die Erstkauf- und 30% für die Wiederkaufrate) wurde folgender Marktanteil über Gleichung (8) ermittelt:

(9) $MA = 0{,}4 \cdot 0{,}3 \cdot 0{,}8 \cdot 0{,}5$
     $= 0{,}048$

Bei einem geschätzten Marktvolumen von 300 Millionen Euro für das Jahr 2007 ergibt sich damit ein prognostizierter Umsatz des Markentransfers von 14,4 Millionen Euro.

Neben der Prognose des Marktanteils wurde zusätzlich der spezifische Erfolgsbeitrag gemessen, der durch den transferierten Markennamen verursacht wird. Diese Aufgabenstellung entspricht der Messung eines **Markenwerts** für den geplanten Markentransfer. Während bei der Prognose des Marktanteils nicht danach differenziert werden kann, inwiefern ein hoher Erfolgsbeitrag beziehungsweise Marktanteil eines Markentransfers dem Namen der Muttermarke oder davon unabhängigen Komponenten (z. B. objektiven Eigenschaften des Produkts, auf das der Muttermarkenname transferiert wird) zugerechnet werden kann, erlaubt eine Markenwertmessung eine solche Isolierung. Aus Praktikabilitätsgesichtspunkten heraus entschloss man sich, ausschließlich markenspezifische Einzahlungen näher zu analysieren.

Im vorliegenden Fall wurde für die Erfassung markenspezifischer Einzahlungen eine spezifische Form der **Choice-Based-Conjoint-Analyse** nach einem Vorschlag von Swait et al. (1993) eingesetzt (vgl. allgemein Abschnitt 5.4). Bei diesem Ansatz wird eine gemessene Markenpräferenz (hier u. a. die Präferenz für den Markentransfer der Marke Z auf Pommes Frites) in verschiedene Komponenten zerlegt und damit eine Interpretation von Ursachen der Präferenzentstehung möglich. Die Präferenzen werden über so genannte Choice-Sets von Marken gebildet, die potenziellen Nachfragern zur Auswahl gestellt werden (Swait et al. 1993, S. 31 f.). Jedes Choice-Set enthält eine gewisse Anzahl von Marken (hier die Marke Z sowie drei Hauptkonkurrenzmarken) zu bestimmten Preisen. Die Erhebung der Präferenzdaten wurde durch eine Zusatzbefragung im Rahmen des erwähnten Testmarktsimulators vorgenommen. Die den Nachfragern vorgelegten Choice-Sets wurden jeweils aus den gleichen Marken mit (nach Maßgabe eines orthogonalen Designs) systematisch variierten Preisen gebildet. Bei jedem von insgesamt acht Choice-Sets sollten die Befragten angeben, ob und wenn ja, welche Marke sie kaufen würden. Ein Beispiel für ein verwendetes Choice-Set ist in Abbildung 145 wiedergegeben.

Frage: Welche der folgenden Packungen mit Tiefkühl-Pommes-Frites (750 g) würden Sie kaufen?

Marke Z	Salto
Preis: 1,49 €	Preis: 0,99 €
Agrarfrost	McCain
Preis: 1,79 €	Preis: 1,99 €

Ich würde keine von diesen Packungen kaufen.

Abbildung 145: Beispiel eines Choice-Sets im Rahmen einer Choice-Based-Conjoint-Analyse

Zusätzlich zu den Wahlentscheidungen bei verschiedenen Choice-Sets wurde eine **Imageanalyse** für die betrachteten vier Marken im Rahmen des Testmarktsimulators vorgenommen. Die hierbei verwendeten Items sind in Abbildung 146 wiedergegeben. Hinsichtlich jedes Items wurde erhoben, ob die jeweils befragte Person der Aussage zustimmt oder nicht zustimmt. Die hieraus resultierenden Daten (eine Matrix mit Marken in den Spalten und Image-Items in den Zeilen) wurden mithilfe einer **Korrespondenzanalyse** ausgewertet (Meyer/

Diehl/Wendenburg 1999). Über die in Abbildung 147 dargestellten zwei Achsen konnte insgesamt 89% der Varianz erklärt werden. Die Ergebnisse in Abbildung 147 machen deutlich, dass sich der Transfer der Marke Z von den Wettbewerbern differenzieren kann, und zwar in erster Linie gegenüber der Handelsmarke Salto. Stark eigenständige Imagedimensionen auch im Verhältnis zu den beiden Herstellermarken sind Modernität, Identifikationsmöglichkeiten und allgemeine Qualitätsassoziationen. Defizite gegenüber den Herstellermarken bestehen unter anderem im Kauf-/Verwendungsspaß und der Marktpräsenz (Verwendung durch Freunde, Erhältlichkeit und Dauer der Marktpräsenz). Hinsichtlich beider Faktoren kann vermutet werden, dass sie mit zunehmender Marktpenetration des Markentransfers verbessert werden können.

Die Marke ...
... ist eine qualitativ hochwertige Marke.
... ist eine Marke, auf die ich mich verlassen kann.
... ist eine Marke, die schon lange auf dem Markt ist.
... hat ein modernes Image.
... ist eine Marke, bei der es Spaß bringt, sie zu kaufen und zu verwenden.
... ist eine Marke, die meine Freunde verwenden.
... ist eine Marke, mit der ich mich identifizieren kann.
... ist eine Marke, die fast überall erhältlich ist.

Abbildung 146: Untersuchte Items im Rahmen der Imageanalyse

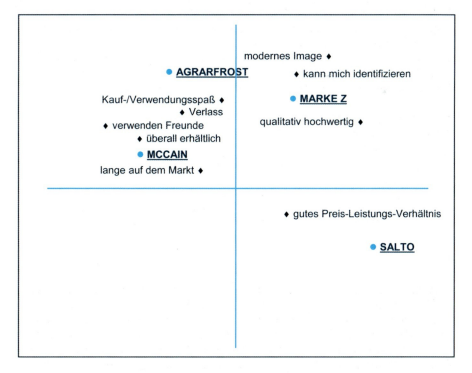

Abbildung 147: Ergebnisse der Imageanalyse mittels Korrespondenzanalyse

Auf Basis der Daten der Choice-Based-Conjoint-Analyse, der Imageanalyse sowie einer Erfassung objektiv messbarer Produkteigenschaften (Fettgehalt, Kaloriengehalt und Zubereitungsart) wurden unter Verwendung eines Multinomialen Logit-Ansatzes die Parameter folgender Gleichung geschätzt (Swait et al. 1993, S. 28 ff.):

(10) $u_{ijc} = MK_j + PS_j \cdot PR_{jc} + OPP_j \cdot OP_{jc} + IDP_j \cdot ID_{ij}$ $\quad$ ($c \in C, i \in I, j \in J$)

wobei:
u_{ijc}: Präferenz des i-ten Nachfragers bezüglich der j-ten Marke im c-ten Choice-Set,
MK_j: Markenspezifische Konstante der j-ten Marke,
PS_j: Preisparameter bezüglich der j-ten Marke,
PR_{jc}: Preis der j-ten Marke im c-ten Choice-Set,
OPP_j: a-Vektor ($a \in A$) von Parametern objektiver Produkteigenschaften der j-ten Marke,
OP_{jc}: a-Vektor ($a \in A$) objektiver Produkteigenschaften der j-ten Marke im c-ten Choice Set,
IDP_j: b-Vektor ($b \in B$) von Parametern hinsichtlich Imagedimensionen gegenüber der j-ten Marke,
ID_{ij}: b-Vektor ($b \in B$) von Imagedimensionen gegenüber der j-ten Marke beim i-ten Nachfrager,
A: Indexmenge objektiver Produkteigenschaften,
B: Indexmenge der Imagedimensionen einer Marke,
C: Indexmenge der Choice-Sets,
I: Indexmenge der Nachfrager,
J: Indexmenge der Marken.

Bei dieser Gleichung wird die Markenpräferenz (bzw. weitgehend äquivalent der Markennutzen) in die Komponenten markenspezifische Konstante, objektive Produkteigenschaften (z. B. Fettgehalt von Pommes Frites) und Image gegenüber den zu bewertenden Marken zerlegt. Die Erfassung der Preiskomponente dient der Umrechnung des Markennutzens in eine monetäre Größe in Form einer konsumentenspezifischen Zahlungsbereitschaft für eine bestimmte Marke (hier insbesondere des Markentransfers) im Vergleich zu einer Referenzmarke (Swait et al. 1993, S. 28 f.). Als einzahlungsspezifische Komponente eines Markenwerts wird hier der Bestandteil des in eine Zahlungsbereitschaft umgerechneten Markennutzens angesehen, der nicht auf objektive Produkteigenschaften zurückzuführen ist (je nach Auffassung zum Markenwertbegriff sind auch alternative Definitionen bzw. Messansätze eines Markenwerts vorstellbar, vgl. auch Abschnitt 5). Das Image wurde auf aggregierter Ebene über die zwei mittels der Korrespondenzanalyse identifizierten Imagedimensionen gemessen (vgl. die zwei Achsen in Abbildung 147).

Eine Schätzung der Parameter der Gleichung (10) auf aggregierter Ebene zeigte, dass sowohl das Gesamtmodell als auch sämtliche Parameter im Hinblick auf die markenspezifischen Konstanten, die Preise und die Imagedimensionen signifikant sind ($p < 0{,}10$) und die Vorzeichen plausible Werte aufwei-

6.3 Fall 3: Markentransferentscheidung

sen. Von besonderer Relevanz für den vorliegenden Fall war die Ermittlung von markenspezifischen Zahlungsbereitschaften. Über eine segmentspezifische Schätzung der Parameter aus Gleichung (10) konnten zwei Nachfragersegmente identifiziert werden, für die in Abbildung 148 die berechneten Zahlungsbereitschaften ausgewiesen sind. Das Segment 2 ist ungefähr doppelt so groß wie das Segment 1. In beiden Segmenten bestehen deutlich positive Zahlungsbereitschaften gegenüber der Handelsmarke Salto. Dieses Ergebnis korrespondiert mit den ermittelten deutlichen Imagevorteilen gegenüber Salto (Abbildung 147). Im kleineren Segment 1 besteht auch im Vergleich zu den etablierten Herstellermarken eine positive Zahlungsbereitschaft, und zwar von 0,24 Euro gegenüber dem Marktführer McCain und 0,28 Euro gegenüber dem ebenfalls starken Wettbewerber Agrarfrost. Der Transfer der Marke Z kann sich also in einem größenmäßig nicht zu vernachlässigendem Segment auch gegenüber den Hauptwettbewerbern behaupten und dort sogar zusätzliche Wertschöpfungen realisieren. Im Hauptsegment 2 ergeben sich allerdings negative Zahlungsbereitschaften, das heißt hier haben die beiden Herstellermarken deutliche Vorteile.

Referenzmarke	Preispremium [€] der Marke Z gegenüber der Referenzmarke	
	Segment 1 (n = 98)	Segment 2 (n = 202)
McCain	0,24	–0,34
Agrarfrost	0,28	–0,27
Salto	0,77	0,46

Abbildung 148: Preispremiums der Marke Z für zwei Nachfragersegmente

Insgesamt betrachtet deuten die Ergebnisse des zweiten Bausteins mit den Imageanalysen, dem prognostizierten Marktanteil und den geschätzten Zahlungsbereitschaften eindeutig auf ein hohes Erfolgspotenzial des Transfers der Marke Z auf Tiefkühl-Pommes-Frites hin. Ähnlich positive Ergebnisse ergaben sich für die beiden anderen Transfers der Marke Z auf Ketchup und Tiefkühl-Fertiggerichte.

Aufgrund dieser viel versprechenden Befunde erfolgte eine weitergehende Prüfung im Rahmen des **dritten Bausteins** (Abbildung 143). Über den dritten Baustein wird geprüft, ob es infolge des Markentransfers zu substanziellen negativen Rückwirkungen auf die Muttermarke kommen kann (vgl. Abschnitt 4.1). Da bisher fast sämtliche Gewinne der Marke Z im Kernproduktfeld Schnellrestaurants erwirtschaftet worden sind, wird potenziellen negativen Rückwirkungen auf das Gesamtmarkenimage besondere Aufmerksamkeit geschenkt.

Zur Erfassung der negativen Rückwirkungen wurden **zwei Datenerhebungen** bei potenziellen Konsumenten durchgeführt, die beide im Rahmen des angesprochenen Testmarktsimulators erhoben wurden. Bei der ersten Datenerhebung wurde bei einer Testgruppe von Konsumenten erfragt, welche Wahrnehmungen sie hinsichtlich der Ausprägungen bestimmter Imagedimensionen der Marke Z haben. In der Testgruppe wurden die drei Markentransfers hypothetisch im Wege einer Szenariobeschreibung in den Markt eingeführt. Zur Vermeidung von Reifungseffekten bei den zu befragenden Personen wurden unterschiedliche Probanden in einer Kontroll- und Testgruppe befragt. In der Kontrollgruppe wurden die gleichen Imagedimensionen hinsichtlich der Muttermarke Z abgefragt, jedoch ohne dass die Markentransfers eingeführt wurden. Kommt es zu signifikanten Unterschieden zwischen Test- und Kontrollgruppe hinsichtlich des Muttermarkenimages, so deutet dies auf eine Verwässerung des Images der Marke Z infolge der Markentransfereinführung und damit auf negative Rückwirkungen hin. Als Imagedimensionen wurden die Items aus Abbildung 146 verwendet.

Die Ergebnisse der Erhebung sind in Abbildung 149 dargestellt. Bis auf lediglich eine Ausnahme beim Item „modernes Image" ergeben sich keine signifikanten Unterschiede zwischen Test- und Kontrollgruppe. Von daher deuten diese Ergebnisse nicht auf nennenswerte negative Rückwirkung der drei Markentransfers auf das Image der Marke Z hin.

Image-Item	Test-gruppe * (n = 300)	Kontroll-gruppe * (n = 300)	t-Test auf Unterschiede zwischen Test- und Kontrollgruppe
Marke Z ist eine Marke mit einem guten Preis-Leistungs-Verhältnis.	3,8 (1,9)	3,8 (2,0)	nicht signifikant
Marke Z ist eine qualitativ hochwertige Marke.	5,6 (2,1)	5,6 (2,0)	nicht signifikant
Marke Z ist eine Marke, auf die ich mich verlassen kann.	3,8 (1,7)	3,9 (1,8)	nicht signifikant
Marke Z ist eine Marke, die schon lange auf dem Markt ist.	3,9 (1,8)	3,7 (1,6)	nicht signifikant
Marke Z hat ein modernes Image.	6,0 (1,7)	6,4 (1,6)	$p < 0,05$
Marke Z ist eine Marke, bei der es Spaß bringt, sie zu kaufen und zu verwenden.	4,3 (1,5)	4,3, (1,7)	nicht signifikant
Marke Z ist eine Marke, die meine Freunde verwenden.	4,8 (1,9)	4,6 (1,8)	nicht signifikant
Marke Z ist eine Marke, mit der ich mich identifizieren kann.	5,2 (2,0)	5,4 (1,8)	nicht signifikant
Marke Z ist eine Marke, die fast überall erhältlich ist.	3,7 (1,5)	3,5 (1,6)	nicht signifikant

* Mittelwerte (Standardabweichungen) von Einschätzungen auf einer 7-stufigen Rating-Skala mit den Extrempolen „stimme voll zu" und „stimme gar nicht zu" (n=300)

Abbildung 149: Durchschnittliche Beurteilung von Image-Items der Marke Z in Testgruppe (mit Markentransfer) und Kontrollgruppe (ohne Markentransfer)

6.3 Fall 3: Markentransferentscheidung

Als zweite Datenerhebung wurden freie **Assoziationstests** (Keller 2003, S. 433 ff.) bei den Befragten des Testmarktsimulators hinsichtlich der drei Markentransfers vorgenommen, um hieraus mögliche negative Rückwirkungen auf die Muttermarke zu erschließen. Die Ergebnisse finden sich in Abbildung 150. Auffallend ist, dass in allen drei Transferwarengruppen positive Assoziationen überwiegen. Tendenziell negative Assoziationen sind bei Tiefkühl-Pommes-Frites (schmecken alle gleich; nicht so gut wie meine Lieblingsmarke), Ketchup (würde ich nicht verwenden; nicht so gut wie das Original) und Tiefkühl-Fertiggerichten (passt nicht zusammen; geringe Qualität) zu beobachten. Bei diesen Assoziationen ist nicht auszuschließen, dass sie zu einer Verwässerung oder Schädigung der Marke Z und damit zu negativen Rückwirkungen führen.

Transferwarengruppe	Assoziationen	Anzahl Personen
Tiefkühl-Pommes-Frites	• Passt gut zusammen • Gute Qualität • Guter Geschmack • Schmecken alle gleich • Nicht so gut wie meine Lieblingsmarke	• 80 • 55 • 42 • 31 • 27
Ketchup	• Gute Idee • Gute Marke • Würde ich nicht verwenden • Günstiger Preis • Nicht so gut wie das Original	• 59 • 48 • 37 • 30 • 19
Tiefkühl-Fertiggerichte	• Gute Qualität • Schnell • Praktisch • Passt nicht zusammen • Geringe Qualität	• 58 • 44 • 41 • 29 • 14

Abbildung 150: Die fünf meistgenannten Assoziationen hinsichtlich Transfers der Marke Z (n = 300)

Während auf Basis der ersten Datenerhebung negative Rückwirkungen weitgehend ausgeschlossen werden können, deuten die Befunde der zweiten Datenerhebung darauf hin, dass zumindest kleinere Gruppen von Nachfragern die Transfers für problematisch halten.

Die **letztendliche Entscheidung** für oder gegen die Einführung der Markentransfers wurde von dem angesprochenen fünfköpfigen Expertenteam sowie zwei (weiteren) Mitgliedern der Geschäftsführung des Herstellers der Marke Z durchgeführt. Die Ergebnisse des zweiten Bausteins deuten sehr klar und die übrigen Bausteine mit gewissen Einschränkungen auf einen Erfolg hin. Das größte Risiko wird – trotz der überwiegend positiven empirischen Befunde – im Bereich der negativen Rückwirkungen der Markentransfers gesehen. Nach einer intensiven Diskussion können sich letztendlich die Befürworter der Transfers klar durchsetzen. Die Geschäftsführung entschließt sich, sämtliche drei Markentransfers in den Markt einzuführen.

Literatur

Aaker, D.A. (1990): Brand extensions: The good, the bad, and the ugly, in: Sloan Management Review, Vol. 31 (4), S. 47–56.
Aaker, D.A. (1991): Managing brand equity – Capitalizing on the value of a brand name, New York.
Aaker, D.A. (1996): Building strong brands, New York.
Aaker, D.A. (2004): Brand portfolio strategy, New York.
Aaker, D.A./Joachimsthaler, E. (2000): Brand leadership, New York.
Aaker, D.A./Keller, K.L. (1990): Consumer evaluations of brand extensions, in: Journal of Marketing, Vol. 54 (1), S. 27–41.
Aaker, J. (1997): Dimensions of brand personality, in: Journal of Marketing Research, Vol. 34 (3), S. 347–356.
Agarwal, M.K./Rao, V.R. (1996): An empirical comparison of consumer-based measures of brand equity, in: Marketing Letters, Vol. 7 (3), S. 237–247.
Ahlert, D./Kenning, P./Schneider, D. (2000): Markenmanagement im Handel: Strategien – Konzepte – Praxisbeispiele, Wiesbaden.
Ahluwalia, R./Gürhan-Canli, Z. (2000): The effects of extensions on the family brand name: An accessibility-diagnosticity perspective, in: Journal of Consumer Research, Vol. 27 (3), S. 371–381.
Ailawadi, K.L./Harlam, B. (2004): An empirical analysis of the determinants of retail margins: The role of store brand share, in: Journal of Marketing, Vol. 68 (1), S. 147–166.
Ailawadi, K.L./Keller, K.L. (2004): Understanding retail branding: Conceptual insights and research priorities, in: Journal of Retailing, Vol. 80 (4), S. 331–342.
Ailawadi, K.L./Neslin, S.A./Lehmann, D.R. (2003): Revenue premium as an outcome measure of brand equity, in: Journal of Marketing, Vol. 67 (4), S. 1–17.
Albers, S. (1989): Gewinnorientierte Neuproduktpositionierung in einem Eigenschaftsraum, in: Zeitschrift für betriebswirtschaftliche Forschung, 41. Jg. (3), S. 186–209.
Albers, S./Kemnitz, K./Kurz, S. (1985): Testmarktsimulator als Instrument des Produkttests für kleinere und mittlere Unternehmen, in: Zeitschrift für Betriebswirtschaft, 55. Jg. (3), S. 236–261.
Alsop, R. (1988): It's slim pickings in product name game, in: Wall Street Journal, November (29), S. B1.
Anders, H.J. (1991): Produkt- und Markenpolitik im gemeinsamen Binnenmarkt, in: Marktforschung und Management, (1), S. 3–8.
Anime, L. S./Chao, M. C. H./Arnold, M. J. (2005): Executive insights: Exploring the practical effects of country of origin, animosity, and price-quality issues: Two case studies of Taiwan and Acer in China, in: Journal of International Marketing, Vol. 13 (2), S. 114–150.
Arias, P.E./Hirmer, M. (1960): Tausend Jahre griechische Vasenkunst, München.
A.T. Kearney (2004): Handelsmarken im deutschen Einzelhandel.
Bachem, R./Esser, M./Riesenbeck, H. (2001): Mit BPP den Markenwert maximieren, in: akzente, (20), S. 2–9.
Backhaus, K./Bieling, M. (2002): Internationalisierung und Markenführung: Ausgestaltung des Übergangs von nationalen zu internationalen Marken, in: Thexis. 19. Jg. (4), S. 8–13.

Backhaus, K./Erichson, B./Plinke, W./Weiber, R. (2006): Multivariate Analysemethoden – Eine anwendungsorientierte Einführung, 11. Aufl., Berlin et al.

Balachander, S./Ghose, S. (2003): Reciprocal spillover effects: A strategic benefit of brand extensions, in: Journal of Marketing, Vol. 67 (1), S. 4–13.

Barth, K./Hartmann, M./Schröder, H. (2007): Betriebswirtschaftslehre des Handels, 6. Aufl., Wiesbaden.

Barwise, P./Higson, C./Likierman, A./Marsh, P. (1989): Accounting for brands, London Business School, London.

Batra, R./Sinha, I. (2000): Consumer-level factors moderating the success of private label brands, in: Journal of Retailing, Vol. 76 (2), S. 175–191.

Bauer, E. (1976): Markt-Segmentierung als Marketing-Strategie, Berlin.

Bauer, F./Herrmann, T. (2004): Marken und Images wahrnehmen und beschreiben, in: planung & analyse, Heft 3/2004, S. 55–60.

Bauer, H./Fischer, M. (2001): Ein Ansatz zur simultanen Messung von Kannibalisierungs-, substitutiven Konkurrenz- und Neukäufereffekten am Beispiel von line extensions, in: Zeitschrift für betriebswirtschaftliche Forschung, 53. Jg. (August), S. 455–477.

Bauer, H./Mäder, R./Valtin, A. (2004): Auswirkungen des Markennamenswechsels im Rahmen von Markenportfoliokonsolidierungen, in: Die Betriebswirtschaft, 64. Jg. (1), S. 58–77.

Baumgarth, C. (2000): Fit- und Anordnungseffekte beim Co-Branding – Ergebnisse eines Laborexperiments, in: Arbeitspapier des Lehrstuhls für Marketing der Universität Siegen.

Baumgarth, C. (2004): Co-Branding, in: Bruhn, M. (Hrsg.): Handbuch Markenführung – Kompendium zum erfolgreichen Markenmanagement. Strategien – Instrumente – Erfahrungen, Bd. 1, 2. Aufl., Wiesbaden, S. 235–259.

Becker, J. (2004): Typen von Markenstrategien, in: Bruhn, M. (Hrsg.): Handbuch Markenführung – Kompendium zum erfolgreichen Markenmanagement. Strategien – Instrumente – Erfahrungen, Bd. 1, 2. Aufl., Stuttgart, S. 637–675.

Becker, J. (2005): Einzel-, Familien- und Dachmarkenstrategien als grundlegende Handlungsoptionen, in: Esch, F.-R. (Hrsg.): Moderne Markenführung: Grundlagen – Innovative Ansätze – Praktische Umsetzungen, 4. Aufl., Wiesbaden, S. 381–402.

Becker, J. (2006): Marketing-Konzeption: Grundlagen des strategischen und operativen Marketing-Managements, 8. Aufl., München.

Berlit, W. (1998): Markenrechtliche und europarechtliche Grenzen des Markenschutzes, in: GRUR, (6), S. 423–433.

Berlit, W. (2005): Markenrecht, 6. Aufl., München.

Berndt, R./Fantapié Altobelli, C./Sander, M. (2005): Internationales Marketing-Management, 3. Aufl., Berlin et al.

Biel, A.L. (2001): Grundlagen zum Markenwertaufbau, in: Esch, F.-R. (Hrsg.): Moderne Markenführung: Grundlagen – Innovative Ansätze – Praktische Umsetzungen, 3. Aufl., Wiesbaden, S. 61–90.

Biermann, C. (1999): Kennzeichenrechtliche Probleme des Internets: Das Domain-Name-System, in: WRP - Wettbewerb in Recht und Praxis, (10), S. 997–1005.

Binder, C.U. (2005): Lizenzierung von Marken, in: Esch, F.-R. (Hrsg.): Moderne Markenführung: Grundlagen – Innovative Ansätze – Praktische Umsetzungen, 4. Aufl., Wiesbaden, S. 523–548.

Birkin, M. (1989): The benefits of valuing brands, in: Murphy, J. (Hrsg.): Brand valuation: Establishing a true and fair view, London, S. 12–22.

Blackett, T./Russell, N. (1999): What is co-branding?, in: Blackett, T./Boad, B. (Hrsg.): Co-branding: The science of alliance, Houndmills et al., S. 1–21.

Böcker, F. (1986): Präferenzforschung als Mittel marktorientierter Unternehmensführung, in: Zeitschrift für betriebswirtschaftliche Forschung, 38. Jg. (7/8), S. 543–574.

Bodenbach, B.F. (1996): Internationale Handelsmarkenpolitik im europäischen Lebensmitteleinzelhandel, Regensburg.

Böll, K. (1999): Merchandising und Licensing, München.

Bottomley, P.A./Doyle, J.R. (1996): The formation of attitudes towards brand extensions: Testing and generalising Aaker and Keller's model, in: International Journal of Research in Marketing, Vol. 13 (4), S. 365–377.

Brady, M.K./Cronin Jr., J.J. (2001): Some new thoughts on conceptualizing perceived service quality: A hierarchical approach, in: Journal of Marketing, Vol. 65 (3), S. 34–49.

Braitmayer, O. (1998): Die Lizenzierung von Marken: Eine entscheidungs- und transaktionskostentheoretische Analyse, Frankfurt am Main et al.

Braun, I./Schiele, T.P./Schlickmann, P. (1996): PWA Waldhof. Die Markenpolitik eines expandierenden Unternehmens, in: Dichtl, E./Eggers, W. (Hrsg.): Markterfolg mit Marken, München, S. 139–162.

Bräutigam, S. (2004): Management von Markenarchitekturen: Ein verhaltenswissenschaftliches Modell zur Analyse und Gestaltung von Markenportfolios, Dissertation Justus-Liebig-Universität Gießen.

Bridges, S./Keller, K.L./Sood, S. (2000): Communication strategies for brand extensions: Enhancing perceived fit by establishing explanatory links, in: Journal of Advertising, Vol. 9 (4), S. 1–11.

Brockhoff, K. (1999): Produktpolitik, 4. Aufl., Stuttgart et al.

Brockhoff, K./Sattler, H. (1996): Schwartauer Werke. Markenwert und Qualitätszeichen, in: Dichtl, E./Eggers, W. (Hrsg.): Markterfolg mit Marken, München, S. 207–224.

Brown, S./Kozinets, R.V./Sherry Jr., J.F. (2003): Teaching old brands new tricks: Retro branding and the revival of brand meaning, in: Journal of Marketing, Vol. 67 (3), S. 19–33.

Bruhn, M. (1997): Das Konzept des Markentypenlebenszyklus, in: Bruhn, M. (Hrsg.): Handelsmarken. Entwicklungstendenzen und Zukunftsperspektiven der Handelsmarkenpolitik, 2. Aufl., Stuttgart, S. 117–152.

Bruhn, M. (2001): Bedeutung der Handelsmarke im Markenwettbewerb – eine Einführung in den Sammelband, in: Bruhn, M. (Hrsg.): Handelsmarken. Entwicklungstendenzen und Zukunftsperspektiven der Handelsmarkenpolitik, 3. Aufl., Stuttgart, S. 3–48.

Burmann, C./Blinda, L./Nitschke, A. (2003): Konzeptionelle Grundlagen des identitätsbasierten Markenmanagements, in: Burmann, C. (Hrsg.): LiM-Arbeitspapiere, Universität Bremen, Bremen.

Burmann, C./Meffert, H. (2005a): Managementkonzept der identitätsorientierten Markenführung, in: Meffert, H./Burmann, C./Koers, M. (Hrsg.): Markenmanagement – Identitätsorientierte Markenführung und praktische Umsetzung, 2. Aufl., Wiesbaden, S. 73–114.

Burmann, C./Meffert, H. (2005b): Theoretisches Grundkonzept der identitätsorientierten Markenführung, in: Meffert, H./Burmann, C./Koers, M. (Hrsg.): Markenmanagement – Identitätsorientierte Markenführung und praktische Umsetzung, 2. Aufl., Wiesbaden, S. 37–72.

Burmann, C./Meffert, H. (2005c): Gestaltung von Markenarchitekturen, in: Meffert, H./Burmann, C./Koers, M. (Hrsg.): Markenmanagement – Identitätsorientierte Markenführung und praktische Umsetzung, 2. Aufl., Wiesbaden, S. 163–182.

Burmann, C./Meffert, H./Blinda, L. (2005): Markenevolutionsstrategien, in: Meffert, H./Burmann, C./Koers, M. (Hrsg.): Markenmanagement: Identitätsorientierte Markenführung und praktische Umsetzung, 2. Aufl., Wiesbaden, S. 183–212.

Burton, S./Lichtenstein, D.R./Netemeyer, R.G./Garretson, J.A. (1998): A scale for measuring attitude toward private label products and examination of its psychological and behavioral correlates, in: Journal of the Academy of Marketing Science, Vol. 26 (4), S. 293–306.

Büttgen, M./Kepper, G./Köhler, R. (1996): Poly Kur. Positionierungsstrategien für eine Haarpflegemarke, in: Dichtl, E./Eggers, W. (Hrsg.): Markterfolg mit Marken, München, S. 51–72.

Carroll, J.D./Green, P.E. (1997): Psychometric methods in marketing research: Part II, multidimensional scaling, in: Journal of Marketing Research, Vol. 34 (2), S. 193–204.

Castedello, M./Klingbeil, C. (2004): KPMG-Modell, in: Verlagsgruppe Handelsblatt GmbH (Hrsg.): Die Tank AG, Düsseldorf, S. 147–169.

Chwallek, A. (2003): Unilever will bei Speiseeis die Phantasie entfalten, in: Lebensmittelzeitung, 14. März 2003, S. 20.

Copeland, T./Koller, T./Murrin, J. (1993): Unternehmenswert, Frankfurt am Main et al.

Corstjens, M./Lal, R. (2000), Building store loyalty through store brands, in: Journal of Marketing Research, Vol. 37 (3), S. 281–291.

Dacin, P.A./Smith, D.C. (1994): The effect of brand portfolio characteristics on consumer evaluations of brand extensions, in: Journal of Marketing Research, Vol. 31 (2), S. 229–242.

Dawson, M. (1990): Handelsmarken werden global, in: Lebensmittelzeitung-Journal, Nummer 28, S. 34–38.

Day, G./Farhey, L. (1988): Valuing market strategies, in: Journal of Marketing, Vol. 52 (3), S. 45–57.

Deutsches Patent- und Markenamt: Jahresbericht 2005.

Dietz, D. (1992): Vom Single zur Prinzenfamily – General Biscuits setzt auf neues Dachmarkenkonzept, in: Lebensmittelzeitung-Journal, Nummer 44., S. J8-J10.

Diller, H./Goerdt, T. (2005): Die Marken- und Einkaufsstättentreue der Konsumenten als Bestimmungsfaktoren der Markenführung im vertikalen Beziehungsmarketing, in: Esch, F.-R. (Hrsg.): Moderne Markenführung: Grundlagen – Innovative Ansätze – Praktische Umsetzungen, 4. Aufl., Wiesbaden, S. 1209–1224.

Dobni, D./Zinkhan, G.M. (1990): In search of brand image: A foundation analysis, in: Goldberg, M.E./Gorn, G./Pollay, R.W. (Hrsg.): Advances in Consumer Research, Vol. 17, Provo, UT: Association for Consumer Research, S. 110–119.

Dölle, V. (1997): Beziehungsmanagement zwischen Hersteller und Handel im Rahmen der Herstellung von Handelsmarken, in: Bruhn, M. (Hrsg.): Handelsmarken. Entwicklungstendenzen und Zukunftsperspektiven der Handelsmarkenpolitik, 2. Aufl., Stuttgart, S. 381–394.

Dowling, G. (2002): Creating corporate reputations – identity, image, and performance, Oxford.

Ernst & Young/Nielsen (1999): New product introduction: Successful innovation/failure: A fragile boundary, o.O.

Esch, F.-R. (2005a): Strategie und Technik der Markenführung, 3. Aufl., München.

Esch, F.-R. (2005b): Markenpositionierung als Grundlage der Markenführung, in: Esch, F.-R. (Hrsg.): Moderne Markenführung: Grundlagen – Innovative Ansätze – Praktische Umsetzungen, 4. Aufl., Wiesbaden, S. 131–163.

Esch, F.-R./Bräutigam, S. (2005): Analyse und Gestaltung komplexer Markenarchitekturen, in: Esch, F.-R. (Hrsg.): Moderne Markenführung: Grundlagen – Innovative Ansätze – Praktische Umsetzungen, 4. Aufl., Wiesbaden, S. 839–861.

Esch, F.-R./Herrmann, A./Sattler, H. (2006): Marketing – Eine managementorientierte Einführung, München.

Esch, F.-R./Langner, T./Rempel, J. E. (2005): Ansätze zur Erfassung und Entwicklung der Markenidentität, in: Esch, F.-R. (Hrsg.): Moderne Markenführung – Grund-

lagen – Innovative Ansätze – Praktische Umsetzungen, 4. Aufl., Wiesbaden, S. 103–129.
Esch, F.-R./Levermann, T. (1995): Positionierung als Grundlage des strategischen Kundenmanagements, in: Thexis, 12. Jg. (3), S. 8–16.
Farquhar, P.H./Ijiri, Y. (1993): A dialogue on momentum accounting for brand management, in: International Journal of Research in Marketing, Vol. 10 (1), S. 77–92.
Farsky, M. (2007): Methoden zur Messung des Markenimages – State of the Art, erscheint in: Research Papers on Marketing and Retailing, Universität Hamburg.
Farsky, M./Eggers, F. (2007): Golden i – Konzeption und empirische Validitätsüberprüfung eines neuen Instrumentes zur Messung von Markenimages, in: Marketing ZFP, 29. Jg. (2), S. 105–118.
Fezer, K.-H. (2001): Markenrecht – Kommentar zum Markengesetz, zur Pariser Verbandsübereinkunft und zum Madrider Markenabkommen; Dokumentation des nationalen, europäischen und internationalen Kennzeichenrechts, 3. Aufl., München.
Fischer, M. (2005): Markenbewertung unter den Bedingungen kapitalmarktorientierter Rechnungslegung, Working Paper, Christian-Albrechts-Universität Kiel.
Fischer, M./Meffert, H./Perrey, J. (2004): Markenpolitik: Ist sie für jedes Unternehmen gleichermaßen relevant? in: Die Betriebswirtschaft, 64. Jg. (3), S. 333–356.
Fischer, M./Völckner, F./Sattler, H. (2007): Measuring brand relevance. A cross cultural analysis, in: Research Papers on Marketing and Retailing, University of Hamburg.
Fishbein, M./Ajzen, J. (1975): Belief, attitude, intention and behavior – An introduction to theory and research, Reading et al.
Frahm, L.-G. (2004): Markenbewertung - Ein empirischer Vergleich von Bewertungsmethoden und Markenwertindikatoren, Frankfurt am Main.
Francois, P./MacLachlan, D.L. (1995): Ecological validation of alternative customer-based brand strength measures, in: International Journal of Research in Marketing, Vol. 12 (4), S. 321–332.
Franzen, O. (2004): Das Brand Performance System von AC Nielsen: Standardisierte Markenbewertung auf der Grundlage von Marktforschungsdaten, in: Schimansky, A. (Hrsg.): Der Wert der Marke, München, S. 146–167.
Freter, H. (1983): Marktsegmentierung, Stuttgart et al.
Freter, H./Baumgarth, C. (2005): Ingredient Branding – Begriff und theoretische Begründung, in: Esch, F.-R. (Hrsg.): Moderne Markenführung: Grundlagen – Innovative Ansätze – Praktische Umsetzungen, 4. Aufl., Wiesbaden, S. 455–480.
Gedenk, K. (2002): Verkaufsförderung, München.
GfK (2000): Verbraucher 2000, Berichtsband der GfK Marktforschung, Nürnberg.
Giefers, H.-W./May, W. (2003): Markenschutz – Waren- und Dienstleistungsmarken in der Unternehmenspraxis, 5. Aufl., Freiburg i. Br.
Green, P.E./Srinivasan, V. (1990): Conjoint analysis in marketing: New development with implications for research and practice, in: Journal of Marketing, Vol. 54 (4), S. 3–19.
Guiltinan, J.P. (1993): A strategic framework for assessing product line additions, in: Journal of Product Innovation Management, Vol. 10 (2), S. 136–147.
Gürhan-Canli, Z./Maheswaran, D. (1998): The effects of extensions on brand name dilution and enhancement, in: Journal of Marketing Research, Vol. 35 (4), S. 464–473.
Gutenberg, E. (1984): Grundlagen der Betriebswirtschaftslehre, II. Band: Der Absatz, 17. Aufl., Berlin et al.
Haigh, D. (2000): Brand valuation: Measuring and Leveraging your Brand, Brand Finance (Hrsg.), Toronto: Institute of Canadian Advertising.
Hamel, G./Prahalad, C.K. (1986): Haben Sie wirklich eine globale Strategie?, in: Harvardmanager, 8. Jg. (1), S. 90–97.
Hammann, P./Niehuis, C./Braun, D. (2001): Determinanten der transnationalen Handelsmarkenführung, in: Esch, F.-R. (Hrsg.): Moderne Markenführung: Grundlagen – Innovative Ansätze – Praktische Umsetzungen, 3. Aufl., Wiesbaden, S. 981–1006.

Hanser, P. (2006): Neues Leben für verwaiste Marken, in: Absatzwirtschaft – Zeitschrift für Marketing, (10), S. 28–31.

Hätty, H. (1989): Der Markentransfer, Heidelberg.

Helmig, B. (1997): Variety-seeking-behavior im Konsumgüterbereich: Beeinflussungsmöglichkeiten durch Marketing-Instrumente, Wiesbaden.

Herstatt, J.D. (1985): Die Entwicklung von Markennamen im Rahmen der Neuproduktplanung, Frankfurt am Main et al.

Hertz, D.B. (1964): Risk analysis in capital investment, in: Harvard Business Review, Vol. 42 (1), S. 95–106.

Heurung, S. (2006): Erfolgreiche Marken erfolgreich verteidigen, in: Marketing Journal, (5), S. 26–29.

Hoch, S.J./Banerji, S. (1993): When do private labels succeed?, in: Sloan Management Review, Vol. 34 (4), S. 57–67.

Hofstede, G. (1983): Dimensions of national cultures in fifty countries and three regions, in: Deregowski, J.B./Dziurawiec, S./Annis, R.C. (Hrsg.): Expiscations in cross-cultural psychology, Lisse.

Hofstede, F.T./Steenkamp, J.-B.E.M./Wedel, M. (1999): International market segmentation based on consumer-product relations, in: Journal of Marketing Research, Vol. 36 (1), S. 1–17.

Höhl-Seibel, J. (1994): Zweitmarkenstrategien, in: Bruhn, M. (Hrsg.): Handbuch Markenartikel, Stuttgart, S. 583–602.

Holden, S.J.S./Barwise, P. (1995): An empirical investigation of what it means to generalize, in: Proceedings of the 24th Annual Conference of the European Marketing Academy, France: ESSEC, S. 1677–1687.

Homburg, C./Krohmer, H. (2006): Marketingmanagement – Strategie – Instrumente – Umsetzung – Unternehmensführung, 2. Aufl., Wiesbaden.

Horsky, D./Swyngedouw, P. (1987): Does it pay to change your company's name? A stock market perspective, in: Marketing Science, Vol. 6 (4), S. 320–335.

Hoyer, W.D./Brown, S.P. (1990): Effects of brand awareness on choice for a common, repeat-purchase product, in: Journal of Consumer Research, Vol. 17 (2), S. 141–148.

Huber, W.R. (1988): Markenpolitische Strategien des Konsumgüterherstellers: dargestellt an Gütern des täglichen Bedarfs, Frankfurt am Main et al.

Hupp, O. (2001): Brand Potential Index, in: Diller, H. (Hrsg.): Vahlens Großes Marketing Lexikon, 2. Aufl, München, S. 191–192.

Ingerl, R./Rohnke, C. (2003): Markengesetz – Gesetz über Schutz von Marken und sonstigen Kennzeichen, 2. Aufl., München.

Janiszewski, C./van Osselaer, S.M.J. (2000): A connectionist model of brand-quality associations, in: Journal of Marketing Research, Vol. 37 (3), S. 331–350.

Jansen, S./Gedenk, K. (2007): Markentransfer am Beispiel NIVEA Beauté, erscheint in: Albers, S./Herrmann, A. (Hrsg.): Handbuch Produktmanagement. Strategieentwicklung – Produktplanung – Organisation – Kontrolle, 3. Aufl., Wiesbaden.

Jap, S.D. (1993): An examination of the effects of multiple brand extensions on the brand concept, in: McAlister, L./Rothschild, M.L. (Hrsg.): Advances in Consumer Research, Vol. 20, Provo, UT: Association for Consumer Research, S. 607–611.

John, D.R./Loken, B./Joiner, C. (1998): The negative impact of extensions: Can flagship products be diluted?, in: Journal of Marketing, Vol. 62 (1), S. 19–32.

Jonas, K.-U./Schmitz, N. (2000): Neue Möglichkeiten für den Kennzeichenmißbrauch? Zur Einordnung von sogenannten Vanity-Rufnummern, in: GRUR, (3), S. 210–224.

Käckenhoff, U. (2006): Originale punkten, in: Markenartikel, (3), S. 16–18.

Kaeuffer, J. (2004): semion brand€valuation, in: Verlagsgruppe Handelsblatt GmbH (Hrsg.): Die Tank AG, Düsseldorf, S. 205–220.

Kamakura, W.A./Russel, G.J. (1993): Measuring brand value with scanner data, in: International Journal of Research in Marketing, Vol. 10 (1), S. 9–22.

Kapferer, J.-N. (1992): Die Marke – Kapital des Unternehmens, Landsberg et al.

Kapferer, J.-N. (2000): Strategic brand management – creating and sustaining brand equity long term, 2. Aufl., London.

Kapferer, J.-N. (2001): Luxusmarken, in: Esch, F.-R. (Hrsg.): Moderne Markenführung – Grundlagen – Innovative Ansätze – Praktische Umsetzungen, 3. Aufl., Wiesbaden, S. 345–364.

Kaufmann, G. (2006): Rückwirkungen von Markentransfers auf die Muttermarke, Wiesbaden.

Kaufmann, G./Sattler, H./Völckner, F. (2006): Markenstrategische Optionen, in: Die Betriebswirtschaft, 66. Jg. (2), S. 247–251.

Keegan, W.J. (1989): Global Marketing Management, 4. Aufl., Englewood Cliffs.

Keeney, R.L./Raiffa, H. (1976): Decisions with multiple objectives – preferences and value tradeoffs, New York et al.

Keller, K.L. (1993): Conceptualizing, measuring, managing customer-based brand equity, in: Journal of Marketing, Vol. 57 (1), S. 1–22.

Keller, K.L. (2003): Strategic brand management – building, measuring, and managing brand equity, 2. Aufl., Upper Saddle River.

Keller, K.L./Aaker, D.A. (1992): The effects of sequential introduction of brand extensions, in: Journal of Marketing Research, Vol. 29 (1), S. 35–50.

Keller, K.L./Sood, S. (2002): The effects of product experience on brand extension evaluations and parent brand dilution, Working Paper.

Kepper, G. (2000): Methoden der qualitativen Marktforschung, in: Herrmann, A./Homburg, C. (Hrsg.): Marktforschung, 2. Aufl., Wiesbaden, S. 159–202.

Kim, C.K./Lavack, A.M./Smith, M. (2001): Consumer evaluation of vertical brand extensions and core brands, in: Journal of Business Research, Vol. 52 (3), S. 211–222.

Kleinaltenkamp, M. (2001): Ingredient Branding: Markenpolitik im Business-to-Business-Geschäft, in: Köhler, R./Majer, W./Wiezorek, H. (Hrsg.): Erfolgsfaktor Marke – Neue Strategien des Markenmanagements, München, S. 261–270.

Kloos, B. (1998): Markenschutz im Internet – Effektives Vorgehen gegen Domain-Grabbing, in: Markenartikel, (2), S. 50–53.

Knudsen, T.R./Finskud, L./Törnblom, R./Hogna, E. (1997): Brand consolidation makes a lot of economic sense, in: The McKinsey Quarterly, (4), S. 189–193.

Köhler, R./Uebele, H. (1983): Risikoanalyse bei der Evaluierung absatzorientierter Projekte, in: WiSt, 12. Jg. (3), S. 119–127.

Kornobis, K.-J. (1997): Die Entwicklung von Handelsmarken – Untersuchungen und Zukunftsperspektiven im Verbrauchsgüterbereich, in: Bruhn, M. (Hrsg.): Handelsmarken. Entwicklungstendenzen und Zukunftsperspektiven der Handelsmarkenpolitik, 2. Aufl., Stuttgart, S. 237–264.

Kotler, P./Bliemel, F. (2001): Marketing-Management: Analyse, Planung, Umsetzung und Steuerung, 10. Aufl., Stuttgart.

Kotler, P./Keller, K.L. (2005): Marketing Management, 12. Aufl., Upper Saddle River, NJ.

KPMG (2006), Trends im Handel 2010, Köln.

Krafft, M. (2002): Kundenbindung und Kundenwert, Heidelberg.

Kreutzer, R.T. (1989): Markenstrategien im länderübergreifenden Marketing, in: Markenartikel, (11), S. 569–572.

Kroeber-Riel, W./Weinberg, P. (2003): Konsumentenverhalten, 8. Aufl., München.

Laforet, S./Saunders, J. (1994): Managing brand portfolios: How the leaders do it, in: Journal of Advertising Research, Vol. 34 (5), S. 64–76.

Laforet, S./Saunders, J. (1999): Managing brand portfolios: Why leaders do what they do, in: Journal of Advertising Research, Vol. 39 (1), S. 51–66.

Lamey, L./Deleersnyder, B./Dekimpe, M.G./Steenkamp, J.-B.E.M. (2007): How business cycles contribute to private-label success: Evidence from the United States and Europe, in: Journal of Marketing, Vol. 71 (1), S. 1–15.

Landwehr, M. (2004): The big picture: Roadmap to effective communication and brand analytics, in: Schimansky, A. (Hrsg.): Der Wert der Marke, München, S. 626–647.

Lane, V./Jacobson, R. (1997): The reciprocal impact of brand leveraging: Feedback effects from brand extension evaluation to brand evaluation, in: Marketing Letters, Vol. 8 (3), S. 261–271.

Lange, M. (2003): Warum verwirrte Konsumenten lieber bei Aldi einkaufen, in: Markenartikel, Heft 3/2003, S. 26–27.

Ledingham, J.A./Bruning, S.D. (1998): Ten tips for better focus groups, in: Public Relations Quarterly, Vol. 43 (4), S. 25–28.

Leeflang, P.S.H./van Raaij, W.F. (1995): The changing consumer in the European Union: A "meta-analysis", in: International Journal of Research in Marketing, Vol. 12 (5), S. 373–387.

Lehmann, D.R./Gupta, S./Steckel, J.H. (1998): Marketing Research, Reading et al.

Lei, J./Pruppers, R./Ouwersloot, H./Lemmink, J. (2004): Service intensiveness and brand extension evaluations, in: Journal of Service Research, Vol. 6 (3), S. 243–255.

Liedtke, A. (1992): „Raider heißt jetzt Twix, sonst ändert sich nix". Der Wechsel des Markennamens: Gefahren und Chancen, in: Markenartikel, (9), S. 402–413.

Liefeld, J.P. (2004): Consumer knowledge and use of country-of-origin information at the point of purchase, in: Journal of Consumer Research, Vol. 4 (2), S. 85–97.

Lingenfelder, M./Lauer, A. (2000): Der Wert von Handelsmarken, in: Absatzwirtschaft – Zeitschrift für Marketing, 43. Jg. (Sondernummer Oktober), S. 138–148.

Loken, B./John, D.R. (1993): Diluting brand beliefs: When do brand extensions have a negative impact?, in: Journal of Marketing, Vol. 57 (3), S. 71–84.

Lomax, W./Hammond, K./Clemente, M./East, R. (1996): New entrants in a mature market: An empirical study of the detergent market, in: Journal of Marketing Management, Vol. 12 (4), S. 281–295.

Lou, M./Anson, W. (2000): Brand Valuation. Die marktorientierte Markenbewertung, in: Absatzwirtschaft – Zeitschrift für Marketing, 43. Jg. (Sondernummer Oktober), S. 164–168.

Lye, A./Venkateswarlu, P./Barrett, J. (2001): Brand extensions: Prestige brand effects, in: Australasian Marketing Journal, Vol. 9 (2), S. 53–65.

Mackenstedt, A./Mussler, S. (2004): IFRS 3 regelt Markenbilanzierung neu, in: PwC: Steuern + Recht, November, S. 22–24.

Madden, N. (2003): Survey: Brand origin not major factor for most Asians, in: Advertising Age, Vol. 74 (14), S. 33.

Mäder, R. (2005): Messung und Steuerung von Markenpersönlichkeit - Entwicklung eines Messinstruments und Anwendung in der Werbung mit prominenten Testimonials, Wiesbaden.

Martinez, E./Pina, J.M. (2003): The negative impact of brand extensions on parent brand image, in: Journal of Product & Brand Management, Vol. 12 (7), S. 432–448.

Matt, D. von (1988): Markenpolitik in der schweizerischen Markenartikelindustrie, Bern et al.

Maul, K.-H./Mussler, S. (2004): ABV – Advanced Brand Valuation, in: Schimansky, A. (Hrsg.): Der Wert der Marke, München, S. 58–83.

Maul, K.-H./Mussler, S./Hupp, O. (2004): Advanced Brand Valuation, in: Verlagsgruppe Handelsblatt GmbH (Hrsg.): Die Tank AG, Düsseldorf, S. 171–204.

Meckes, R./Gehring, M. (2006): Preis und Marke in der Automobilindustrie, in: Marketing Journal, Heft „Automotive", S. 26–29.
Meffert, H. (1992): Strategien zur Profilierung von Marken, in: Dichtl, E./Eggers, W. (Hrsg.): Marke und Markenartikel als Instrument des Wettbewerbs, München, S. 129–156.
Meffert, H. (2000): Marketing: Grundlagen marktorientierter Unternehmensführung, 9. Aufl., Wiesbaden.
Meffert, H. (2004): Identitätsorientierter Ansatz der Markenführung, in: Bruhn, M. (Hrsg.): Handbuch Markenführung, 2. Aufl., Wiesbaden, S. 293–320.
Meffert, H./Bolz, J. (1998): Internationales Marketing-Management, 3. Aufl., Stuttgart et al.
Meffert, H./Perrey, J. (2005): Mehrmarkenstrategien – Ansatzpunkte für das Management von Markenportfolios, in: Esch, F.-R. (Hrsg.): Moderne Markenführung: Grundlagen – Innovative Ansätze – Praktische Umsetzungen, 4. Aufl., Wiesbaden, S. 811–838.
Meier-Kortwig, H./Stüwe, B. (2000): Gestaltete Werte: Wie die Markenbotschaft erfahrbar wird, in: Absatzwirtschaft – Zeitschrift für Marketing, 43. Jg. (Sondernummer Oktober), S. 190–197.
Meyer, M./Diehl, H.-J./Wendenburg, D. (1999): Korrespondenzanalyse, in: Herrmann, A./Homburg, C. (Hrsg.): Marktforschung: Methoden, Anwendungen, Praxisbeispiele, Wiesbaden, S. 513–548.
Meyer, H./Pogoda, A./Küthe, M. (1995): Forschungsbericht 1995, in: Brandmeyer, K./Deichsel, A./Otte, T. (Hrsg.): Jahrbuch Markentechnik, Frankfurt am Main, S. 243–270.
Milberg, S./Park, C.W./McCarthy, M.S. (1997): Managing negative feedback effects associated with brand extensions: The impact of alternative branding strategies, in: Journal of Consumer, Vol. 6 (2), S. 119–140.
Morgan, D.L. (1996): Focus Groups, in: Annual Review of Sociology, Vol. 22 (1), S. 129–152.
Muchow, K.-C. (1999): M&A-Tätigkeit in Deutschland auch 1998 auf hohem Niveau, in: M&A Review, (1), S. 6–10.
Müller-Hagedorn, L. (2001): Handelsmarke oder Herstellermarke? – Überlegungen zur ökonomischen Effizienz, in: Bruhn, M. (Hrsg.): Handelsmarken. Entwicklungstendenzen und Zukunftsperspektiven der Handelsmarkenpolitik, 3. Aufl., Stuttgart, S. 99–112.
Musiol, K.G./Berens, H./Spannagl, J./Biesalski, A. (2004): icon Brand Navigator und Brand Rating für eine holistische Markenführung, in: Schimansky, A. (Hrsg.): Der Wert der Marke, München, S. 370–399.
Nedungadi, P. (1990): Recall and consumer consideration sets: Influencing choice without altering brand evaluations, in: Journal of Consumer Research, Vol. 17 (3), S. 263–276.
Nelson, P. (1970): Information and consumer behavior, in: Journal of Political Economy, Vol. 78 (2), S. 311–329.
Nijssen, E.J./Douglas, S.P. (2004): Examining the animosity model in a country with a high level of foreign trade, in: International Journal of Research in Marketing, Vol. 21 (1), S. 23–38.
Nijssen, E.J./Hartman, D. (1994): Consumer evaluations of brand extensions: An integration of previous research, Working Paper, Rotterdam Institute for Business Economic Studies.
Nijssen, E.J./Bucklin, L.P. (1998): The effect of involvement upon brand extension, Working Paper, University of Nijmegen/California.

Osgood, C.E./Suci, G.J./Tannenbaum, P.H. (1957): The measurement of meaning, Urbana et al.
Parfitt, J.H./Collins, B.J.K. (1968): Use of consumer panels for brand-share prediction, in: Journal of Marketing Research, Vol. 5 (2), S. 131–145.
Park, C.S./Srinivasan, V. (1994): A survey-based method for measuring and understanding brand equity and its extendibility, in: Journal of Marketing Research, Vol. 31 (2), S. 271–288.
Park, C.W./Jun, S.Y./Shocker, A.D. (1996): Composite branding alliances: An investigation of extension and feedback effects, in: Journal of Marketing Research, Vol. 33 (4), S. 453–466.
Park, C.W./McCarthy, M.S./Milberg, S.J. (1993): The effects of direct and associative brand extension strategies on consumer response to brand extensions, in: McAlister, L./Rothschild, M.L. (Hrsg.): Advances in Consumer Research, Vol. 20, Provo, UT: Association for Consumer Research, S. 28–33.
Peters, G. (1998): Die Profilierungsfunktion von Handelsmarken im Lebensmitteleinzelhandel. Eine theoretische und empirische Analyse der deutschen Handelsmarkenpolitik aus Handels- und Kundensicht, Aachen.
Pfeiffer, S. (1981): Die Akzeptanz von Neuprodukten im Handel, Wiesbaden.
Pothmann, J. (2006): Marken- und Produktpiraterie, in: Stöckel, M./Lüken, U. (Hrsg.): Handbuch Marken- und Designrecht, Berlin, S. 265–298.
Pütz-Poulalion, M. (2006): Domains, in: Stöckel, M./Lüken, U. (Hrsg.): Handbuch Marken- und Designrecht, Berlin, S. 299–380.
PwC/Sattler, H. (2001): Praxis von Markenbewertung und Markenmanagement in deutschen Unternehmen, PricewaterhouseCoopers AG (Hrsg.), 2. Aufl., Frankfurt am Main.
PwC/GfK/Sattler, H./Markenverband (2006): Praxis von Markenbewertung und Markenmanagement in deutschen Unternehmen: Neue Befragung 2005, PricewaterhouseCoopers AG (Hrsg.), Frankfurt am Main.
Raabe, T. (2004): Markenbereinigungsstrategien, in: Bruhn, M. (Hrsg.): Handbuch Markenführung, 2. Aufl., Stuttgart, S. 853–877.
Raithel, H. (1987): Die Wiedertäufer, in: Manager Magazin, 17. Jg. (10), S. 61–74.
Randall, T./Ulrich, K./Reibstein, D. (1998): Brand equity and vertical product line extent, in: Marketing Science, Vol. 17 (4), S. 356–379.
Rao, A.R./Qu, L./Ruekert, R.W. (1999): Signaling unobservable product quality through a brand ally, in: Journal of Marketing Research, Vol. 36 (2), S. 258–268.
Reinstrom, C./Sattler, H./Lou, M. (2006): Lizenzen, in: Absatzwirtschaft – Zeitschrift für Marketing, (3), S. 50–53.
Reynolds, T.J./Gutman, J. (1984): Advertising is image management, in: Journal of Advertising Research, Vol. 24 (1), S. 27–37.
Reynolds, T.J./Gutman, J. (1988): Laddering theory, method, analysis, and interpretation, in: Journal of Advertising Research, Vol. 28 (1), S. 11–31.
Richter, M./Werner, G. (1998): Marken im Bereich Dienstleistungen: Gibt es das überhaupt? in: Tomczak, T./Schlögel, M./Ludwig, E. (Hrsg.): Markenmanagement für Dienstleistungen, St. Gallen, S. 24–35.
Riel van, A.C.R./Lemmink, J./Ouwersloot, H. (2001): Consumer evaluations of service brand extensions, in: Journal of Service Research, Vol. 3 (3), S. 220–231.
Ries, A./Ries, L. (1998): The 22 immutable laws of branding, New York.
Riesenbeck, H./Perrey, J. (2004): Mega-Macht Marke – Erfolg messen, machen, managen, Frankfurt am Main.
Riezebos, R. (2003): Brand management: A theoretical and practical approach, Gosport.
Romeo, J.B. (1991): The effect of negative information on the evaluations of brand extensions and the family brand, in: Holman, R.H./Solomon, M.R. (Hrsg.): Advances

in Consumer Research, Vol. 18, Provo, UT: Association for Consumer Research, S. 399–406.

Rosenberg, M.J. (1956): Cognitive structure and attitudinal affect, in: Journal of Abnormal and Social Psychology, Vol. 53, S. 367–372.

Samiee, S./Shimp, T./Sharma, S. (2005): Brand origin recognition accuracy: Its antecedents and consumers' cognitive limitations, in: Journal of International Business Studies, Vol. 36 (4), S. 379–398.

Samways, A. (1995): Private label in Europe: Prospects and opportunities for FMCG retailers. A Financial Times Management Report. London.

Sander, M. (1994): Die Bestimmung und Steuerung des Wertes von Marken. Eine Analyse aus Sicht des Markeninhabers, Heidelberg.

Sattler, H. (1991): Herkunfts- und Gütezeichen im Kaufentscheidungsprozeß. Die Conjoint-Analyse als Instrument der Bedeutungsmessung, Stuttgart.

Sattler, H. (1997): Monetäre Bewertung von Markenstrategien für neue Produkte, Stuttgart.

Sattler, H. (1998a): Beurteilung der Erfolgschancen von Markentransfers, in: Zeitschrift für Betriebswirtschaft, 68. Jg. (4), S. 475–495.

Sattler, H. (1998b): Der Wert von Handelsmarken. Eine empirische Analyse, in: Trommsdorff, V. (Hrsg.): Handelsforschung 1998/99: Innovation im Handel, Jahrbuch der Forschungsstelle für den Handel Berlin (FfH) e.V, Heidelberg, S. 433–450.

Sattler, H. (1999): Ein Indikatorenmodell zur langfristigen monetären Markenwertbestimmung, in: Die Betriebswirtschaft, 59. Jg. (5), S. 633–653.

Sattler, H. (2000): Eine Simulationsanalyse zur Beurteilung von Markeninvestitionen, in: OR Spektrum – Quantitative Approaches in Management, Vol. 22 (1), S. 173–196.

Sattler, H. (2005): Markenbewertung: State of the Art, in: Zeitschrift für Betriebswirtschaft, 75. Jg. (ZfB-Special Issue 2), S. 33–57.

Sattler, H./Völckner, F./Riediger, C. (2007): Measuring the financial value of brand extensions, in: Research Papers on Marketing and Retailing, Universität Hamburg.

Sattler, H./Völckner, F./Zatloukal, G. (2003): Erfolgsfaktoren von Markentransfers: Eine empirische Analyse für kurzlebige Konsumgüter, in: Marketing ZFP, 25. Jg. (3), S. 147–168.

Sattler, H./Högl, S./Hupp, O. (2003): Evaluation of the financial value of brands, in: ESOMAR – The World Association of Research Professionals (Hrsg.): Excellence in International Research, Vol. 4, S. 75–96.

Sattler, H./Schirm, K. (1999): Der Einfluss von Marken auf die Glaubwürdigkeit von Produktvorankündigungen. Ein internationaler empirischer Vergleich, in: Zeitschrift für Betriebswirtschaft, 69. Jg. (Ergänzungsheft 2/99), S. 63–87.

Schiele, P. (1997): Markenstrategien wachstumsorientierter Unternehmen, Dissertation Universität Mannheim.

Schimansky, A. (2004): Der Wert der Marke, München.

Schmusch, M./Klein-Bölting, U./Esser, M. (2004): Brand Equity Valuation for Accounting (BEVA), in: Verlagsgruppe Handelsblatt GmbH (Hrsg.): Die Tank AG, Düsseldorf, S. 61–80.

Schork, M. (2006): Markenrecht – Anmeldeverfahren, in: Stöckel, M./Lüken, U. (Hrsg.): Handbuch Marken- und Designrecht, Berlin, S. 54–160.

Schuiling, I./Kapferer, J.-N. (2004): Real differences between local and international brands: Strategic implications for international marketers, in: Journal of International Marketing, Vol. 12 (4), S. 97–112.

Shocker, A.D./Ben-Akiva, M./Boccara, B./Nedungadi, P. (1991): Consideration set influences on consumer decision-making and choice: Issues, models, and suggestions, in: Marketing Letters, Vol. 2 (3), S. 181–197.

Simon, C.J./Sullivan, M.W. (1993): The measurement and determinants of brand equity: A financial approach, in: Marketing Science, Vol. 12 (1), S. 28–52.

Simon, H. (1985): Goodwill und Marketingstrategie, Wiesbaden.

Simonin, B.L./Ruth, J.A. (1998): Is a company known by the company it keeps? Assessing the spillover effects of brand alliances on consumer brand attitudes, in: Journal of Marketing Research, Vol. 35 (1), S. 30–42.

Singson, R.L. (1975): Multidimensional scaling analysis of store image and shopping behavior, in: Journal of Retailing, Vol. 51 (2), S. 38–93.

Skiera, B. (2001): Preisdifferenzierung, in: Albers, S./Clement, M./Peters, K./Skiera, B. (Hrsg.): Marketing mit Interaktiven Medien. Strategien zum Markterfolg, 3. Aufl., Frankfurt am Main, S. 267–281.

Smith, D.C. (1992): Brand extension and advertising efficiency: What can and cannot be expected, in: Journal of Advertising Research, Vol. 32 (6), S. 11–20.

Smith, D.C./Park, C.W. (1992): The effects of brand extensions on market share and advertising efficiency, in: Journal of Marketing Research, Vol. 29 (3), S. 296–313.

Srinivasan, V. (1988): A conjunctive-compensatory approach to the self-explication of multiattributed preferences, in: Decision Sciences, Vol. 19 (2), S. 295–305.

Srivastava, R.K./Shervani, T.A./Fahey, L. (1998): Market-based assets and shareholder value: A framework for analysis, in: Journal of Marketing, Vol. 62 (1), S. 2–18.

Srull, T.K. (1984): Methodological techniques for the study of person memory and social cognition, in: Wyer, R.S./Srull, T.K. (Hrsg.): Handbook of social cognition, 2. Aufl., Hillsdale, S. 1–72.

Steffenhagen, H. (1976): Markenbekanntheit als Werbeziel, in: Zeitschrift für Betriebswirtschaft, 46. Jg. (10), S. 715–734.

Strebinger, A. (2006): Markenarchitektur aus konsumenten- und unternehmensorientierter Perspektive, Habilitationssschrift Wirtschaftsuniversität Wien.

Stucky, N. (2004a): Interbrand Modell, in: Verlagsgruppe Handelsblatt GmbH (Hrsg.): Die Tank AG, Düsseldorf, S. 103–128.

Stucky, N. (2004b): Monetäre Markenbewertung nach dem Interbrand-Ansatz, in: Schimansky, A. (Hrsg.): Der Wert der Marke, München, S. 430–459.

Suckut, S. (1992): Unternehmensbewertung für internationale Akquisitionen: Verfahren und Einsatz, Wiesbaden.

Sullivan, M.W. (1990): Measuring image spillovers in umbrella-branded products, in: Journal of Business, Vol. 63 (3), S. 309–329.

Sullivan, M.W. (1992): Brand extensions: When to use them, in: Management Science, Vol. 38 (6), S. 793–805.

Sunde, L./Brodie, R.J. (1993): Consumer evaluations of brand extensions: Further empirical results, in: International Journal of Research in Marketing, Vol. 10 (1), S. 47–53.

Supphellen, M. (2000): Understanding core brand equity: guidelines for in-depth elicitation of brand associations, in: International Journal of Market Research, Vol. 42 (3), S. 319–338.

Swait, J./Erdem, T./Louviere, J.J./Dubelaar, C. (1993): The equalization price: A measure of consumer-perceived brand equity, in: International Journal of Research in Marketing, Vol. 10 (1), S. 23–45.

Swaminathan, V./Fox, R.J./Reddy, S.K. (2001): The impact of brand extension introduction on choice, in: Journal of Marketing, Vol. 65 (4), S. 1–15.

Tauber, E.M. (1981): Brand franchise extension: New product benefits from existing brand names, in: Business Horizons, Vol. 24 (2), S. 36–41.

Tavassoli, N.T./Han, J.K. (2002): Auditory and visual brand identifiers in Chinese and English, in: Journal of International Marketing, Vol. 10 (2), S. 13–28.

Taylor, A. (1998): Brand franchising, in: Hart, S./Murphy, J. (Hrsg.): Brands: The new wealth creators, Houndmills et al., S. 114–122.

Theodosiou, M./Leonidou, L.C. (2003): Standardization versus adaptation of international marketing strategy: an integrative assessment of the empirical research, in: International Business Review, Vol. 12 (2), S. 141–171.
Tochtermann, T./Perrey, J. (2006): Geist ist geil statt Geiz ist geil, in: Markenartikel, (10), S. 40–45.
Tomczak, T./Gussek, F. (1992): Handelsorientierte Anreizsysteme der Konsumgüterindustrie, in: Zeitschrift für Betriebswirtschaft, 62. Jg. (7), S. 783–806.
Tomczak, T./Schögel, M./Feige, S. (2005): Erfolgreiche Markenführung gegenüber dem Handel, in: Esch, F.-R. (Hrsg.): Moderne Markenführung: Grundlagen – Innovative Ansätze – Praktische Umsetzungen, 4. Aufl., Wiesbaden, S. 1087–1111.
Tragos, W.G. (1998): International Branding, in: Hart, S./Murphy, J. (Hrsg.): Brands. The new wealth creators, Houndmills et al., S. 123–134.
Trevillon, K./Perrier, R. (1999): Brand valuation - A practical guide, in: Accountants' Digest (Hrsg.): Issue 405, London.
Trommsdorff, V. (1975): Die Messung von Produktimages für das Marketing, Köln et al.
Trommsdorff, V. (2003): Konsumentenverhalten, 5. Aufl., Stuttgart.
Trommsdorff, V./Bookhagen, A./Hess, C. (2000): Produktpositionierung, in: Herrmann, A./Homburg, C. (Hrsg.): Marktforschung – Methoden – Anwendungen – Praxisbeispiele, 2. Aufl., Wiesbaden, S. 765–787.
Trommsdorff, V./Paulssen, M. (2005): Messung und Gestaltung der Markenpositionierung, in: Esch, F.-R. (Hrsg.): Moderne Markenführung, 4. Aufl., Wiesbaden, S. 1363–1392.
Vanderhuck, R.W. (2001): Renditeverbesserung durch Handelsmarken für Hersteller und Handel? – Erfahrungen aus der Praxis, in: Bruhn, M. (Hrsg.): Handelsmarken. Entwicklungstendenzen und Zukunftsperspektiven der Handelsmarkenpolitik, 3. Aufl., Stuttgart, S. 113–130.
Völckner, F. (2003): Neuprodukterfolg bei kurzlebigen Konsumgütern: Eine empirische Analyse der Erfolgsfaktoren von Markentransfers, Wiesbaden.
Völckner, F./Sattler, H. (2006): Drivers of brand extension success, in: Journal of Marketing, Vol. 70 (2), S. 18–34.
Völckner, F./Sattler, H. (2007): Empirical generalizability of consumer evaluations of brand extensions, in: International Journal of Research in Marketing, forthcoming.
Völckner, F./Sattler, H./Kaufmann, G. (2006): Reciprocal effects of brand extensions: evidence from a longitudinal field study, in: Research Papers on Marketing and Retailing, University of Hamburg.
Völckner, F./Kröger, S./Sattler, H./Hennig-Thurau, T. (2007): Erfolgsfaktoren von Markentransfers bei Dienstleistungen, in: Research Papers on Marketing and Retailing, Universität Hamburg.
Wachendorf, F./Baumgarth, C. (2002): Preisbereitschaften und Kaufabsichten für Co-Brands, in: Arbeitspapier des Lehrstuhls für Marketing der Universität Siegen.
Wahlert v., J. (1994): Markenartikel und Kennzeichenschutz, in: Bruhn, M. (Hrsg.): Handbuch Markenartikel, Stuttgart, S. 1747–1786.
Waltermann, B. (1989): Internationale Markenpolitik und Produktpositionierung, Wien.
Wansink, B./Gilmore, J.M. (1999): New uses that revitalize old brands, in: Journal of Advertising Research, Vol. 39 (2), S. 90–98.
Weinberg, P./Diehl, S. (2005): Erlebniswelten für Marken, in: Esch, F.-R. (Hrsg.): Moderne Markenführung – Grundlagen – Innovative Ansätze – Praktische Umsetzungen, 4. Aufl., Wiesbaden, S. 263–286.
Wieking, K. (2006): Wenn Innovationen zum Milliarden-Flop werden, in: Werben und Verkaufen, (16), S. 26–29.
Wilkes, M.W. (1977): Farbe kann verkaufen helfen, in: Marketing Journal, (2), S. 111–114.

Wölfer, U. (2004): Produktlinienerweiterung (Line extension), in: Bruhn, M. (Hrsg.): Handbuch Markenführung, 2. Aufl., Stuttgart, S. 799–816.

Wolters, U. (1997): Handelsmarken und Handelsmarkenpolitik – Erfahrungsberichte aus der Perspektive eines Handelsunternehmens, in: Bruhn, M. (Hrsg.): Handelsmarken. Entwicklungstendenzen und Zukunftsperspektiven der Handelsmarkenpolitik, 2. Aufl., Stuttgart, S. 301–315.

Zandan, P. (1992): Brand equity in technology product-markets, in: Presentation slides, Intelliquest Inc., Austin, TX.

Zaltman, G. (1997): Rethinking market research: Putting people back in, in: Journal of Marketing Research, Vol. 34 (4), S. 424–437.

Zatloukal, G. (2002): Erfolgsfaktoren von Markentransfers, Wiesbaden.

Zentralstelle Gewerblicher Rechtsschutz: Jahresbericht 2005.

Stichwortverzeichnis

A

absolutes Schutzhindernis 38 ff.
Assoziationstest 235
Awareness Set 71

B

Benutzungsmarke 36
BPI-Ansatz 187
Brand Equity 179 ff.
Brand Extension 87 ff.
Brand Specific Earnings 179
Brand Stretching 87 ff.
Brand Value Driver 183 ff.

C

Category Management 176
Choice-Based-Conjoint-Analyse 230, 232
Co-Brands 133
Consideration Set 72

D

Dachmarkenstrategie 88
Definition 26
Deutsches Patent- und Markenamt 28
Dienstleistung 108
Dienstleistungsmarke 28
Differenzierung 144
Discounted-Cash-Flow-Verfahren 197
Diskontierung 200
Distributionsbudget 189
Domain-Grabbing 50
Domain-Name 50
duale Markenstrategie 175

E

Earnings-Multiple 198, 216
Eigenmarke 26, 160 ff.
Einstellung 76
Erfolgsfaktor 105, 164 ff.
externe Markenkombination 132 ff.

F

Fit 105
Fokusgruppeninterview 78
Freihaltebedürfnis 39
Fremdbild 53, 56

G

Gattungsname 32
Gemeinschaftsmarke 34
Gemeinschaftsmarkenverordnung 33
geographische Herkunftsangabe 32
geographischer Markentransfer 141
Global Brand 143

H

Handelsmarke 26 f., 160 ff.
Handelsmarkeninvestition 168
Handelsmarkenstrategie 156 ff.
Harmonisierungsamt 34
Herkunftsfunktion 33
Herkunftslandeffekt 149
Herstellermarke 26 f.
horizontaler Markentransfer 90

I

Imagebeeinträchtigung 101
Imagedifferenzial 79
Imageverwässerung 112
Indikatorenmodell 208
Ingredient Branding 137 ff.
internationale Markenstrategie 139 ff.
internationale Registrierung 35
internationale Markenpositionierung 143
interne Markenkombinationsstrategie 126 ff.
Internet-Domain 50
Involvement 62 f.
Isolierungsproblem 189 ff.

K

Kalkulationszinssatz 210
Kampfmarke 120

Kannibalisierung 123
Knoppe-Formel 195
Kulturdimension 148

L

Laddering-Technik 82
Lizenz 44
Lizenzanalogie 49
Lizenzpreisanalogie 195
Luxus- und Premiummarkenstrategie 60

M

Madrider Markenabkommen 35
Marke 25 f., 30
Marken- und Produktlebenszyklus 100
Markenaktualisierungspositionierung 62
Markenallianz 133 ff.
Markenanmeldung 29
Markenarchitektur 129 ff., 159
Markenassoziation 74 ff.
Markenbekanntheit 68 ff.
Markenbewertungsproblem 183 ff.
markenbezogene Integrationsstrategie 86 ff.
Markenbilanzierung 181
Markeneinstellung 74
Markeneliminationsstrategie 150
Markenerlebnispositionierung 61
Markenevolutionsstrategie 150 ff.
Markenexpansion 154
Markenexpansionsstrategie 150
Markenfähigkeit 38
Markenfamilienstrategie 88
Markenfortführungsstrategie 64
Markenfunktion 33
Markengesetz 28
Markengrundüberzeugung 56
Markenherkunft 56
Markenidentität 53 ff., 57
Markenimage 73 ff., 183, 187
Markenimagemessung 77 ff.
Markenimageveränderung 110
Markenkauf 216 ff.
Markenkombinationsstrategie 126 ff.,
Markenkompetenz 56
markenkorrigierter Gewinn 194
markenkorrigierter Umsatz 193
Markenleistung 56
Markenlizenz 44
Markenmigration 152
Markenmigrationsstrategie 150

Markennamenswechsel 145
Markenneuanmeldung 28
Markenpersönlichkeit 57, 75 f.
Markenpersönlichkeitspositionierung 61
Markenpiraterie 45 ff.
Markenpolitik 25
Markenpositionierung 58 ff.
Markenrechtsschutz 28
Markenrechtsverletzung 45 ff.
Markenregister 36
Markenrepositionierungsstrategie 64 ff.
Markenrevitalisierung 154 ff.
Markenrevitalisierungsstrategie 150 ff.
Markenschutz 28 ff.
markenspezifische Einzahlung 191 ff.
markenspezifische Auszahlung 189 ff.
Markenstärke Brand Strength 186
Markenstrategie 84 ff.
markenstrategische Option 201 ff.
Markenstrategiealternative 85 ff.
Markensubstitution 153
Markentransaktion 181
Markentransfererfolg 104
Markentransfererfolgsfaktor 107
Markentransferpotenzial 202
Markentransferpotenzialwert 117
Markentransfer 225 ff.
Markentransferstrategie 87 ff.
Markenverkauf 45
Markenvision 56
Markenwechselverhalten 121
Markenwert 23 ff., 179 ff.
Markenwertindikator 183 ff.
Marketingbudget 97
Media-Spillover 146
Mehrmarkenstrategie 117 ff.
Meta-Tag 51
Monomarkenstrategie 86
Monte-Carlo-Simulation 214
Multiattributmodell 78
multidimensionale Skalierung MDS 81
Muttermarkenstärke 105
Muttermarkentyp 109

N

Namensfindung 95
Neumarkenstrategie 86
Neupositionierung 65
Neuproduktpositionierung 102
notorische Bekanntheit 37

Stichwortverzeichnis

P

Pariser Verbandsübereinkunft 35
Plagiate 46 ff.
Points-of-Difference-Positionierung 59
Points-of-Parity-Positionierung 59
Positionierung 53
Positionierungsdimension 58 ff.
Positionierungsentwicklung 64
Preis- und Mengenpremium 191 ff.
Preispremium 204
Priorität 41
produkteigenschaftsbasierte Positionierung 61
Produktpiraterie 46
Profitabilität von Handelsmarken 173
Prognose 198
Prognose markenspezifischer Zahlung 196

Q

Qualitätsfunktion 33

R

Realoptionstheorie 202
Recall 71
Recognition 71
Regional Brands 144
Registermarke 36
relatives Schutzhindernis 40 ff.
Repertory-Grid-Technik 82
Risikoanalyse 214
Rufausbeutung 43 f.
Rufschädigung 43 f.

S

Schadensersatzanspruch 49
Schutzhindernis 37 ff.
Selbstbild 53, 55 f.
Shareholder-Value-Ansätze 24
Simulationsanalyse 219

Standardisierung 143
Store Brands 157 ff.
strategische Markenrolle 125
Stretching-Score 202

T

Tiefeninterview 77
Transferproduktnutzen 105

U

Umsatz- oder Revenue-Premium 192
Unternehmenskennzeichen 31
Unterscheidungsfunktion 33
Unterscheidungskraft 38 f.
Urteilssicherheit 70

V

Value-Based-Planning 24, 179
Vanity-Rufnummer 51
Verbundeffekt 97
Verkehrsgeltung 36
vertikaler Markentransfer 89
Vertrautheit 70
Verwässerungsgefahr 43 f.
Verwechslungsgefahr 42 f.
Vorratsmarke 41

W

Waren- und Dienstleistungsmarke 30
Warenklasse 36
Werbebeschränkung 99
Werbefunktion 33
Werktitel 31
wertorientierte Markenpolitik 24
Wissensstruktur 53

Z

Zielgruppe 180

Kohlhammer Edition Marketing

Herausgegeben von
Hermann Diller und Richard Köhler

Sven Reinecke
Simone Janz

Marketingcontrolling

Sicherstellen von Marketingeffektivität und -effizienz

2007. 516 Seiten. Fester Einband
€ 29,–
ISBN 978-3-17-018404-6

Kohlhammer Edition Marketing

Dieses Lehr- und Nachschlagewerk stellt die in Wissenschaft und Praxis wichtigsten Aspekte des Marketing- und Verkaufscontrolling in kompakter und geschlossener Form dar. Die Autoren bieten dabei erstmals eine wissenschaftliche Fundierung des Themenkomplexes unter Berücksichtigung aktueller Entwicklungen und Trends. Es werden mit der problembezogenen Informationsversorgung, der Unterstützung der Marketingplanung, der Marketingüberwachung (Kontrollen und Audits), den Koordinationsfunktionen sowie der Organisation und Integration in das Gesamtcontrolling besonders praxisrelevante Teilgebiete behandelt.

Die Autoren:

Prof. Dr. **Sven Reinecke** leitet das Kompetenzzentrum für Marketingplanung und -controlling am Institut für Marketing und Handel an der Universität St. Gallen. Dipl. rer. com. **Simone Janz**, M.A., ist Doktorandin und wissenschaftliche Mitarbeiterin an diesem Institut.

W. Kohlhammer GmbH
70549 Stuttgart · Tel. 0711/7863 - 7280 · Fax 0711/7863 - 8430

Kohlhammer Edition Marketing

Herausgegeben von Hermann Diller und Richard Köhler

Tobias Kollmann

Online-Marketing

Grundlagen der Absatzpolitik in der Net Economy

2007. 236 Seiten, 69 Abb. Kart.
€ 29,90
ISBN 978-3-17-019688-9

Kohlhammer Edition Marketing

Der Wettbewerb über digitale Informationsnetze und die zunehmende Nutzung von Online-Medien durch den Nachfrager zwingt die Unternehmen dazu, auch über strategische und operative Maßnahmen im Online-Marketing nachzudenken. Der Autor erläutert nach einer ausführlichen Einführung in die technischen Rahmenbedingungen der Online-Kommunikation sowohl theoretische als auch praxisbezogene Aspekte des Online-Marketings und geht konsequent auf die jeweiligen Auswirkungen von Online-Medien auf die vier Kernbereiche Produkt-, Preis-, Kommunikations- und Distributionspolitik ein. So erhält der Leser eine didaktisch nachvollziehbare Übersetzung der klassischen Marketingansätze in den Online-Bereich und der Marketingpraktiker ein solides und umsetzbares Fundament für seine Arbeit.

Der Autor:

Prof. Dr. **Tobias Kollmann** ist Inhaber des Lehrstuhls für BWL und Wirtschaftsinformatik, insbesondere E-Business und E-Entrepreneurship, an der Universität Duisburg-Essen, Campus Essen.

W. Kohlhammer GmbH
70549 Stuttgart · Tel. 0711/7863 - 7280 · Fax 0711/7863 - 8430

Kohlhammer Edition Marketing

Herausgegeben von
Hermann Diller und Richard Köhler

Informationen für Marketing-Entscheidungen

Volker Trommsdorff
Konsumentenverhalten
6. Aufl. 2004. 368 S., 129 Abb. Kart. € 26,–
ISBN 978-3-17-018595-1

Heymo Böhler
Marktforschung
3. Aufl. 2004. 276 S., 92 Abb., 5 Tab. Kart. € 26,–
ISBN 978-3-17-018155-7

Hermann Freter
Marktsegmentierung
Kundenorientierte Markterfassung und -bearbeitung
2. Aufl. Ca. 240 S. Kart. Ca. € 26,–
ISBN 978-3-17-018319-3

Instrumente des Marketing-Mix

Tobias Kollmann
Online-Marketing
Grundlagen der Absatzpolitik in der Net Economy
2007. 236 S., 69 Abb. Kart. € 29,90
ISBN 978-3-17-019688-9

Hermann Diller
Preispolitik
4. Aufl. Ca. 480 S.
Fester Einband. Ca. € 41,–
ISBN 978-3-17-019492-2

Hermann Diller/Alexander Haas Björn Ivens
Verkauf und Kundenmanagement
Eine prozessorientierte Konzeption
2005. 481 S., 148 Abb., 18 Tab. Fester Einband. € 41,–
ISBN 978-3-17-018403-9

Henrik Sattler
Franziska Völckner
Markenpolitik
2., überarb. Aufl. 256 S.
Fester Einband. € 29,80
ISBN 978-3-17-019347-5

Günter Specht/Wolfgang Fritz
Distributionsmanagement
4. Aufl. 2005. 580 S.
Fester Einband. € 41,–
ISBN 978-3-17-018410-7

Werner Kroeber-Riel
Franz-Rudolf Esch
Strategie und Technik der Werbung
Verhaltenswissenschaftliche Ansätze
6. Aufl. 2004. 332 S., 86 Abb. farbig. Fester Einband. € 34,–
ISBN 978-3-17-018491-6

Grundlagen des Marketing

Martin Benkenstein
Strategisches Marketing
Ein wettbewerbsorientierter Ansatz
2. Aufl. 2002. 340 S. 98 Abb. Kart. € 27,–
ISBN 978-3-17-017001-8

Hartwig Steffenhagen
Marketing
Eine Einführung
5. Aufl. 2004. 304 S., 83 Übersichten. Kart. € 32,–
ISBN 978-3-17-018168-7

Thomas Jenner
Marketing-Planung
2003. 244 S., 49 Abb., 17 Tab. Kart. € 25,–
ISBN 978-3-17-017808-3

Sven Reinecke/Simone Janz
Marketingcontrolling
Sicherstellen von Marketingeffektivität und -effizienz
2007. 516 S.
Fester Einband. € 29,–
ISBN 978-3-17-018404-6

Institutionelle Bereiche des Marketing

Heribert Meffert
Christoph Burmann
Internationales Marketing-Management
4., überarb. Aufl. Ca. 400 S.
Kart. Ca. € 32,–
ISBN 978-3-17-016923-4

Lothar Müller-Hagedorn
Handelsmarketing
4. Aufl. 2005. 472 S., 213 Abb. Kart. € 32,–
ISBN 978-3-17-018432-9

Umwelt und Marketing

Dieter Ahlert/Hendrik Schröder
Rechtliche Grundlagen des Marketing
2. Aufl. 1996. 440 S.
65 Abb. Kart. € 38,30
ISBN 978-3-17-014428-6

Manfred Bruhn
Marketing für Nonprofit-Organisationen
Grundlagen – Konzepte – Instrumente
2005. 552 S., 163 Abb., 8 Tab. Fester Einband. € 39,–
ISBN 978-3-17-018281-3

W. Kohlhammer GmbH
70549 Stuttgart · Tel. 0711/7863 - 7280 · Fax 0711/7863 - 8430